汤涛 著

王伯群及其友朋

尊前谈笑

汤亮

上海书店出版社

SHANGHAI BOOKSTORE PUBLISHING HOUSE

1907年，王伯群（左）留学日本中央大学与同学合影

1914年，王伯群（左二）与友人在北京合影

1916年，王伯群（前排中）被北洋政府任命为贵州省黔中道尹

武漢各界歡送交通部王部長攝影於江順輪次 二十年首

1928年7月30日，王伯群（右二）赴武汉视察交通建设。图为武汉各界欢送王伯群

1928年8月10日，王伯群(中)主持召开全国交通会议开幕合影

1929年1月25日，王伯群（前排左二）在国军编遣委员会闭幕大会上合影

1930年，王伯群（前排右四）与大夏大学校务委员会合影

1932年，王伯群与大夏大学教职员合影

1937年5月，王伯群（前排中）与大夏中学校务会议全体委员合影

1944年12月20日，王伯群在重庆病逝，葬于嘉陵江北猫儿石久安公墓（摄于2021年7月）

序

王昭东

大夏大学是我母校华东师范大学的前身。在 2024 年大夏大学建校百年和 2025 年王伯群校长诞辰 140 周年之际，母校档案馆馆长汤涛教授创作完成了《尊前谈笑：王伯群及其友朋》这部传记，并嘱我撰写序言。读过书稿，我心中甚是感慨，王伯群校长的人生历程，充满了对家国命运的深切关怀和对朋友、同仁的真挚情谊。这部书稿，不仅是对一位教育家的追忆，更是对一段波澜壮阔历史的深情回望，让我对王伯群校长及母校有了新的、更加深入的认识。

（一）

王伯群校长的一生，跨越了"革命救国""交通救国"和"教育救国"三大领域。他是晚清与民国交汇之际的一位传奇人物，站在历史的潮头，坚守着自己的信仰和理想。通过汤涛笔下的讲述，王伯群作为近代民主革命先驱、政治家、教育家的形象在我面前立体而丰富起来。

近代民主革命先驱的青春壮志

王伯群校长祖籍江西，生于贵州兴义。志学之年，以学行相师友，"喜观亭林、黎洲、船山诸先生书"。青年时期的学问修为与思想积淀，奠定了他日后投身革命和国家建设的基础。兴义当地有句民谚："一寸金，一寸土，一坝走出三将军。"三将军，即指北伐东路军总参议王伯群、陆军上将王文华和陆军中将王文彦三兄弟。

1905年，王伯群考取贵州公派留学资格，怀抱实业救国的理想，留学日本中央大学专攻经济学。他在日本结识了孙中山、梁启超、章太炎等，得到了启蒙与鼓舞。随后加入同盟会，成长为坚定的革命者。辛亥革命爆发，他毅然回国，投身民主共和的事业。尤其是在护国运动中，与蔡锷、李烈钧等人组织策动滇黔独立，终使袁世凯败丧，堪称革命风云中的中流砥柱，被誉为"民主共和"功臣。王伯群的名字，也因此与民主共和与反帝反封建的革命事业紧密相连。

交通部长的雄才大略

革命的胜利并未使王伯群停下脚步。1927年王伯群出任南京国民政府交通部长，由革命家转变为执掌全国交通的政治家，开始了他"交通救国"的新篇章。彼时的中国，战乱频仍，电政、邮政、路政、航政等交通四政百废待兴。王伯群策远谋弭大患，收回外国交通主权，振兴铁路、航运和海关；统一全国邮政，创设独立的邮政储金汇业局；创办中国航空公司和欧亚航空公司，首开国际航线；发展电政，整顿电信教育。正是在他的擘画下，中国的交通事业逐渐恢复了生机，有力推动现代国家交通体系建设。

教育救国的责任担当

王伯群毕生最为世人称颂的，莫过于他对教育事业的投入与贡献。1924年，他在上海创办私立大夏大学。彼时之中国，军阀混战，民穷财尽，创办一所大学的艰楚可想而知。但王伯群坚信，国家的未来在青年人，青年人的希望端赖教育。为此，他倾尽个人财产，四处筹资募款，在上海将大夏大学建成沪上高校最大的校园之一。他还担任交通大学和吴淞商船专科学校校长，培植工科和船政等高端人才。

王伯群不仅是大夏大学的创建者，更是大夏的坚定擘划者和精神引领者。他秉承"服务国家，曰公曰诚"精神和"自强不息"校训，制定实施民族复兴教育纲要，坚守"三苦精神"（教师苦教、学生苦学、职员苦干）、创造精神和牺牲精神，倡导"师生合作"和"读书救国"，率先在国内高校实行"导师制"，推行博雅通识教育，探索中国高等教育的现代化。在民族危亡的时刻，他组建抗战时中国第一所联大——复旦大夏联合大学，为中国的高等教育开辟了新机。大夏大学在王伯群的带领下，不仅培养了两万余名各界英才，拥有上海、贵阳校区，开设香港分校，同时创办上海、贵阳、南宁和重庆附中，影响深远。正是在这深厚的基础上，后来的华东师范大学得以诞生，延续了大夏的精神文脉和办学传统。

（二）

我和汤涛教授相识多年。他是一位学术视野广阔、研究领域多元的学者，他的学术旅程充满了才情与智慧。汤涛的祖籍是江西素有"才子之乡"美誉的临川，或许是那片文化沃土的浸润，使他从小便展露出文学天赋。随着求学之路的延展，他在大学和研究生期间专攻企业文化与品牌传播，然而，随着时间的沉淀，他的研究旨趣逐渐被近现代人物与大学史的研究所吸引。正是这种跨学科、多领域的融合，使他的写作显得得心应手，既能在历史的细微之处探幽发微，又能在宏大的叙事中纵横捭阖。

汤涛尤其以对王伯群和汪道涵的深度研究而闻名。通过研究这两位历史人物，他不仅贯通了他们的个人经历，还延展至中国近现代120余年的社会、政治、教育、交通和财政史等多维历史面相，他的笔触如同游丝般连接起这些丰富的历史脉络，形成既细腻又广阔的历史叙事。

"志不求易者成，事不避难者进"，在王伯群研究中，汤涛甘坐冷板凳，爬梳档案文献、近代报刊、人物日记等资料，从细节出发，填补研究空白，开拓人物研究空间。他积十年之功，不仅出版了《乱世清流：王伯群及其时代》《王伯群年谱》等六部相关专著，还在《民国档案》《历史教学问题》《中华读书报》等学术刊物上发表了数十篇论文。这本《尊前谈笑：王伯群及其友朋》是《乱世清流：王伯群及其时代》的姐妹篇，不仅展现了王伯群个人的跌宕传奇，还带我们走进了晚清和民国时期的复杂社会，了解他与孙中山、谭延闿、于右任、钱永铭、蔡元培、章太炎等政界、军界、财经界、金融家、实业界、教育界和文化界等历史人物的交往。通过这些研究，汤涛为我们打开了一扇通往民国政治和社会生态的窗户，让人倍感新鲜和深入。

这部传记把王伯群这位重要的历史人物从不同角度展现在我们眼前。汤涛的文字既有对历史的严谨追溯，也带着浓浓的感情与思考。比如，他在研究中讲述了王伯群公馆的前世今生，揭示了当时政治人物生活的真实面貌，也深入剖析了王伯群与各色人物的复杂关系，带给读者全新的认知。他将那个时代的人性与信仰娓娓道来。通过他的研究，我们不仅了解了历史人物的伟大，也看到了他们作为普通人在生活中的温情与挣扎。

汤涛的王伯群研究成果获得了国家社科基金的资助，这是对他治学态度的高度肯定，也让王伯群研究更上一个台阶。让人敬佩的是，他始终坚持辩证唯物主义对历史人物评价的基本原则，把人物置于具体的历史场域，力求作出科学的、实事求是的评价。通过他的笔触，复杂的历史变得鲜活、生动，令我们在了解历史的同时，也感受到一种厚重的文化底蕴。

（三）

屈指算来，我从华东师范大学本科毕业，至今已有三十六年了。

大本阶段是我人生学习与成长的一个十分重要时期。

1984年秋，我从赣南山岙赴大上海入读华东师大。正是在母校的读书生涯，让我在视角立场、逻辑思维、情怀审美、文字功夫等各方面夯实了基础、得到了提升，为以后的人生打下了坚实的底子。不过，读书的时候我并不晓得水波荡漾的丽娃河校园，最初是大夏大学的校址，更不了解我时常光顾的大礼堂原本叫做思群堂。大礼堂命名为"思群堂"，是为了纪念王伯群，而他正是母校前身大夏大学的创始人。

教育事业被王伯群先生认为是他人生两大最爱之一。回想起来，从大学毕业以来，我的人生也跨越了三大领域：金融、咨询和教育。在多年的投资以及管理咨询工作后，教育事业也成了我的挚爱之一：先是在北京创办和君商学院，近年又在家乡赣州会昌建设和君教育小镇、创办和君职业学院。正是因为这样一段跨越时空的"巧合"，阅读王伯群的人生经历，让我心有戚戚焉。

近代中国是仁人志士救亡图存的激荡时代。20世纪初，青年王伯群从贵州山乡，前往日本寻求救国之道。孙中山赠给王伯群的一幅五言联"让人非我弱，得志莫离群"，给我的印象尤为深刻。这是革命先行者对追随者的谆谆教诲，其中蕴含着深刻的人生智慧。在和君集团，我一直提倡"三度修炼"，其中之一便是"气度决定格局"。人生修炼气度，方能打开格局。

王伯群遵循孙中山"交通为实业之母"之遗教，执着于实业救国、铁路兴国和交通强国。他的这种理想和实践，基于他广阔的国际视野，基于他对世界工业的发展、产业的进步和金融的作用的先进认知。教育救国是百年前中国时代的潮流和有志之士的热望，作为董事长兼校长的王伯群是金融硕勋、实业能手，通过投资股票、筹建金融银行、经营矿产盐务等方式筹集办学资金，可谓呕心沥血。"殚心教育，为国储才"，是国家对他的肯定和褒奖。

海上回首三十年，犹记丽娃水上邻。撰写本序的时候，赣南和君小镇的窗外已是春光和熙，近水远坡，山花烂漫。人生如莲，人间的事功是浮在水面上那朵看得见的花，而决定其美丽绽放的是水下看不见的根和本。当我们看见大夏大学这朵成功之花时，也应该看到百年前王伯群校长创办大夏大学，为国育才，为民族复兴教育所做出的种种探索、艰辛和收获。从百年前先贤们教育救国的信念，到当今新时代教育强国之追求，作为中国高等教育的实践者，吾辈当自勉，吾辈当自强。

我在赣南遥祝汤涛教授的新作问世，同时期待他未来为我们创作更多的好作品。

2024 年孟春
于会昌和君小镇
（本序作者王明夫博士为北京和君集团董事长、和君职业学院理事长）

目录

革命

余追随先总理奔走革命，于兹三十余年。

余虽不及亲见国家复兴世界和平，但知革命成功之有日，此心亦无憾矣。

——王伯群

得志莫离群：王伯群与孙中山

1905年12月，王伯群谒见孙中山先生，开启了他们之间二十年的革命友谊。孙中山先生曾赠王伯群一幅五言联："让人非我弱，得志莫离群"。王伯群一生把此联捧为人生圭臬。

一、东京拜谒孙中山

1905年7月，贵州兴义景家屯二十岁的青年王伯群，因公派留学日本，正在准备行旅。而此时远在日本东京的孙中山，正联合黄兴、邓家彦等筹建同盟会。[①] 8月20日，中国同盟会在日本东京正式成立，孙中山被选举为总理。会议确定"驱除鞑

孙中山赠王伯群五言联

---

① 过庭：《纪东京留学生欢迎孙君逸仙事》《民报》，第1号。

3

虏，恢复中华，创立民国，平均地权"为会纲。根据章程，同盟会本部暂设于东京，本部机构采三权分立制，总理之下设执行、评议、司法三部。

是年9月，王伯群与贵州同乡戴戡、刘显治等一行七人从兴义出发，赶赴日本东京。一个多月后，王伯群抵达东京，就读于宏文学院学习语言。

初到日本，王伯群从同屋戴戡的藏书中，首次接触到孙中山先生的革命著作。

12月底，王伯群谒见孙中山。会谈时，孙鼓励王伯群要致力于建设好自己的国家。

王伯群一直记得他与中山先生的对话。

> 孙中山对他说："伯群啊，你现在还很年轻，你就是中国的未来，你要把中国和中国人民带到一个更好的地方，恢复她应有的伟大。"
>
> 伯群答曰："我向您保证，我一定遵从您提出的'驱除鞑虏，恢复中华，创立民国，平均地权'的政纲，努力奋斗。"[1]

此次拜见，开启了王伯群与孙中山先生三十年的革命友谊。王伯群满怀热情地给远在贵州兴义的胞弟王文华写了封信，信中说，尽管自己很欣赏梁启超的才华，但不得不承认，当下中国需要摆脱清朝的统治，建立一个新政府。恰好此刻有个同盟会，该会的领导人是一位具有海外背景的中国传统精英，他的思想将推进中国现代化。

在孙中山先生的介绍下，王伯群加入同盟会，开启了他三十年的革命生涯。王伯群在三十九年之后的1944年的遗嘱中写道："余追随先总理奔走革命，于兹三十余年，才力绵薄，愧少建树……""余虽不及亲见国家复兴世界和平，但知革命成功之有日，此心亦无憾矣。"[2]

数年后，王伯群被指定为美国三藩市（旧金山）同盟会支部负责人。在哥哥的影响下，王文华注籍于美国三藩市同盟会支部。

王伯群1910年于中央大学毕业，再入中央研究院深造。彼时清政腐朽，青

---

① Edward D. Wang: *Patriots and Warlords: Brothers' Journey Towards Republican China*, Qilin Publishing Evanston, 2014, p.35.

② 《王伯群昨逝世》，《中央日报》，1944年12月21日，第2版。

年有为之士皆求学外国，王伯群在日本就与章太炎相识，一起倡导革命，筹划一切，废寝忘食。辛亥革命爆发后，受章太炎之邀，王伯群返国参加革命，组织中华民国联合会，"培植革命势力，创办《大共和日报》，宣传孙中山倡导的民生主义。"① 1914年，王伯群回到贵州协助省长刘显世主政，次年策动震动海内外的护国运动，任贵州护军使署总参赞、黔军总司令部秘书长、黔中道尹等职。

二、竭尽全力，以做孙先生后盾

1917年7月初，张勋拥清废帝爱新觉罗·溥仪复辟。

孙中山闻状，极为愤怒，与廖仲恺、章太炎等相率由沪南下广州，组织发动近一年的护法运动。

南下议员在广州决定成立中华民国军政府，选举孙中山为海陆军大元帅。孙中山把护法希望寄托在西南地方实力派身上，通电主张联合桂系、滇系等，以两广巡阅使陆荣廷、云南督军兼省长唐继尧为元帅，讨伐北洋叛逆。王文华和王伯群复电表示响应，声明愿"竭尽全力，扩张军备，以做孙先生后盾"。

广州军政府的成立，昭示护法运动高潮之到来，也表明南北对峙局面的形成。1918年11月，云南督军兼省长唐继尧致大本营安抚处督办王乃昌等电，商请特派王伯群去南京商讨军略："特商派黔中道尹王伯群君来宁面述一切，尚望开诚相告。"

一周后，受刘显世特派，王伯群赴广州参加军政府工作。

为保证王伯群安全，刘显世通电请各省沿途予以保护："因有重要军略，拟与粤桂各护法省份一为商榷，以收切磋琢磨之效特，派黔中道尹王伯群代表拟取道广西柳州，出桂平径至武鸣，先谒总裁陆荣廷，然后东去粤省。"12月2日，江苏都督李纯复刘显世电，就西南推一南北和谈代表进行商讨："公热诚爱国，众所推荐，尚祈毅力维持，期早成立，是所至祷。"② 12月28日，王伯群以西南代表身份参加粤闽问题会议，讨论应对办法。

---

① 保志宁：《护国护法运动中的王伯群》。贵州省政协文史与学习委员会编：《贵州文史资料选粹政治军事篇》上，贵州人民出版社，2010年10月，第205页。

② 中国社会科学院近代史研究所《近代史资料》编译室主编：《一九一九年南北议和资料》，知识产权出版社，2013年1月，第26页。

1919年，是王伯群追随孙中山先生参加民主共和斗争的重要一年。

斯年，中国政局有一段为国人瞩目以期的"南北和议"。双方谈判历时近三个月，会议过程迂回曲折，历经艰难险阻。最后虽以失败告终，但王伯群在其中的表现，给时人和历史留下难以忘怀的印迹。

彼时，国际形势错综复杂，西方列强侵略矛头指向中国，国内南北军阀连年混战，民不聊生，全国民众对和平充满渴望。在此种内外交困的情形下，南北和谈的事宜便提上议事日程。北洋政府总统徐世昌与孙中山领导的广州军政府相率表示"以诚心谋统一，以毅力达和平"。北京政府遂派朱启钤为总代表，广州政府以唐绍仪为总代表，决定举行"南北和议"。

1月14日，广州军政府正式公布参加上海和谈代表名单，以王伯群、章士钊、胡汉民等人分别代表西南各派势力。[①]

关于和议谈判地点，最初确定在南京，后改为上海。

王伯群与其他代表肩负广州军政府使命，于1月25日抵达南京。经过双方磋商，议和会议决定改在上海举行。王伯群遂又返回上海，住进沪西愚园路九十号南方代表办事处，北方代表则假哈同花园为办事处。

2月20日，南北和谈在黄浦滩会议事务所（上海德国总会）正式拉开帷幕。和谈会议，前后共进行八次，王伯群参加了整个流程的每次会议。

南北和议，得到全国各方各界之关注。

和谈会议自2月20日开幕至5月13日暂时休会，双方由于利益纠葛太大，开开停停，最后在争执不下中不幸流产。但王伯群的坚持始终未变，他追求民主共和、国家安定的情怀始终不渝。

王伯群赴广州支持孙中山时，被刘显世省长分别任命为贵州督军公署购办军械军装和贵州省筹借债款全权委员。王伯群在上海参加南北和议期间，经孙中山先生介绍[②]，3月20日以贵州全权代表与美国华侨实业公司代表赵士觐在上海签订借款修筑渝柳铁路（由重庆经贵阳至广西柳州）草约。草约中有将铁路沿线三十公里区域内的矿产、森林归华侨实业公司开发和采伐的条款，规定贵

---

① 王敏著：《民国国会简史》，中国民主法制出版社，2015年5月，第281页。

② 徐宏慧在《孙中山与王文华》一文（载《孙中山与贵州民主革命》）和胡寿山在《王文华、袁祖铭、周西城以及李燊的兴旺与覆灭》（载《贵州文史资料》12辑）中认为，渝柳铁路"这个计划，据说是孙先生设计的，并由孙先生介绍赵姓华侨借款承建，订立合同"。

州省长公署以每百元实收九十六元、年息六厘向该公司借款五百万元，并给予该公司在贵州投资、兴办实业的优先权。

王伯群将合约寄回贵州后，刘显世立即召集"旧派"如议长张彭年、秘书长熊范舆、政务厅长陈廷策、财政厅长张协陆和"新派"黔军总司令王文华，以及地方绅耆进行讨论。不曾料想，借款修筑渝柳铁路合约引起"旧派"集团强烈反对，引发震惊黔省的"渝柳铁路借款案"。

最后，草约在反对声中偃旗息鼓。

三、署理广州军政府交通部长

1920年2月，驻粤滇桂两军发生武装冲突，国会中许多议员因不满桂系而离粤赴沪，发表宣言，否定广州军政府。7月，云南唐继尧邀请李烈钧等会商，决定将国会、军府移设重庆，并电孙中山、唐绍仪、伍廷芳三总裁在重庆召开国会，时间决定后通告中外。7月22日，正在重庆的王文华致孙中山等电，赞同并盛请国会和军府北移至重庆。电云：

孙中山赠王伯群对联

川滇黔顾（品珍）、赵（又新）各军长皓电，主张军府、国会同时移川，护法初衷切求一贯，民志有所固定，邦本庶几不摇，体国公忠，所见甚佩。敝军志纾国难，素与人同，特电赞成，伫候明教。[①]

两天后，王伯群作为西南唐继尧代表，呼应王文华的函电，在上海唐绍仪

---

① 《唐王赞成国会移渝电》，《民国日报》，1920年8月15日。

宅邸，与孙中山、伍廷芳举行会议，讨论时局，决定再次发表宣言，军府移设重庆。[①] 8月，川滇黔拟设联军司令部于重庆，王文华被推为筹备员，实际负责重庆一带防务。8月6日，王伯群转交唐继尧致孙中山、唐绍仪和伍廷芳电，告李烈钧已到滇，并与熟商，整顿武力，先由李往重庆，唐继尧稍后即行，国会决移重庆。[②] 8月14日，国会非常会议补选刘显世为军政府政务总裁。9月4日，王文华接待孙中山代表李烈钧，筹备召开国会、组织军政府等事宜，许诺竭力接待各方议员。10月14日，护法国会议员在重庆发布宣言，因四川政局不稳，国会离开重庆。

10月，桂系势力被孙中山的亲信陈炯明打败，退守粤西一带。11月25日，王伯群随孙中山、伍廷芳、唐绍仪乘中国邮船公司"中国号"轮船启行赴粤，重组军政府。四天后，孙中山通电恢复广州军政府，宣布继续执行护法任务。王伯群参加孙中山在军政府主持的重要会议，讨论西南有关政局的重要问题。此次会议，在三个方面取得一致意见：（一）重组军政府；（二）发通电宣布不承认岑春煊和陆荣廷发布的关于取消两广独立的宣言；（三）撤销岑陆二人在军政府担任的总裁职务，选出两个新总裁代替他们。[③]

据守四川的王文华因病赴上海治疗。王文华抵达上海后，卜居卡德路（今石门二路）91号。[④] 随即，广州军政府发布命令"特任唐继尧为交通部长"，唐未到任前，特任王伯群署理。[⑤] 12月中旬，受王伯群推荐，身体日渐恢复的王文华被孙中山先生委任为军委会常委。同时，孙命王文华往晤浙江督军卢永祥，劝说卢共同讨伐北洋军阀曹锟、吴佩孚。[⑥]

此次王文华与孙中山握别，不料竟成两人的永别。

1921年2月18日，王伯群在参加广州军政府公祭朱执信大会之后，便告假返沪与王文华相聚。不料，3月16日傍晚，王文华在一品香旅馆所在的西藏路遭遇暗杀，终年32岁。

① 陈锡祺主编：《孙中山年谱长编》，中华书局，1991年8月，第1264页。
② 罗家伦主编，黄季陆增订：《国父年谱》增订本下册，1969年11月，第883页。
③《粤海关档案》，《孙中山研究》第1辑，第375—376页。
④《王文华君事略》，《民国日报》，1921年3月17日，第3版。
⑤ 中国第二历史档案馆编：《中华民国史档案资料汇编》第4辑上册，1986年9月，第13页。
⑥ 平刚：《贵州革命先烈事略》，贵阳1936年印行，第42页。

"王文华暗杀"事件，世人为之震惊。

孙中山闻听噩耗"为之震悼"，令"乃兄伯群完君志事"。

王伯群亲历胞弟王文华颀长而结实的英俊身躯慢慢由热变冷，瞬间阴阳相隔，可谓心肝崩摧，几至疯狂。

王伯群首先怀疑这是一场政治谋杀，为刘显世和袁祖铭派人所为。他不顾舅甥关系，公开撰《正告刘显世书》，历述王文华辅佐刘显世的功绩，怒责舅舅有谋杀外甥之嫌疑。

王伯群决定为胞弟复仇，以重金动员同盟会员、鄂军总司令杨虎派人追踪北京行刺袁祖铭，袁算命大，未中要害，仅受轻伤。[1]

袁祖铭虽侥幸逃脱，但王伯群复仇的怒火仍在胸中熊熊燃烧。

孙中山题赠王伯群"博爱"

四、被孙中山任命为贵州省长

1921年5月5日，孙中山在广州军政府大礼堂宣誓就任非常大总统。王伯群被任命为总统府参议。孙中山在就任仪式上，揭露和批判北洋军阀丧权辱国的种种罪恶，宣扬三民主义，勉励大家努力工作，完成北伐事业。[2]

王文华被暗杀后，省长刘显世也被迫下台，贵州群龙无首。袁祖铭组织"定黔军"兵分左中右三路占领贵阳。

为了统领贵州北伐，巩固西南根据地，9月20日，孙中山任命王伯群为贵州省省长。令谓：

---

① 邓汉祥：《贵州往事片段》。贵州黔西南州政协文史资料委员会编：《邓汉祥文集》（内部发行），1988年5月，第82页。

② 龚铭、张道主编：《中山先生的一天》，中国国际广播出版社，2017年7月，第171页。

大总统令：特任王伯群为贵州省省长。此令。

又令：王伯群未到（任）以前，着贵州总司令卢焘兼署贵州省长。此令。①

在接受任令两天后，王伯群回电孙中山，表示不日赴黔就任贵州省长。他同时希望孙中山加大资助贵州力度，"惟黔素贫瘠，年来师旅未息，饥馑荐至，为国牺牲，黔民忍痛待纾久矣。布新除旧，大费周章。惟望钧座统筹全局，不遗远方，以慰黔民喁喁之望，群亦与有荣幸也。"②

在出发赴贵州就任省长之前，王伯群全力协调动员各方关系。是年10月，他随孙中山等先后抵达广西南宁和梧州等地，考察两广军事战况，思考入黔办法。其实，对于回黔主政，王伯群有自己深刻的考量：其一，自己非军事统帅出身，无法拥兵自重；其二，自己长期旅居在外，脱离贵州既久，与胞弟王文华影响力不堪可比。正如他给刘显世的函中所言，"甥对贵州，关系浅薄，所以为舅氏谋者，不逮电弟百一。"③他最大的希望是借助原云南都督唐继尧的军事力量，像十年前那样，先控制贵州，然后借梯上楼。

10月，王伯群在致函云南军政界民党同志中指出，共和十年，"有世界之眼光，明潮流之趋势，赤心以蕲国利民福者，孙先生一人而已。而又辗转漂泊，无尺寸之地盘，以实现其主张。诸公努力奋斗，廓清滇南一片土，使孙先生得发摅夙抱，以立民极，孙先生之成功，实诸公左右之也。"王伯群接着表示，"弟信仰孙先生，不后群贤。黔中将领亦复沆瀣一气，是滇黔两省匪直地理历史关系密切，即主义之结合，当然亦不可分离。所望开诚提挈，步调一致，对于时局变化，庶可相机应付。"

为获得云南的支持，11月8日，王伯群赶到香港，与正出走此地的唐继尧商谈滇黔军事。④两天后，再从香港赶赴梧州谒孙中山、陈炯明，商讨回黔策略。⑤11月12日，接卢焘函，建议见孙中山时，力主解决滇军回滇问题的两项

---

① 《总统令任王伯群为贵州省长》，《民国日报》，1921年9月22日，第2版。
② 《王伯群上孙总统电》，《民国日报》，1921年9月24日，第10版。
③ 汤涛编：《王伯群文集》，上海书店出版社，2018年1月，第7页。
④ 《黔省长王伯群齐（八日）抵港与唐赓赓淡滇黔军》，《四民报》，1921年11月11日，第3版。
⑤ 《王伯群赴梧晤孙文》，《新闻报》，1921年11月19日，第8版。

办法。

1922年3月30日，袁祖铭为阻止王伯群入黔主政，发布通电，声称"为地方诛锄暴虐，即为国家拥护法律"。[①]王伯群阅袁祖铭通电后，致电孙中山先生痛斥袁祖铭乃忘恩负义、祸害黔政、背离正义之徒。

在电文中，王伯群首先指出袁乃背叛革命，暗杀王文华之凶手："袁逆原为亡弟文华部曲，初仅一排长耳，不次拔擢至于师长。骄横恣肆，各将士渐不能堪，中以谷、胡两旅，尤为愤激。积恶既稔，群起逐之。袁逆不自反省，并不念亡弟十数年卵翼之恩，去春派人至沪，刺杀亡弟，迭经通缉在案。夫以小怨而戕长官，其人格究何如耶？贼心不死，更数遣人谋刺伯群，获凶送案，供证可凭。"

接着，揭露袁祖铭投靠北洋军阀的叛逆行径，"袁逆电中乃一再言人道，言正义，若不知人间有羞耻事者。袁逆既经南方通缉，又为乡人所不齿，不惜以护国、护法屡役咸从之人，悍然降北，奴颜婢膝，投为靳云鹏门下，骗取北庭十五万元，组织定黔军，设机关于武汉，啸聚党徒，倒行逆施；更借王占元所部，力谋祸黔，岂为伯群弟兄私仇，实我西南公敌。"

最后，王伯群表明自己的决心，"惟此次袁逆扰乱黔局，破坏大计，实西南诸省当局，谅有茙筹。吾黔父老子弟及军界同人，为维持全省声光，保全全省人格计，鸣鼓而攻，当勿待伯群之喋喋。"[②]

是年4月，王伯群率一军行抵贵州玉屏。袁祖铭部即派兵三路向铜仁、玉屏进击，双方接战数次，袁军占据优势。袁祖铭抵贵阳夺取贵州政权后，以"定黔军"总指挥身份兼辖军民两政。5月4日，孙中山下令北伐。王伯群决定撤回上海，继续追随孙中山先生，讨伐北京政府大总统徐世昌。

9月4日，王伯群与陈独秀等共产党人在内的50余人参加孙中山在上海召集改进国民党会议，商讨改组国民党问题。会上，孙中山即席解释联俄联共政策。[③]王伯群和与会者大家一致赞成国民党改组计划。[④]11月15日，参加孙中山再次召集的有国民党各省代表和共产党人参加的会议，审查并修改起草委员会拟定的党纲和总章。次月16日，出席孙中山召集国民党改进会议，审查中国国民党宣言

① 《镇远袁祖铭通电》，《锡报》，1922年3月30日，第2版。
② 《致孙中山电》。汤涛编：《王伯群文集》，上海书店出版社，2018年1月，第14页。
③ 黄修荣著：《第一次国共合作》，上海人民出版社，1986年8月，第102页。
④ 居正：《本党改进大凡》。罗家伦主编：《革命文献》第八辑，1978年10月，第32—33页。

及党纲、党章。

1923年1月1日，孙中山发表《中国国民党宣言》，宣布时局主张与民族、民权、民生政策。接下来的两天，王伯群出席孙中山在上海召集中国国民党改进大会，会上公布《中国国民党党纲》和《中国国民党总章》。2月，孙中山加紧改组中国国民党的准备工作，王伯群受命随同，奔走南北。1925年3月，孙中山先生不幸逝世，南北破裂，王伯群见和平无望，遂回上海继续进行国民革命活动，等待新的革命高潮的到来。

舆论救国：王伯群与章太炎、张竹平

    1944年12月21日，即王伯群逝世的第二天，《时事新报》（重庆）发布了一则他去世的消息，让我们一窥王伯群还有一段鲜为人知的报人生涯。

    《时事新报》标题如是写道：

1944年12月21日，《时事新报》报道副董事长王伯群逝世消息

本报副董事长王伯群昨逝世

患十二指肠出血不治　遗嘱以文化事业为重[①]

这则新闻，详细报道了王伯群病逝过程、历任职务和家庭遗嘱概况，但并未披露他如何当上《时事新报》的副董事长之内幕。而细考王伯群的一生，他有三段办报历程。

一、与章太炎创办《大共和日报》

王伯群对报刊的喜爱和热忱，早年在日本留学时就初有显露。

1909年10月，正在日本中央大学经济学部留学的王伯群致函东亚同文会，表示欲申请加入该会中国经济学调查部，并咨询如何购买《中国经济学全书》。次日，东亚同文会职员石川启学前来面谈，细致介绍加入该会的手续流程及购买《中国经济学全书》方法。石川轻声细语说，该书本月内买，全年十二册价格为

章太炎

二十四元；若下月买则需支付二十八元。王伯群因"本日无钱，携本月缴六元，拟来取书二册。"[②] 11月6日，王伯群收到石川寄来的"中国经济调查"丁之一部和会员证书，"自九月起至明年四月止，会员费三元。"次日，又收到四册《中国经济学全书》。

王伯群加入中国经济学调查部和订购该会刊物后，让他有机会为该会刊撰写文章。

1911年，辛亥革命胜利的消息传到日本，王伯群首次投入到如火如荼的新闻事业。

中华民国成立后，章太炎见革命派、旧立宪派、旧官僚等四分五裂、各自为政之局面，决定组织成立最大的全国性政治社团——

① 《本报副董事长王伯群昨逝世》，《时事新报》，1944年12月21日，第2版。
② 《王伯群日记》，1909年10月31日。

中华民国联合会，以联合全国扶助完全共和政府之成立为宗旨，随即于1月4日在上海创办《大共和日报》。1月中旬，王伯群应章太炎（1869—1936，名炳麟）之邀，自日本中央大学返抵上海，致力于中国民主革命事业。

《大共和日报》的办报方向和编辑方针，按照其在《民立报》刊登的《启事》所言，即"本会既集合各省宏硕之士共同研究共和进行之方，复附设《大共和日报》为发表之机关。"[1]接着，章太炎在创刊号上发表《〈大共和日报〉发刊辞》，阐明办报宗旨："风听胪言，高位之所有事；直言无忌，国民之所自靖。《日报》刊发，大义在兹。箴当世之痛疚，谋未来之缮卫，能为争友，不能为佞人也。"[2]该报初期日出两大张，还有附张和画刊随报附送，社址设在上海老旗昌路。首任总编辑马叙伦，王伯群与钱芥尘、张丹斧、余大雄、胡政之等担任编辑记者。半年后的6月14日，《日报》发布扩充公告，确定王伯群和钱芥尘为联系人。

由于时局多变，中华民国联合会不断推演变化。是年初，中华民国联合会和预备立宪工会联合成立统一党，推举章太炎、程德全、张謇、熊希龄为理事，王伯群为干事。受统一党委托，王伯群联络留日同学张协陆、符经甫，以原贵州的立宪派为骨干，成立统一党黔省支部，并谋在各府州县筹设分部。[3]

统一党内部成分极为复杂，以章太炎为首的一派主要由留学生组成，被称为"少壮派"；另一派则以张謇为首，由旧立宪党人组成。二者虽都冠以统一党称号，却不完全一样。4月23日，章太炎在北京设立统一党本部。次日，为对抗同盟会占临时政府参议院绝对多数席位，统一党与国民协进会、国民党[4]、国民公会合并成立共和党。

5月9日，共和党在上海召开成立大会，举黎元洪为董事长，张謇、章太炎、伍廷芳等为理事。章太炎见自己明显被边缘化，便"强烈反对，但已毫无用处"。[5]张謇等人利用章太炎北上无法出席的机会，主持统一党与共和俱进会、共和促进会、国民新政社等联合组成民主党，伺机选举张謇为统一党董事长，章太

---

① 《大共和日报启事》，《民立报》，1911年11月26日，第1版。

② 章太炎：《〈大共和日报〉发刊辞》，《大共和日报》，1912年1月4日。

③ 熊宗仁：《王伯群》。朱信泉、宗志文主编：《民国人物传》第七卷，中华书局，1993年11月，第45页。

④ 注：非后来的国民党。

⑤ 章念驰：《我所知道的祖父章太炎》，上海人民出版社，2016年6月，第53页。

炎终于发现自己大权旁落，愤怒之下发布宣言，决定退出统一党。9月、12月、统一党进行两次改组，内部骨干成员进行重大调整，机关总部由北京迁至上海，王伯群当选为参事。翌年5月，共和党、统一党、民主党三党联合组成进步党，王伯群继续出任干事。

无论是中华民国联合会，还是后来的统一党、共和党和进步党，《大共和日报》一直是这几个党派的机关报，直到1915年6月终刊。

王伯群任职《大共和日报》的编辑记者期间，经常出席各种活动。6月8日，他赴江苏教育总会参加全国报界俱进会大会。会上，当广东代表报告粤都督以公文通告各报仍用清朝报律，取缔报纸报馆时，王伯群偕会记者联合以"全国报馆俱进会"名义电请袁世凯临时大总统通饬取消清朝报律之要求。

《大共和日报》在办理过程中，章太炎、王伯群引进西方先进经验，党派报纸施于商业化经营，班子配备齐全，社长、总编辑、经理三驾马车各司其职。报馆办报经费主要来源于捐款、津贴和广告。半年后，王伯群出任《大共和日报》经理，为章太炎四处筹募和管理办报经费。从章太炎给王伯群的一封信中能略窥一二。章在函中写道：

伯群兄鉴：

前后两电已悉，并请揖唐、岱杉汇四千金矣。苏浙军府之款，本捐助而非借贷。今之相逼，若以捐助为词耶，则不能提款也；若以股本为词耶，股本业已折尽，事后乃由统一党填补二万。彼二府股本已空，无可提取之理。语本不难对付，不知何以软弱至此。惟向他人所借之款理应偿还，四千金必无不足也。书此，敬问起居。

麟白
（一九一二年）七月四日①

在章太炎主持统一党时期，党势隆盛，党员多达万人，且各省均设有分部。也是《大共和日报》最繁荣兴旺的时期。但随着统一党内部的不断分裂与重新组合，蜕化成进步党，在章太炎和王伯群退出后，该报在后期，因接受袁世凯资

---

① 上海人民出版社编、马勇整理：《章太炎全集》第12册，上海人民出版社，2017年4月，第610页。

助，堕落成拥护袁氏的报刊，逆历史潮流拂逆民意发表反动言论，报纸声誉遂一落千丈。

1913年夏，王伯群先后接舅舅刘显世和胞弟王文华密电，催促回贵州任行政秘书一职。王伯群听从桑梓的召唤，中断《大共和日报》经理工作，回到故乡，辅佐刘显世执政。

回到贵州后，王伯群仍对办报意犹未尽，开始第二次办报生涯——担任《黔锋报》董事长。

1912年，刘显世成为贵州地方实力派后，为加强统一党的舆论宣传，于次年创办《黔锋报》，该报由贵州巨富华之鸿创办的文通书局承印。

《黔锋报》为每日出版对开一张的大报，经费每月500元，日销700余份。王伯群曾一度担任该报的董事长，并聘请张仲明等为主笔。

京滇公路周览会贵州分会宣传部印的《贵州新闻事业概况》，对《黔锋报》有过这样的评价："该报内容较为新颖，极力介绍国内外新思潮，为当时贵州舆论界之权威。"

1915年12月，王伯群与梁启超、蔡锷等在天津密会，策动推翻袁世凯的护国运动。作为天津密会的七人之一，王的主要任务是策动云南的唐继尧和贵州的刘显世、王文华反袁。为了不参与拥戴袁氏称帝的大合唱，也为了不使反袁意图外泄，王伯群将《黔锋报》于是年10月停刊。[①]从担任董事长到关张，王伯群担任《黔锋报》董事长前后近两年。

二、投资张竹平的《时事新报》

《黔锋报》结束近20年后，王伯群再次投资著名报人张竹平的"四社"，即《时事新报》《大陆报》《大晚报》、申时通信社，以及当年《大共和日报》的同事钱芥尘等创办的《晶报》，开启了他第三次办报生涯。

王伯群为何要投资入股"四社"，尤其是《时事新报》？细究缘由，盖有三条：一是他曾经的二度报人经历，对纸媒有情感；二是《时事新报》曾对他执掌的交通部部务制造舆论，误导社会和公众；三是他与保志宁婚姻，受到《大公

---

① 宁树藩主编：《中国地区比较新闻史》下，复旦大学出版社，2018年9月，第1327页。

报》和《生活周刊》的报道，损害个人声誉，但自己却无力抵抗。

基于诸上原因，教他体会到投资媒体"预防发生问题时稍有作用"。

1930年3月，交通部邮政总局根据南洋各国政府的要求，取消南洋邮件总包。这本来是一桩符合联邮公约的措施，可是，《时事新报》却在3月2日的报评坛栏目，违背事实，抨击交通部"假借外力，遂其营私"。王伯群见一项正常的措施被歪曲后，他只得借助《中央日报》记者采访之机，做出说明，强调"所谓营私，不知竟何所指而云然，实不胜遗憾。至前年增加邮费一事，实为全国交通会议所通过之议案，其原因系以频年战事，收入锐减，而改良员工待遇，及减轻报纸运费，致支出增加。且以我国邮费，原较他国为廉，乃不得已略予增加。国人凡周知邮政内容者，早已共谅，更无须本部词费也。"[1]

1931年6月18日，王伯群与保志宁在上海完婚。就在当日，胡政之、张季鸾执掌的天津《大公报》以《王保之婚 蒋宋之婚无此旖旎》为题进行报道。标题火爆，直接拿王保婚姻与蒋宋婚姻对比，并编造王部长为娶新娘，不惜"赠保嫁妆费十万元，新屋瓷砖价值五十万"，震惊朝野。6月27日，上海《生活周刊》呼应《大公报》，刊登一篇无署名文章——《久惹是非之王保婚礼》，明文讨伐王伯群为讨美人欢心，舍50万巨资建造别墅，实则暗指王伯群有贪腐行为。随后，《时事新报》也进行转载。

1932年4月，当张竹平来拜访王伯群，敦请入股《时事新报》时。王伯群觉得时机到了。"不出山则已，果再作冯妇则非大报以资宣传不可，与其临时抱佛脚，固不如绸缪于未雨，拟以数千或万元加入。"[2]4月11日，王伯群决定先每月承担400元，令其恢复。与此同时，他还劝说何应钦"以数千元股份加入《时事新报》，预防发生问题时稍有作用"。次日，王伯群三妹，何夫人王文湘以5 000元嘱为用"永康堂"名义加入《时事新报》股份。

在王伯群入股《时事新报》之后，不料又出现了一个乌龙事件。5月5日，交通部秘书双清携《时事新报》来，告该报刊登交通部邮政储汇局招聘名单中有保志宁的同学，斥责王伯群任人唯亲。王伯群阅后，为之愤极，一是托双清诘问张竹平，屡加攻讦是何理由？二是特作一书致张竹平，就招聘事件作相关说明。

---

① 《交通部长王伯群之谈话》，《中央日报》，1930年2月26日，第7版。
② 《王伯群日记》，1932年4月7日。

他写道：

> 昨日，贵《时事新报》新闻栏关于邮政加价、北平电报有邮政赔累，因为邮政储汇局及中美航空公司开支太巨，如沪邮政储汇局拿巨薪者，非某某要人姻亲即保志宁女同学等语。查邮政赔累原因何在，姑不具论，惟邮政储汇局女职系得由考试而来，位置甚低，无一推荐者一查即知。平地为此君者，别有作用，毫不足责，而贵报竟扩发电报载之要栏，公诸社会，不特伤弱者情感，抑有价值之大报，似不应远于事实，攻击个人。如此，我公主持舆论，久负重望，对于时事正力求改进之际，而伯群又重承不弃，引以知交，忍而不望，恐非处知己之道，言之近于悻悻。先生高明，常谅而教之。嘱件已照收转交，以后有械自当尽力图之。①

张竹平得函后，匆忙赶来解释，连连道歉说由于编辑疏漏，此等谬误，实为抱歉，日后定当谨慎。

是年6月至9月，王伯群以"川滇黔视察专使"视察西南。10月1日，《时事新报》率先以《王伯群抵沪后谈话：川省地大物博人民勤苦耐劳目前最要之图当为建设铁道》进行大篇幅报道。视察期间，因为"永年轮"爆出走私"烟土案"，全国媒体议论纷纷或暗指或明指王伯群有涉。《时事新报》在报道中及时做了说明。兹摘录如下：

> 记者又以王氏适乘永年轮船东下，因询以关于土案，沿逾亦有所闻否？
> 王氏云：余闻永年号船最快，目沿途无乘换之烦，遂乘之。因须在汉口谒见蒋委员长，故预定至汉口登岸，原带随员六人，因病滞留成都，同行者只四人，行李均极简单。永年由重庆直航上海，乘客千数百人，甲板上几无隙地。八日开行后，即闻有人装运私土风潮，余乃召集随员，诰诫公务人务须奉公守法，不准私带禁物，并令余仆从人等，特别注意，将行李另置一处。凡遇关卡人员，先行开予检查，当日宿万

---

① 《王伯群日记》，1932年5月6日。

县，业已照办。九日抵宜昌，余见关税人员至，复亲告务必一律检查，勿稍徇私，果在官舱某女客行李中，检去私土数百两。十一日抵汉口，有交通机关旧同事，及叶警备司令，或上船或在岸相迎，余遂率随从人等，携行李先令检查后登岸，讵知余登岸后，该轮上竟搜出烟土吗啡等情事，而同船之双夫人，亦被重大嫌疑，殊出意外。次日谒见蒋委员长，当已呈请从严究办，不久必可水落石出也。①

1933年，王伯群为《时事新报》"建设特刊"题词

《时事新报》的这篇报道，为王伯群撇清与烟土案的瓜葛，发挥了正面的舆论引导作用。后来事实证明，此案与王伯群毫无干系。

上海《晶报》创刊于1919年3月，为民国时期上海著名的小报之一。主编余大雄将办报宗旨确定为"凡是大报不敢登、不便登、不屑登的，上海《晶报》均可登之"。1930年5月24日，《晶报》载《某部长之齐家治国》一文，"详述苏沪两话局对调，而涉及近日所遭家运不顺之私"。②影射王伯群为安排二妹夫赵守恒为苏州电话局长，大动干戈，对苏沪局长进行重组。

1932年10月，在《晶报》主编和主笔余大雄、张丹斧的邀请下，王伯群爽然入股《晶报》，请交通部原秘书长许修直代为《晶报》收股款500元。加入股款后，效果果然显著。翌月，许修直携来一份署名包天笑作者的文章，依据《中央日报》关于永年轮烟土案的社评对王伯群加以攻讦。《晶报》主编发现后，直接抽

① 《王伯群抵沪后谈话：川省地大物博人民勤苦耐劳目前最要之图当为建设铁道》，《时事新报》，1931年11月1日，第2版。
② 逸叟：《某部长之齐家治国》，《晶报》，1930年5月24日，第2版。

出该文，未以刊登，并把文章转交王伯群，以示好意合作。

1935年2月，王伯群闻张竹平的"四社"，因发表了一系列批评和冷嘲热讽国民党错误政策的社论和文章，以及连续报道全国抗日救亡运动的消息，令蒋介石大为光火。为加强新闻统制，扼杀与政府抗衡的舆论力量，国民政府下令租界以外禁止张竹平"四社"的报纸发行及其他活动。

张竹平办报活动被限制，也令王伯群吃惊不小。为探听虚实，他委托大夏大学副校长欧元怀打听张竹平的近况，以决定和评估今后是否继续投资以规避风险。欧访张回来后，"言与张竹平晤谈结果，察张外强而中干，其同事人等虽为之危，而张则口硬如故。"王伯群感叹："日前商扶持《时事新报》之计，无从施也。"

5月2日，王伯群亲访张竹平，由张夫人出面接待。张夫人愁容满面禀告道："畅言受胁，不能离'四社'之苦衷，对不起股东。"王伯群连忙安慰道："政治朝夕万变，劝其勿太感伤，机会甚多，少少休息，得体力培养健壮以待机而大活动也。"[1] 5月5日，交通部原电政司司长庄智焕来访，转告王伯群，孔祥熙"以七万五千元与张竹平将'四社'收买而去，并令张竹平永远不得办报。"王伯群闻罢，禁不住一声长叹。

"四社"被收购后，张竹平放弃本业，转而经商。张竹平的"四社"虽然被收购，但王伯群作为投资股东，一直保持《时事新报》股份和理事地位，抗战时期，他经常赴重庆参加报社的股东大会。抗战后期，王伯群升至本文开头新闻中所言的，该报的副董事长。

王伯群的三次办报生涯，目标和意义各有不同。第一次参与创办《大共和日报》，是出于政治热情、新闻理想和为民主共和的鼓与呼。第二次担任《黔锋报》董事长，基于推介域外先进思潮，推进贵州文化思想的现代化建设。第三次投资《时事新报》和《晶报》，虽带有明哲保身之意味，维护个人良好声誉，但客观上推动了中国近代新闻事业的发展，促进近代中国的社会变革，推动了国人的普遍觉醒。

---

[1] 《王伯群日记》，1935年5月2日。

龙兄虎弟：王伯群与王文华

任黔军总司令的王文华

在王伯群十七岁这年秋天的一个早晨，父亲王起元卧躺在病床上，一手攥着跪在床前的王伯群，一手拉着立在床前的王文华，他用尽最后的力气，把兄弟俩的手贴在一起，然后扫视了一周，便安详地闭上了眼睛。

王起元辞世后，王氏家族的希望自然寄托在长子王伯群的身上。

王起元祖籍江西，先祖王玺于明末随定南侯景双鼎平定黔乱后，定居在兴义景家屯。

到了王起元这代，肆力耕读，热心地方自治。1857年太平军入黔，王起元"集练乡团，筑固防守，闾里借以自保。"①王起元的英勇和勤勉，得到兴义地方豪强刘统之的青睐，便把长女刘显屏许配给他。

---

① 保志宁：《王伯群生平》，《贵州文史天地》，1996年第2期。

一、长兄为父，耻为章句儒

王伯群兄弟姊妹五人。上有姐姐王文碧，下有弟弟王文华（1888—1921，字电轮、果严），二妹王文潇和三妹王文湘。王伯群作为长男，长兄为父，对兄弟姊妹尤其是弟弟王文华如父亲般爱护和期望。王氏兄弟少年时"以学行相师友，不屑为章句儒，喜观亭林、黎洲、船山诸先生书"。[①]母亲刘显屏，幼承庭训，深明礼法，常以"精忠报国"教导其子女，曾创办当地第一所女子学校。

1905年7月，王伯群以监生资格，作为习经济学的官费生，被贵州选送至日本留学。[②]在赴东瀛之前，王氏兄弟俩进行过一次开诚布公的对话。王伯群相信知识和见识有益人的进步，而王文华的基本观点是日本的经验未必适合于中国。王伯群长子王德辅记述了这场讨论：

> 在伯群去东京留学之前，他们兄弟俩就各自的抱负进行了一次长谈。虽然电轮斯时只有17岁，但老成持重。他说："等我成年后，不会像你或其他人去日本留学，我要去参加革命。相较出国留学，革命更有意义，实践出真知，日本的经验可能并不适用于中国。"但在伯群的心里，他坚持没有足够的知识和开阔的视野，很难成就一番功业。但他知道，电轮是个坚毅、果敢和富有决心之人。他鼓励弟弟尊重内心，做自己想做的事情。[③]

王伯群踏上东瀛留学之途后，他们兄弟之间鸿雁传书，互通资讯。10月下旬，王伯群抵达香港。在给弟弟的信函中，他决心要勤勉苦学，致力于家国中兴，"伯群给母亲和弟弟王电轮写信时，提到了他在旅途中的所见所闻，但最重要的是他决心要勤勉学习，致力于家国建设，使祖国与其他国家一样平起

---

① 汪兆铭：《陆军中将王君文华神道碑》。兴义县参议会、兴义县文献委员会编：《民国兴义县志》，开明出版社2018年1月，第415页。

② 贵州省地方志编纂委员会编：《贵州省志·教育志》，贵州人民出版社，1990年2月，第385页。

③ Edward D. Wang: *Patriots and Warlords: Brothers' Journey Towards Republican China*, Qilin Publishing Evanston, 2014, p.39.

23

平坐。"①

王伯群在抵达日本东京后不久，偕戴戡踏雪拜会大他十九岁的孙中山先生。在孙中山的鼓励下，王伯群加入刚成立四个月的同盟会。王伯群先前追随梁启超的立宪派主张和理论，在加入同盟会之后，他的思想开始转向孙中山先生的革命思想。

就在王伯群日本留学的第二年，王文华自兴义高等小学堂考入贵州通省公立中学。两年后转入贵州优级师范选科学堂。在读期间，他与爱国团体科学会负责人张忞结为忘年交，深受其爱国主义思想濡染，如饥似渴地阅读《民报》等革命书刊，跨校参加贵州陆军小学历史研究会反清秘密活动。王文华在参加革命派组织——张百麟主持的自治学社后，也满怀激情地给王伯群写了封信，他说："我们剪掉了长辫，用血指签名，申请加入自治学社。这对我等十八岁的青年来说，是个重大而富含意义的决定。作为学社成员，通过革命推翻满清政府，带领民众走向新时代。"

一个留日大学生，一个本土中学生，王氏兄弟相互鼓励和劝勉。1908年，正在中央大学读书的王伯群接王文华函，他在信函中流露出个人信仰选择的困境，并劝勉哥哥要致力于学。王伯群记述道："在校内又接华弟来函一纸，又系二十六，于此可见文华甚粗也。""揽阅后，见文华言自己主义难定，一听诸亲戚为之主义也。云又劝余专心一致于学，勿稍堕志云云。"②见弟弟把信的编号又重复写成二十六号，以及少年老成的劝勉，王伯群会心一笑，顿感慰藉。

在日本留学期间，给弟弟写信成为王伯群重要的生活方式之一，用书信表达关怀，交流心得，沟通思想。先以1908年为例，王伯群整年度都有记载：1月5日"写致文华即第三十九号家信也"。2月7日本日接家信一函，"仍系文华于丁未冬月二十六日由竹垣发来者，略具伊近状"。2月13日写信致文华，其中"重要事：（一）命伊专学外国语言，（二）言余对于贵州债事已在此认十股，以后家中不必再认也，（三）为雷述君转寄函致如周舅，（四）略言近状"。4月1日"写致华一函，问近来家中及乡中景况"。5月20日午间"至会馆为华买书"；夜给文

---

① Edward D. Wang: *Patriots and Warlords: Brothers' Journey Towards Republican China*, Qilin Publishing Evanston, 2014, p.26.

② 《王伯群日记》，1908年1月18日。

华寄"胡茂如译论理学、职部论理讲义、物理学教材书、章氏著地理教材书、生理学篇书、汉语教材学、动物标本、代数学、陈意和等三人记物理学教科一册"等教材。

再以1909年为例。王伯群记载，如：8月11日"写酉字第七号家书于省优与文华"。8月14日"致华弟函，也无要言"。10月5日今日"在校内接得文华来扇子一把，书画均可人"。10月28日"文华八号来书，并崖山纪念图说（南宋亡国图），读之，甚慰"。11月10日在校内接"文华中历八月二十日发来第九号"。

在接收弟弟每一封信或给弟弟发出每一封信，王伯群都进行编号，"本日发致王文华第四十封信。"[1]从编号中能感受到他作为兄长的细微体贴。1908年夏，遵母亲之嘱，王伯群返国回兴义探亲并与同邑人周光帼完婚。经过两个多月的水陆跋涉，于9月14日抵省城贵阳。一抵旅馆，他便急不可待地要见弟弟，叫人"呼文华来晤，谈家事及近日互相情状"，见文华比自己高二寸许，而体气则比己尤弱，王伯群表示直殊可虑。晚饭后，"华弟辞去，余颇不快"。9月15日，往优级师范文华居所，与朋友"谈文华在校事"，晚上"留文华同宿"。9月16日，偕文华往复仁阁摄影。9月21日，行抵安顺，"致文华列为戊书第一号"。

在贵州优级师范选科学堂第二学年，即1910年冬，王文华以病为由从该校肄业返回家乡兴义，被靖边正营管带、兴义团防总局局董刘显世舅舅延聘为兴义公立高等小学堂学监，兼历史、地理和体操教员。经王伯群的影响及介绍，王文华注籍于美国三藩市（旧金山）同盟会支部。次年，王文华任高等小学堂堂长，与窦居仁、何应钦四弟何辑五创办体育学会，为刘显世训练和储备军事人才。

二、辛亥爆发，兄弟崛起

辛亥革命的爆发，王氏兄弟的命运出现历史性的转折和突变。

武昌革命的枪声传到贵阳，贵州自治学社领导的民主革命派摩拳擦掌，酝酿起义。贵州巡抚沈瑜庆甚为惊恐，因常备军官多鄂籍，素不可信，遂听取宪政党人任可澄的建议，电调远在600里外家世忠良的刘显世率500战士星夜驰入省城进行护卫。作为刘显世助理，王文华迅速征调体育学会一百余人入编，身先士卒，

---

[1]《王伯群日记》，1908年3月4日。

充任部队的前队官。当他们适至安顺，传来贵阳革命党人已夺取政权，沈瑜庆已逃遁，贵州光复并成立"大汉贵州军政府"消息。刘显世得悉情报，欲打道回府。王文华这时显示他超能的胆识和韬略，劝导刘舅当入贵阳。他自荐为代表，单刀赴会，赶到贵阳与革命党人谈判，诚心而热烈表达拥护革命的态度，得到大汉军政府接纳。刘显世所部编为陆军第四标第一营，刘任标统，王文华任管带。

1912年1月初，王伯群应《大共和日报》社长章太炎之邀，自日本中央大学返国，就职报社编辑，协助章太炎等组织中华民国联合会和预备立宪工会联合成立统一党，被推举为干事。受统一党委托，王伯群联络张协陆、符经甫，以原贵州的立宪派为骨干，成立统一党黔省支部，筹划在各府州县广设分部。[①]

立宪派及耆老会作为既得利益者，自然对革命党人的大汉军政府耿耿于怀，深表不服。2月2日，刘显世联手任可澄等武装颠覆大汉贵州军政府，史称"二二政变"。刘显世与戴戡、任可澄等被推为贵州临时都督，组建新的军都督府，刘任军务部部长。被颠覆的革命党被武力驱离后，潜伏到北京四处申冤控诉刘显世等立宪派为反革命恶势力。此时的王伯群作为统一党人，利用报刊为刘显世辩白。

> 以自治学社为主题的革命派纷纷逃离贵州，在北京等地成立"冤愤团"，向全国控诉贵州反对派和唐继尧的暴行。外界舆论群起喷唐、刘。王伯群为唐、刘辩护，他以为非借言论机关，不能将吾黔是非邪正表白于天下。适统一党亦有大共和之设，遂经理其事。[②]

为巩固政权成果，刘显世决定引外力即滇军入黔。云南都督蔡锷遂派唐继尧率云南"北伐军"奔赴贵阳。滇军入黔后，"唐继尧督黔，尤器重王（文华）"。[③]

1913年9月，云南都督蔡锷卸任晋京。两个月后，唐继尧离黔接替蔡继任滇督，刘显世接任贵州护军使。王文华在任护军使署副官长后，着意改造军队，建

① 熊宗仁：《王伯群》。朱信泉、宗志文主编：《民国人物传》第七卷，中华书局，1993年11月，第45页。
② 《王伯群君在进步党黔支部演说词》，《贵州公报》，1915年2月3日。
③ 汪兆铭：《陆军中将王君文华神道碑》。兴义县参议会、兴义县文献委员会编：《民国兴义县志》，开明出版社2018年1月，第415页。

议刘改旧巡防营为陆军，共编练六个团，以德、日军事教程进行训练，他自任黔军精锐第一团团长。由此，王文华日渐确立了自己在黔军中的领导地位。

早在是年仲夏，王伯群接刘显世密电，敦请回贵州任行政秘书。随即，擢升为省城警察厅厅长的王文华也发来电报，催促哥哥回黔辅佐舅舅。他说："革命起义的火苗燃遍中国，现在贵州的政治形势极不稳定，不同派系都在蠢蠢欲动。母亲和我都认为桑梓更需要你，我们恳请你能够快速回黔接任舅舅给你的职务。"王伯群在接舅舅和胞弟函电后，并没有立即应允和动身，而是直到次年4月，以贵州议员身份结束北京政治会议后，才启程回黔出任护军使署参赞，辅助刘显世主持全省军政。

王伯群回黔后，与王文华一文一武，双龙合璧，全力辅佐新政权，成为刘显世的左膀右臂。王伯群在日本专习经济学，思维缜密，擅理财政和和深谋远略。1915年春，为保证贵州六个团的正常运转，王伯群向刘显世提议由省财政厅做抵押，发行黔币200万元，以保证部队日常开支。[①] 接着他又协助王文华在贵阳设立模范营，抽调各团下级军官轮流进行政治和军事训练。

三、反袁护国，功震环宇

1915年，王伯群参加袁世凯提出增修"约法大纲"的约法会议，当得知会议的目的是废除孙中山的《中华民国临时约法》，另立《中华民国约法》时，王伯群始觉袁氏别有用心，政治情势似有变化，遂与梁启超、蔡锷等讨论对时局的看法。此次北行路上，王伯群一路观察地方和北京政治形势，更觉形势突变。他在《云南起义经过》追述了这个过程，他说：

> 去岁七月之交，筹安会发生，帝制问题出现，上海各报均被检查，且出金钱收买。伯群见袁氏此种举动，必不利于国家，遂辞报馆职，入京观察，如有可挽救之处，亦必竭尽智谋，以挽救之。及至京者，见有权势之人皆为袁氏死党，毋一不服从者。至社会中人忿怒虽多，不敢妄

① 王守文：《王伯群与护国运动》。贵州省政协文史资料委员会等编：《兴义刘、王、何三大家族》，中国文史出版社，1990年8月，第86页。

言，惟道路以目。风俗人心已为袁氏铸成无廉耻无良心之极点。伯群触目惊心，惟太息民国已无生气，乃涕泣出国门，归梓里。①

10月下旬，王伯群偕戴戡赴北京经界局，与梁启超、蔡锷、汤觉顿、蹇念益、徐佛苏等多次在黔籍人士、众议院副议长陈国祥宅邸秘密商讨讨伐袁世凯。11月17日，与蔡、梁、戴、汤、蹇、陈确定滇黔武装起义方案。当与会者对唐继尧和贵州执政者颇多顾虑时，王伯群向与会者做出保证，贵州有王文华支持，会场顿感释然。蔡锷当即表示："吾今得知（伯群）昆季非常人也。黔事既有把握，吾决冒险入滇。"②王伯群继续保证道：

> 我自去夏由京回黔，与舍弟文华及诸同志一年来的努力，已建成新军六个团，士气旺盛。若执政者不愿反袁，文华能起而左右之，并已派李雁宾赴滇与中下级军官中积极反袁者取得联系，相约一致行动，云南发难，贵州继之。

会议最后决定：云南于袁世凯下令称帝时立即独立，贵州随即响应。然后以云贵之力于四川，以广西之力于广东，约三个月后会师湖北，底定于中原。

关于密谋商讨此次划时代的举义，王伯群曾讲述会议的决策过程，他介绍道：

> （余）乃离国都赴天津，与梁任公、汤觉顿、蔡松坡、戴循若暨某某两名人（暂从讳）并伯群共七人，秘密提议起义事。初议以梁任公往日本办报鼓吹，蔡、陈、戴、蹇与伯群或往云南，或往两广运动起义。讨论多时，佥谓办报东京，袁不许入口，无益于事，不如分头运动，宜先由滇、黔起义，蔡自担任云南，戴与伯群担任贵州，后虑中途危险，命群先赴云南与唐督商议，蔡暂往日本就医。③

① 王伯群：《云南起义经过》，《贵州公报》，1916年6月7、8日。
② 贵州省政协文史资料委员会等编：《兴义刘、王、何三大家族》，中国文史出版社，1990年8月，第87页。
③ 王伯群：《云南起义经过》，《贵州公报》，1916年6月7、8日。

蔡锷因受袁世凯监视，遂写一亲笔信劝说唐继尧起义，托王伯群面交。11月18日，王伯群由天津南下上海。而此时，贵州的王文华已派李雁宾第二次赴云南，与罗佩金、邓泰中等反袁军官取得联系。

12月12日，袁世凯称帝，改国号为"中华帝国"，废民国年号，1916年起为"洪宪元年"。

袁氏称帝后第三天，王伯群由上海假道香港、越南抵达昆明。数日后，蔡锷由日本抵达昆明，唐继尧决定开始行动。

贵州独立，颇费周章。

在袁氏开启"洪宪元年"的前一天，王伯群受命由昆明启程赶赴贵州。翌年1月23日，王伯群风雪兼程到达贵阳，即偕王文华面见刘显世，分析护国大义，指出黔东已受湘西袁军压境，黔北又有重庆袁军进逼。两天后，王伯群与王文华参加刘显世在贵州护军使署梅园召开的军事会议，此次"梅园会议"，王文华力排众议，坚定讨袁。

> 王伯群、戴戡相继发言后，反战最力的耆老会会长郭重光道："袁世凯练兵几十年，兵多将广，他把全国都统一了，我们区区贵州，要和他抗衡，无异以卵击石。故我们决不能轻举妄动，招来灭门之祸。"他主张"事楚事齐皆非良策，只有自保才是上策"。

> 王文华闻言，气愤难忍，遂毅然拔出手枪，往桌子上一拍，慷慨激言道："袁世凯毁弃约法，背叛民国，这是国贼，决难相容！实属国人皆曰可杀，人人得而诛之的乱臣贼子！云南业已出兵讨袁，贵州亦不例外，如有附逆者，便是国贼走狗，就是我们的敌人！"说到此处，他激动地以手指枪道："就以此对付！"面对王文华的坚决态度，反战派皆服，不敢再有异言，因为王文华掌握着军中实权，兵权在握，最后会议决定，即日宣布发兵讨袁。①

第二天，贵州宣布独立，刘显世任都督，改贵州护军使署为贵州督军署，王伯群被任命为督军署总参赞。

---

① 刘文生、唐春芳：《滇黔两省在讨袁护国战争中的表现》，《黑龙江史志》，2015年第13期。

反袁护国的浪潮为什么崛起于云贵？王伯群在十五年之后的1930年于中央党部举行的云南起义十五周年纪念会上，道出了其中的原委：

> 在民元时代，南北议和，临时政府成立于南京，总理让总统于袁世凯，但知其不脱帝制恶习，特召其南来就职。他本怀有野心，不肯南来，其时本党同志以为民族革命已经成功，精神遂都松懈下来，致使封建势力仍旧存在活动。帝国主义者更利用这种旧势力以谋侵略中国，遂造成了袁世凯作皇帝的事实。
>
> 总理对于此事早已看清，故有东南数次起义，不幸均遭失败。继肇和兵舰而举义者，即为云南。原来云南、贵州两省本党的同志很多，云南多数军官，都是日本士官学校的学生，留日时期，皆与同盟会发生关系，服膺总理的三民主义，以后陆续回去，从事革命运动的，很是不少。贵州青年学生中间尤多革命分子，这些革命势力都集中在蔡锷身上。袁世凯对蔡锷预有防备，为羁縻起见，畀以模范团团长，及全国经界局总办等职。把滇省政权交给唐继尧，黔省政权交给刘显世。蔡锷对于本党主义极表信仰，所以云南的军官亦多信仰蔡氏。据蔡所表示，袁世凯虽有军队与金钱，但是没有主义。战争一经持久，必归失败。[①]

贵州组织护国军兵分两路，其中一路由王文华为东路军总司令，率黔军第一、二、三团编为护国黔军东路支队，分左、右、中三路进军湖南。王伯群追述王文华部队的北伐路线：

> 王（文华）率领所部第一团从贵阳出发，兼程疾进，经镇远、玉屏，进入湖南晃县，设司令部于湘黔接界的龙溪口（距晃县县城约十里）。同时指挥第二团，在北面的铜仁集中，向湘西麻阳进军。由吴传声率领第三团，在南面的天柱县集中，向湘西南的洪江、黔阳进军。[②]

---

① 《王伯群日记》，1930年12月25日。

② 王伯群：《谈湘西战况》，《贵州公报》，1916年6月4日。

兵马未动，粮草先行。贵州宣布独立后，王伯群继续向刘显世献策，提议中国银行贵州分行与北京政府的关系自应脱离，按照国库应随政权转移的原则，立即通知该分行，所有中央款项和向财政部请示报告事宜，须改为护国军政府贵州督军署核办，并派专员至该行进行监督，对该行银锭、银圆兑换券及各种有价证券、文件均不得毁失。同时，由督军下令向该行借款30万元交财政厅以发放军饷之用。刘采纳之，护国军出发时的军饷得以解决。

刘显世以黔省起义独立，贵州道尹大半裁撤，决定另设地方长官，名为刺史，巡察各属。全省共设三员，委任王伯群为东路刺史。2月1日，王伯群以东路刺史身份赶赴镇远，与王文华筹划攻打湘西北洋军的军事计划。两天后，续随王文华率军攻克湖南晃县。继之，再兵分三路攻击大小关，计四昼夜，战争最为激烈。王伯群忆述道：

> 伯群到晃州，知电轮计划分三路进攻，以攻至辰溪为止。我前敌军攻击大小关，计四昼夜，战争最为激烈。北军由武冈开来援救之兵，被吴团长传声在洪江击败，当夺获四十余船军械，北军之战心遂怯。计镇远到沅州，凡夺获紧要关隘，均皆派人死守。驻麻阳北军约二营，我军亦以二营攻之。[①]

在后来的战斗中，王文华率军先后攻克沅州、麻阳、靖县、芷阳。3月下旬，王文华提出停战条件，要求袁世凯立即退位。4月7日，北军致函王文华，谓北军子弹已尽，双方停战。王文华要求北军两个条件：（一）北军完全让出湖南境界；（二）双方让出麻阳、沅州、洪江、辰州、常德等处境界，与民休息。

北军最后接受和承认第二个条件，双方遂分别退兵。王文华与北军在湖南境内激战至5月中旬，卢金山被全歼，马继增兵败自杀，湘西湘南为王文华的护国军控制。

是年6月，袁世凯病死，护国运动取得根本胜利。

斯时受命为贵州黔中道尹的王伯群协助王文华完成了扩充军队、招聘军事人才和兴办军校等几件要事。一是整编扩建陆军第一军，王文华任师长；二是延聘

---

① 王伯群：《谈湘西战况》，《贵州公报》，1916年6月4日。

何应钦、朱绍良、谷正伦、张春浦、李毓华等日本士官生到黔任军职；[1]三是重新修建贵州陆军讲武堂；[2]最重要的是第四要事，通过护国时期将领李烈钧介绍，王文华结识孙中山。

四、王文华"有陆皓东、史坚如之风"

1917年4月，王文华赴北京参加对德宣战问题的督军团会议。甫抵北京，便与黔军驻京代表邓汉祥觐见大总统黎元洪并会见其他部院负责人。[3]5月29日，督军团联名要求解散国会，但王文华以为根本大法不容毁弃，遂拒绝签字。"王恶其毁法，不尽若，独身南下始谒孙公于上海。"王文华途经上海时，偕李烈钧一同晋谒孙中山。王与孙详细陈述西南军政各情。孙赞许他"英迈进取，有陆皓东、史坚如之风"。并告党人："西南有问题，可寻电轮。"[4]并介绍王加入中华革命党。

7月初，张勋拥清废帝爱新觉罗·溥仪复辟。孙中山闻状，极为愤怒，与廖仲恺、章太炎等相率由沪南下广州，组织发动近一年的护法运动。

南下议员在广州召开国会非常会议，决定成立中华民国军政府，选举孙中山为海陆军大元帅。当时控制滇黔两省的唐继尧也在对抗段祺瑞，保存地盘且向四川扩充势力，孙中山把护法希望寄托在西南地方实力派身上。

广州军政府的成立，昭示护法运动高潮的到来，也表明南北对峙局面的形成。曾反对袁世凯称帝的民国总理段祺瑞此时却传承袁世凯武力统一中国的衣钵，决心以北洋武力镇压西南护法，挑起第二次南北战争。段军事战略的重点：一是对湖南用兵以制两广，二是对四川用兵以制滇黔。唐继尧亲率滇黔军队援川，分别与南下的北洋军队交战。

黔军总司令王文华一面积极备战，一面游说西南各督军。11月，王文华联

---

① 何应钦将军九五纪事长编编辑委员会：《何应钦将军九五纪事长编》，台北黎明文化事业股份有限公司，1985年4月，第29页。

② 贵州省政协文史资料委员会等编：《兴义刘、王、何三大家族》，中国文史出版社，1990年8月，第99页。

③ 邓汉祥：《贵州往事片段》。贵州黔西南州政协文史资料委员会编：《邓汉祥文集》（内部发行），1988年5月，第78页。

④ 邓宗岳：《护国护法的功臣王文华》，《贵州文史丛刊》，2002年第1期。

合川滇友军，由遵义、桐梓，驰赴川黔边界松坎，负责守卫川东，伺机进攻重庆。他把黔军编为三个纵队，遵照孙中山的指示向川边戒备。把总司令行营座设松坎后，策令第二纵队司令袁祖铭率一、三两团出綦江之右，进攻重庆南岸黄桷垭；策令第三纵队司令张云汉率第六团出綦江之左进攻江津，与北方政府新任查办使吴光新部接战。同时，严申军纪，禁止军队拉夫、扰民、窃掠、奸淫等行为。

经过近一个月的激战，王文华攻克重庆。在行营抵达重庆后，王文华正式组成三省靖国联军，拥唐继尧为总司令，自任靖国黔军总司令。12月7日，孙中山复刘显世电，对王文华提出新的任务，"望促夔帅及电轮司令，倘部署确定，宜即会率精锐，径趋宜万。"①王文华随后衔令，相继攻克四川江津、泸州、叙府、资中等地，四川督军周道刚和新任长江上游总司令吴光新闻风潜逃。

时序隆冬，王文华在崇山峻岭中，宵衣旰食，在总司令行营运筹帷幄，乘胜追击。他任命袁祖铭为纵队长，率部参加联军对川军作战，一举攻克天府之国的成都。1918年2月13日，孙中山连电刘显世，指出"北派主战甚力，南方自不可歇于和议之说，致懈战备。"孙中山在连得捷报后，继续期望王文华取得新的战功。他发出《通告全国各界主张和平尊重国会电》指出："此次西南兴师，目的止于拥护约法，根本主张，惟在恢复国会之效力与求国会永久之保障耳。"②王文华的接连成功，却引发三省联军中川军熊克武的嫉妒和叛离。3月25日，孙中山电王文华，安慰且勖勉其编师北伐："尚望克日出师，会合各军，共伸讨伐。"5月，王文华就任重庆镇守使职，后因熊克武等人反对而辞职。

王伯群作为黔中道尹，执掌治理区域行政外，同时解决王文华的后顾之忧。他筹划胞弟在贵阳大井坎（今护国路）的房屋建设。王文华原在护国路四合院的风格与现存王伯群故居相同，砖木结构，为法式建筑样式，但砖柱装饰工艺上为中国传统手法。从王伯群的记载中，窥见当年的贵阳地价和砖头价格。他致函王文华，告知"贵阳中小砖四两余，二四八者中号六两，今订二五八者较中号稍宽，故价须六两八，大井坎地基价约一千五百两云"。③

---

① 中山大学历史系孙中山研究室等编：《孙中山全集》第四卷，中华书局，1985年10月，第260页。
② 《军政府公报》，第49号。
③ 《王伯群日记》，1918年8月26日。

对于王文华的家事，王伯群也切为关心。见儿子王实夫患病，他联想到侄子王重光夭折时的痛苦。他记述道：

> 本日为余卅四初度，忆去岁此日，因重儿病危，合家惊惶。余察其无愈意，更觉怨伤。是夜，重侄竟夭，嗟乎！吾家代代积德累仁，吾弟为国奔驰，九死一生，得此孤儿，上慰重慈，天道无亲竟将夺去，能不痛心乎。往事已矣，今年此日又有王实夫之病，使吾新爱旧感集于五中，如焚如麻，不可言喻。呜呼，境遇之厄，当无胜于我者矣。[①]

王文华自擢升为黔军总司令，志得意满，在招娶张学兰为妾后，神经质似的迷上贵州省署职员段家榕的妹妹段小菊，又决意招纳为妾。他的任性，遭到妻子刘从淑的强烈反对。恰逢此时，儿子王重光不治夭亡。刘系刘显世堂兄刘显慎的女儿，出身名门，性格刚烈，在悲痛和愤懑中服用大量鸦片中毒身亡。

刘从淑的自杀，为刘氏家族与外甥王氏家族后来的分裂埋下了一道伏笔。

王文华（左三）、刘从淑（右二）夫妇等在贵阳合影

---

① 《王伯群日记》，1918年9月3日。

关于旧制新规，婚姻家庭和娶妾之事。王伯群曾有过一次深刻的反思。他认为："婚姻为人生百年大事，若不慎之于始，则一生幸福皆为之累。娶妾乃不得已而为之，如专为逸乐，则悲忧亦随之，福不单降，祸必相倚哉。张公九世同居，方有百忍之誉，今人无九世之同堂，而亦不能不为忍之也。世风愈趋愈下，于此可叹。"他接着提出，"人无贤内助"，"而人生之幸福行谊皆必为之累矣"。

这大概是王伯群从胞弟文华及周边人的常见行为中，引发的所思所想。

1919年，四川军阀刘存厚在混战中失败，唐继尧以联军总司令名义任命熊克武为四川督军兼省长，但与广州军政府任命的四川省长杨庶堪（字沧白）相对峙。杨便依靠王文华在重庆开府与熊克武领导的川军枪炮相向，战事一触即发。

此时，孙中山致电王文华，嘱与杨庶堪等合作对付川军熊克武。电称："沧白、青阳幸得依倚，若能解决川事，既为大局改造之基础，苫筹伟略，方始发抒。"孙把解决川军纠葛矛盾寄托在混战中的王文华身上。[①]

1920年初，熊克武为获得社会舆论的支持，提出"川人治川"，掀起排斥滇、黔军之热潮。回贵阳暂时休养的王文华随即千里赴戎机，晓行夜宿，再度赶至重庆，指挥黔军加入川战。2月24日，正在湖南参战的李烈钧四面受敌，孙中山紧急致电王文华，又促其协同湘南大举以解李之危。函电谓："足下逼近贼巢，一举足于冲破桂贼之腹。"盼与唐继尧、刘显世"协商出师方略"，并就近"电促湘南将领，率军南下，直抵韶州，非惟解协和之危，且制广州之命。"强调"西南成败在此一举，若舍此不图，贻误滋大。"3月26日，孙中山再致电王文华，催促出师与湘西南将领合力捣桂系陆荣廷巢穴。然而，面对熊克武向驻渝黔军的轮番进攻，尽管有川军吕超、卢师谛相助，但王文华拘縻军机，分身乏术，根本不能脱身。

据守四川的王文华，斯时迫于刘显世"老派"势力及唐继尧对自己的钳制，决定以"清君侧"方式铲除刘显世身边的"老派"力量，实现对贵州的领导。他遂派第一旅长卢焘为总司令率队回黔，自己赴沪治病。王军到贵阳后，即发动贵州著名的"民九事变"。刘显世被迫在胞姐刘显屏的庇护下仓惶逃回兴义，继与刘显潜转赴昆明。

① 中山大学历史系孙中山研究室等编：《孙中山全集》第5卷，中华书局，1985年10月，第113页。

贵州政权落入王文华所部第五旅手中。

王文华抵达上海后，卜居卡德路（今石门二路）91号。[1]他曾召见黔军代表邓汉祥，对他说"准备用带到上海的一百二十万元购买武器，作为扩军之用，希望你我一道回黔，分掌军民两政。"[2]

五、南北和议，再拥共和

1918年11月，受刘显世特派，王伯群南下广州参加军政府工作。次年1月，受南方政府之托，从广州北上参加南北和议。

1月25日，王伯群先抵达南京。一周后，乘专车返回上海，住进法租界渔阳里15号。

2月4日，王伯群赴唐绍仪住宅，商讨南北代表面商会议规则与和谈条件。[3]因王伯群代表滇黔，经过争取，其中涉及滇黔联军权益包括五点内容：

（一）在川滇军至少以二师、一混成旅编为国军，在川黔军至少以三混成旅编为国军。滇军分驻上下川南各县，滇军驻川东，全部饷项由中央拨发。军区未定以前，各军仍归滇黔督军节制指挥。（二）护国、护法两役善后款项，应由中央确实筹发；并提发交五百万元以为收束军队之用。（三）滇黔向为受协省份，用兵以后，尤为瘠苦，中央应指定的款按年协济。（四）任命四川军民长官，应先征求滇黔两省督军之同意，或由滇黔保请中央任命。（五）湘西除黔军卢旅仍驻辰州外，其属于靖国军之湘西各军，至少应编成国军一师。[4]

2月8日，南北双方代表通告会议规则确定后，由王伯群回南京报告。朱启钤专电致唐在章，通告王伯群回南京报告及和谈地点："中央代表抵沪后，谒唐磋商会议规则，照原四条略加修改，已得双方同意，即协推汪、方、章、胡四君起草，结果由王（伯群）今日回宁报告。又议场先择上海总商会，继以地址不便，

---

① 《王文华君事略》，《民国日报》，1921年3月17日，第3版。

② 邓汉祥：《贵州往事片段》。贵州黔西南州政协文史资料委员会编：《邓汉祥文集》（内部发行），1988年5月，第81页。

③ 原件无日期，2月6日李纯致朱启钤函说："顷得云南唐督军自拟提交会议条件，特抄奉陈。"

④ 中国社会科学院近代史研究所《近代史资料》编译室主编：《一九一九年南北议和资料》，知识产权出版社，2013年1月，第131页。

拟借用前德总会云。"①

2月20日，南北和谈在上海黄浦滩会议事务所（上海德国总会）正式拉开帷幕。和谈会议前后共进行八次，王伯群前后参加整个流程的每次会议。

南北和议，得到全国各界广泛关注。

2月初，王文华就南北和谈发表全国通电，对整顿军队、发展经济、清明政治提出主张。他说："所谓立国方针者，愚意以为不外乎顺世界之潮流，以经济政策振兴农工商业，即取法美利坚以实业立国是也。所谓障碍者，即庞杂之军政是也。世界各国由军国主义嬗蜕为经济主义，至是而愈明了矣。"他主张军民分治，"今者和平会议将开矣，筹定国防，编制国军额数，军民分治，划分行政与军事区域，收束军队，整理财政，已成为一致之论调。"他建议裁减军队，发展经济："中国众多之军队，留之不惟无益国防，抑且互相造乱。裁之不惟不能自食其力，抑且扰害治安。非设法使之自食其力，渐能生产，则军队允为造匪机关。不宁惟是，驯至国人皆欲舍其农工负贩之业，而为不伦不类之兵，聚敛不足，则日借债以养之。如是国家前途，尚胡可问，个人幸福，又安可得。"②

他最后指出："文华国民一分子也，亦军人也。不幸而军人为世诟病，岂始愿所及料。时机已迫，不能不求自身解决之方，更不能不薪

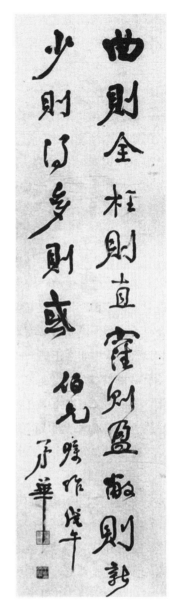

王文华书法，写于1918年

① 中国社会科学院近代史研究所《近代史资料》编译室主编：《一九一九年南北议和资料》，知识产权出版社，2013年1月，第134页。
② 原载北京《政府公报》1919年2月21日，第1086号。电文无日期，发电当在2月10日前。

诸军政长官与同胞之觉悟。""苟有解决之方,得洗军人之耻,卸军人之责,而国家仍无振之望者,则误国之罪,不专属诸军人。"

作为一名职业军人,王文华在军事旁午中以国际视野关心国家经济建设,民间疾苦,实属"英姿卓越,才气纵横,临大事果敢沉毅"。[1]

王伯群等南方代表要求北方恢复旧国会,就巴黎和会提出八条意见,不承认巴黎和会处理山东问题办法,宣布一切中日密约无效,裁废参战军,撤换罪情显著的督军、省长等。因北方无法接受,王伯群等议和代表拒绝进行和谈,遂集体辞职。次日,北京政府议和代表亦集体辞职。和谈会议自2月20日开幕至5月13日暂时休会,双方由于利益纠葛太大,开开停停,最后在争执不下中不幸流产。

1920年2月26日,远在重庆军中帐里指挥作战的王文华,闻上海和议复将开议,他再致电孙中山、唐绍仪和王伯群等电,就和会开与不开提出个人主张。他说:"近闻上海和议复将开议,吾人喜惧交集,兄弟阋墙,和之甚易,而以停顿至今卒不能和,岂非唐总代表坚持外交条件耶?此等条件,关系国家存亡,坚持不和,吾人认为非常正确,即不能和,国人当忍耐之。今北庭有直接交涉之说,英美有磋商借款之事,如和议复开,坚持前议以为监督,吾人宜其喜也;变更主张,乘机苟和,则亡国之罪和议实尸之,吾人不惟惊惧,当与国人共诘之矣。唐总代表高瞻远瞩,老成谙练,吾人素所钦服,当能始终贯彻救国主张。"[2]

由于南北分歧太大,南北和议没有如期召开。王文华的主张再也无人倾听。

六、铁路立国,初试失败

王伯群赴广州时,被刘显世分别任命为贵州督军公署购办军械军装和贵州省筹借债款全权委员。他在贵州时,怀抱实业救国之思想,先后成立群益社、裕黔公司和义安公司,开发贵州矿产,推动贵州实业发展。在追求民主共和时,曾任广州军政府交通部长,践行孙中山先生"铁路立国"之思想。

---

[1] 汪兆铭:《陆军中将王君文华神道碑》。兴义县参议会、兴义县文献委员会:《民国兴义县志》,开明出版社,2018年1月,第417页。

[2] 《公电》,《军政府公报》修字第156号,1920年3月13日。

1919年3月20日，王伯群以贵州全权代表与美国华侨实业公司代表赵士觐在上海签订借款修筑渝柳铁路（由重庆经贵阳至广西柳州）合约。王将合约寄回贵州后，省长刘显世立即召集议长张彭年、秘书长熊范舆、政务厅长陈廷策、财政厅长张协陆和黔军总司令王文华，以及地方绅耆进行讨论。

不曾料想，借款修筑渝柳铁路合约引起"旧派"集团强烈反对，引发震惊黔省的"渝柳铁路借款案"。

当王文华在会上说明借款合约经过后，与会人员对于修建铁路、便利贵州交通运输，原则上表示同意，但大家认为此事牵连四川、广西两省，必须取得他们的赞成合作。同时对于附带借款1 000万元美金开发贵州实业，认为从签约之日起即照付利息，每年必须先付息金60万元美金，折合银洋120万，当时贵州地方每年财政收入不到300万元，军政各费开支尚感不敷支配，这笔利息从何而出？

对于大家所提的这个疑问，王文华回答说："办实业三年内自然不会生利，可以'挖本填息'。"

会上有人又说："交款时先扣除三年利息180万元美金，就损失银洋360万元，未免太吃亏。"

刘显世见着僵持不下，便转圜道："具体暂且休会，下次再详细讨论。"当时无结果而散。

会后，有"旧派"代表再次提出反对意见：（一）修铁路是贵州人民和政府多年来的希望，但铁路两旁各30公里内矿产由铁路公司开采，即令我省同意，川、桂两省是否赞同？（二）创办实业，事先无计划，挖本填利，损失太大；款既要借，可缩减为银元300万元，每年息金12万元，由财政厅负责筹付，不增加人民负担。（三）此项借款必须点滴用在办实业上，军政机关不能挪用，并由负责长官立约签名盖章保证。[1]

后来，此项意见和合约被全文印发并向外披露，致使内部矛盾加激，同时引起全省民众对草约的极大不满。新派组织伤兵到张、熊两家滋扰，陈廷策也在此时被刺受伤，张熊两家自感形势险恶，叫其弟张彭年出走，张协陆在家自尽。[2]

---

① 谌志笃：《袁祖铭"定黔"始末》。政协全国委员会文史和学习委员会编：《文史资料选辑》合订本第三卷总第9—12辑：中国文史出版社，2011年6月，第175页。

② 邓汉祥：《贵州往事片段》，贵州黔西南州政协文史资料委员会编：《邓汉祥文集》（内部发行），1988年5月，第80页。

最后，草约在反对声中偃旗息鼓。

现在想来，令人叹息不已。假如彼时渝柳铁路建成，贵州提前半个世纪贯通铁路，民众享受交通带来的福利，历史应该大为不同。

七、西南砥柱，喋血上海滩

1921年2月18日，王伯群在参加广州军政府公祭朱执信大会之后，便告假返沪与王文华相聚。

3月16日傍晚，王文华在一品香旅馆的西藏路遭遇暗杀，终年32岁。

"王文华暗杀"事件，世人为之震惊。孙中山闻听噩耗"为之震悼"，令"乃兄伯群完君志事"。沪上报纸《新世界》发表评论指出，"海上暗杀事件，在数年前间，曾见迭出，无情枪弹，不知丧却几许英雄。惟近年则间无所闻。"此次"乃竟于公共宴会之所，众目昭彰之地，连发数弹，安然逃逸，凶徒具若何好身手，有此神通，呜呼，我复何言！"[①]上海《民国日报》指出，王文华是"护法中坚，西南砥柱"，预测"死后西南必有变化"。

关于王文华为何遭遇刺杀？被谁刺杀？现场如何惨烈？与当年宋教仁被刺案一样，扑朔迷离，史上流传多种说法，但普遍指向是王文华曾经的部属袁祖铭主使行凶。

笔者摘录《申报》的报道，多侧面、多人物、多角度复盘王文华刺杀现场及其过程。

> 黔军总司令贵州人王文华于去岁解职来沪，寓居公共租界卡德路八十四号门牌，于前日（十六号下午）至西藏路一品香番菜馆七号房间访友双止澄，至六点一刻出门，甫登汽车即遭人暗杀殒命，流弹击伤行人张宝山肩际，并经捕房将王君尸体异入虹口斐伦路（今九龙路）验尸所报官。

公共租界会审公廨张襄澉与美约副领事检验：

---

① 谔声：《吊王文华》，《新世界》，1921年3月19日，第4版。

王君身中三枪，一中右臂，一中左肋，一中腰际洞穿胸背心坎下一小孔，委系枪伤身死。

双清之供词：

昨日下午至我寓所晤谈，旋有汽车夫促其回家，送至房间外。未几，西崽来言王君被刺，即打电话知照其家属，因不知其电话号码，向电话公司问不明。欲至医院探望，迨至门首，适王君之兄王伯群到来，告知其事，偕赴医院探视。其兄问其被刺情形，已不能开口。是时（堂上诘问：尔知死者沪地有无仇人？），双答称不得而知，想系为政治关系。

汽车夫张德宝供词：

昨日主人自行出外。至下午，系二太太嘱我开车至一品香接主人回家，既至一品香停车，北首入内，见主人与友谈话，嘱我少待，约等十分钟，见主人出外，我即上车。主人登车后，甫闭上车门即闻砰然一响，始疑车轮橡皮爆裂。其时主人亦探首观望，接连枪声四五响，见主人手捧肚腹跳下，走至马路中间观望，既而见旁侧下层房间窗口内有一人执黑色手枪开放，外有窗帘，其人面貌隐约不能看明，遂至马路扶住主人，而主人牵住衣服不肯释手。隐隐闻一人奔逃之脚声，我遂大呼有刺客，即由看门巡捕鸣警笛捉拿。因一品香有三个大门可走，当时不见有人出来，旋命一西崽帮同将主人扶上汽车，送请仁济医院医治。①

护法时期的黔军第十团团长胡寿山对王文华遇刺时情况，有另外一种记述：

有一天（三月十六日），王文华在"一品香"玩，王伯群来电话说，

① 《西藏路暗杀案续志》，《申报》，1921年3月18日，第10版。

41

李协和（李烈钧）同卢小嘉（浙江都督的儿子）来会你，在此等着。我想开汽车接你，你看如何？王文华考虑了两分钟，答复其兄伯群说："也好。"汽车开到一品香门口，王文华出门视左右前后，便飞快地跑到汽车边，刚用手开门，张（克明）的枪声又响了两枪，中在要害。驾驶员将他拖进车子，开回静安寺路王伯群家，已气绝，就这样结束了他短暂的一生。[①]

至于是《申报》报道符合史实，还是胡寿山回忆真实？由于胡并不在现场，非目击证人，故更倾向于《申报》的报道更接近史实。

王文华被谁刺杀，究由何人主使？谌志笃撰文指出是袁祖铭派人刺杀王文华，他分析背后缘由。

> 1917年护法战争时（袁祖铭）升纵队长，出兵援川，旋升黔军第二师师长。他在战争中有谋有勇，功绩称著，为官兵所信服，但由于功多而骄，不肯局促为"辕下驹"，同时也因为"功高震主"，大为总司令王文华所忌，屡加抑制。这是造成袁祖铭后来派人刺杀王文华、组织"定黔军"的直接原因。

> 王文华之被暗杀……最主要的原因还是由于他和袁祖铭争夺贵州军政权的矛盾尖锐化到了顶点。王不屡夺袁之兵柄，则不能高枕无忧，回黔统兵主政；袁不图王，终是笼中之鸟，要想振翼雄飞，决不可能。"先下手为强"，这个暗杀事件的根本原因，就在于此。[②]

但具体行凶者是谁？丁宜中曾为袁祖铭任贵州省长时期的省府秘书长，他认为是袁指使何厚光所为。丁忆述道：

> 至于较早一些时期，在沪暗杀王文华的人叫张俊民，他在一品香

---

① 胡寿山：《王文华在"民九"事变前后》。贵州省政协文史资料委员会等编：《兴义刘、王、何三大家族》，中国文史出版社，1990年8月，第24页。

② 谌志笃：《袁祖铭"定黔"始末》。政协全国委员会文史和学习委员会编：《文史资料选辑》合订本第三卷总第9—12辑，中国文史出版社，2011年6月，第174页。

靠马路开一房间，从窗口窥伺王文华多日，窗口有它的隐蔽性，也有它的局限性，因为射界不宽。我曾听何厚光说："机会到来时，先发一弹，击中王文华的侧面。王想走避，一转动间身子就成平面，正对窗口，被弹面更广，所以第二弹就击中要害。刺客还乘乱混入王宅亲自看到王已瞑目后才从容逸去。但何没有说出刺客姓名来，我当初还疑心就是何亲自下手的。他们在事后托名贺永安去登报，是自以为从此除暴安良，可喜可贺。"①

八、一计复仇，魂寄孤山

王伯群首先怀疑王文华之死是一场政治谋杀，为刘显世舅舅和袁祖铭所主使。他不顾舅甥关系，公开撰《正告刘显世书》，历述王文华辅佐刘显世的功绩，怒责舅舅有谋杀外甥之嫌疑。"舅氏柄用贵州七八年矣"，"电弟于舅氏，亲则卑幼，分则部属。辛亥之役，单骑入省，躬冒不测之险，用开霸业之基。护国护法，率将偏师，转斗千里，俾贵州声光扬于河朔，舅氏地位措之磐石。中间经过情形，外人咸不及知，舅氏试平心静气，一溯曩昔。"

他接着历述道，"电弟之效忠舅氏，可谓笃矣。甥对贵州，关系浅薄，所以为舅氏谋者，不逮电弟百一。而电弟所得于舅氏者，功高不赏，猜防日积，扩充游击军，填塞四境，必迫令电弟前葬强敌，后绝归路。至于逃死海上，犹不能丐其一日之命。""千差万错，都为政治生涯。向使当日还军兴义，不求进取，舅氏固无赫赫之名，电弟亦免舆尸之惨。"

他最后忍恨提醒刘舅："窃恐舅氏以一朝之小忿，陷故乡于万劫。心所谓危而不敢不告。惟舅氏熟思而审择所处，幸甚。"②

尽管刘显世曾专门跑到上海，解释自己并未派人谋害王文华，但并不能令王伯群释怀。王伯群对刘舅的痛恨，终年不散。十三年之后的1934年，他接大舅母来愚园路宅邸度旧除夕。对于刘舅，心情甚为复杂，他是日记载道：

---

① 丁宜中：《我所知道的袁祖铭》。政协贵州省委员会文史资料委员会编：《文史资料存稿选编》第二卷，贵州人民出版社，2006年3月，第439页。

② 汤涛编：《王伯群文集》，上海书店出版社，2018年1月，第7页。

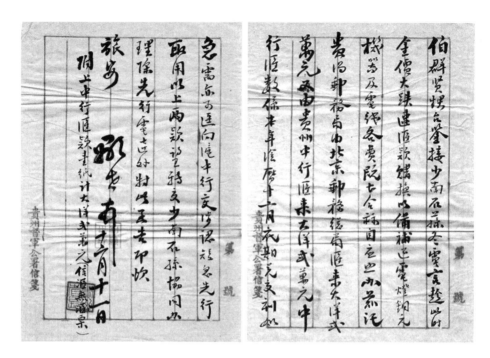

1919年12月11日，贵州省长刘显世致王伯群函部分

"十余年前，烜赫一时之督军夫人，今竟如丧家之犬，寄食于亲友之家，可衰也已。"

在感谢湘军总司令赵恒惕、云南顾品珍等将领垂唁王文华之后，王伯群最后把刺杀胞弟的幕后凶手锁定袁祖铭。

袁祖铭是王文华的老部属。刘显世在兴义练兵时，经王文华举荐，袁祖铭加入团练，协助训练乡团。从此，袁祖铭侧身行伍，在王手下，历任西路巡防军第四标督队官、贵州陆军第一团第一营营长、第一旅第一团团长、援川总队司令、黔军第二师师长、黔军总司令部总参议。随着战功累累，声名卓著，袁祖铭军权欲也随之膨胀，和上司王文华的矛盾逐渐激化。1920年冬，王文华因病到上海医治，但怕袁祖铭有变，就带着他一同前往。到达上海后，袁祖铭却秘密潜往京师，朝见靳云鹏总理，请他出面干涉贵州之事。靳云鹏当即拨巨资给袁，并将他的部队命名为"定黔军"。袁为献媚靳云鹏和扫除贵州"新派"势力，遂决定刺杀王文华。其根本目的，一是除掉孙中山的得力支持者，使贵州回归北洋政府；二是解决独霸贵州路上的一个最大障碍。

王伯群决定为王文华复仇，以重金运动同盟会员杨虎刺杀袁祖铭。[1] 6月20日，袁祖铭在遇刺的当天，惊慌中给靳云鹏呈文，控告王伯群为幕后主使，要求严密防范。他在呈文中称：

> 殊自定黔军成立以来，彼近祸地方而远梗国家者，唯恐黔局底定，一旦统一实现，彼辈将无捣乱之地，故嫉恨最深，此固可断言者。计祖铭自上月由鄂转京，叠接沪上友人来函，谓逆党首领及其党羽王伯群、双梓（止）澄、郭润生、胡鲲南等以洋二十万元购买刺客多人赴京刺铭，嘱严密防范。[2]

袁祖铭虽侥幸逃命，但王伯群复仇的怒火仍然不灭。

王文华的原副官辛治国和蔡必章在王文华身亡后，投奔王伯群，且深得王氏的信任。辛、蔡曾主动提出去找袁祖铭复仇，王便资助他们行动。岂料两人被袁祖铭许诺高位和重金收买叛变。复打入王伯群家族，混扮汽车司机，窥机刺杀王伯群。幸亏在上海北站欲行凶时被巡警及时发现，才又避免了一场人间悲剧。《申报》载：

> 王伯群日前因事赴杭州，六号搭特别快车返沪。王宅命蔡必章用汽车到北火车站迎接，蔡以为机会已到，拟俟在车站乘便以匕首刺之，已系王宅亲信之人必不之疑也。时沪杭车尚未到，蔡徘徊车站，颇现焦灼不耐之状，护军使署向有暗探在站，侦查以蔡形状有异，上前盘诘，蔡疑阴谋已泄，顿现恐慌之容，思欲逃遁。探警等包围上前，在彼身傍搜出匕首，又因系来迎王伯群者，知必有异，遂带回军法课密讯审问之后，尽得内情。
>
> 蔡供略谓辛治国于袁祖铭为中表，辛受袁之指使，密谋刺王。彼系辛胁迫，因彼向隶辛属下，且辛性情暴躁，动辄执刀恐吓，谓若泄其

---

① 邓汉祥：《贵州往事片段》。贵州黔西南州政协文史资料委员会编：《邓汉祥文集》（内部发行），1988年5月，第82页。
② 张文武：《北洋时期西南军阀袁祖铭北京遇刺案》，《中国档案》，2008年第1期。

谋，定当处死云云。问官谓若得辛治国来，即行释尔，于尔无关。蔡乃供出辛偕其同党来申，变易姓名，住居新旅社云云。[①]

10月20日，蔡必章被护军使署永远逐出租界，不准逗留。翌年7月25日，在王伯群律师申诉下，谋杀主犯辛治国在上海被护军使执行枪决。

王文华被暗杀后，省长刘显世也被迫下台，贵州群龙无首。黔军旅长谷正伦属下的王天培、彭汉章，窦居仁属下的毛以宽、张春浦，驻守洪江的王华裔，都一致推举袁祖铭主导贵州。袁祖铭组织"定黔军"兵分左中右三路占领贵阳。

1921年9月，孙中山任命王伯群为贵州省长，委其收拾黔局。翌年4月，王伯群率军行至黔东铜仁，为袁祖铭的"定黔军"所阻，双方激战月余，王见大势已去，遂相率何辑五等退回上海。此次政治和军事上的失利，更增加王伯群对袁祖铭的仇恨。

直到五年之后的1927年，王伯群终于为王文华报了一箭之仇。

1926年11月，袁祖铭率军驻扎湖南常德。次月，国民革命军北伐总司令蒋介石召袁祖铭到南昌召开军事会议。因袁曾为北洋政府资助的杂牌军，怕遭蒋介石暗算，便取消行程。随着国民革命军的节节胜利，袁祖铭首鼠两端，一面接受蒋委任的北伐军左翼军前敌总指挥兼十一军军长，但同时又与北洋军阀吴佩孚暗通款曲。

蒋介石深感袁祖铭的存在，将威胁革命军左翼，同时云南唐继尧坐观事变，也令广东后方堪忧。蒋介石知王伯群素与唐继尧有旧交，电请王入滇说唐。王伯群这时献计道："联唐不如去袁（祖铭），袁妄自尊大，非真革命者，留之无异养奸。袁去则唐孤，不说自下，遣使转张其势，焉用往。"[②]

蒋介石采纳王伯群建议，授意西路军左翼前敌总指挥唐生智执行此项任务。次年1月31日，唐生智于常德商会宴会厅，指派师长周澜设宴诱杀袁祖铭和何厚光，且斩首示众。王伯群妻子保志宁在《王伯群生平》中写道："未几唐死，袁亦被杀，西南悉定，皆如先生言。"

---

① 《无意中破露之暗杀案：蔡必章车站逮捕，辛治国旅社成擒；祖铭迭为谋主，王伯群幸免遭害》，《申报》，1921年10月12日，第14版。
② 保志宁：《王伯群生平》，贵州《文史天地》，1996年第2期。

　　王文华遇害前，曾与王伯群同游杭州西湖。王文华对哥哥慨然道："我苦战十年，尘土满衣，看此湖山，他年愿归骨于此。"1922年8月，王伯群实现王文华生前夙愿，在西湖孤山购地十亩余，把王文华迁葬于此，并建墓庐三椽，以供祭扫之用。

护国将军：王伯群与戴戡

1907年的戴戡

1932年8月2日，王伯群以国民政府"川滇黔视察专使"赴四川成都视察。在游望江楼时，王伯群触景伤怀，回忆十五年前故好友戴戡（字循若，1880—1917）战死成都的情景。他是日忧伤地写道：

忆民国六年，戴循若率滇黔军守蓉，滇军统帅罗佩金表面虽合作，阴实忌之，乃遭川军刘存厚等之攻击。循若死守皇城，滇军不救，困败南遁，中途被围而自戕焉。尸弃江中，不知下落。后川人以假尸首入棺木，停望江楼。黔当道派人往迎归葬。

今日临此追忆故人，不禁感伤。[1]

① 汤涛编著：《人生事，总堪伤——海上名媛保志宁回忆录》，上海书店出版社，2018年1月，第50页。

戴戡作为护国将领，以战绩卓著而声名远播。毛泽东早期文章中曾提及他的事迹。[①]

一、结伴留学日本

王伯群与戴戡最早结识于1905年，年长五岁的戴戡简直就是王伯群的人生导师和精神偶像。是年9月，王伯群偕戴戡以及小舅刘显治等一行七人齐聚兴义，赴日本留学。此行近两个月跋山涉洋的旅途中，王伯群与戴戡一路且行，一路交流思想，由此结为知交挚友。受戴的影响，王伯群对梁启超倡导的君主立宪制颇感兴趣。王伯群长子王德辅忆述道：

> 1905年，父亲从兴义出发，赴日本东京留学，途经南宁、香港、广州、横滨等地。那是一条大开眼界、广交良友的行程。其间，父亲与贵州神童戴戡（后为护国将军）结为挚友。戴戡家境贫寒，聪明早慧。早于1904年求学日本，此次是回国探亲后再次返日。在日期间，戴戡积极参加东京学生革命运动，与康有为、梁启超等革命先驱过从甚密，曾为《时务报》等进步报刊工作。途中，两人常彻夜长谈。从戴戡那里，父亲了解到大量革命思想和康梁革命的曲折细节。他的内心产生极大的触动，决心到日本后潜心研究世界各国政治与经济，寻求一条最适于中华民族发展之路。[②]

10月下旬，他与戴戡抵达香港，住在大舅刘显世提前安排的亲戚家。王伯群首次了解香港社会三个不同群体。"当时香港根据种族和阶级，划分三个不同的群体：中国精英。主要是一些成功的商人，这里说的精英和在中国大陆精英学者不一样；中国工人。他们是这里的主体，他们有的是装卸工人，有的是人力车夫和家庭佣工；英国社区。最开始他们主要是由一些军队和那些靠鸦片贸易赚钱的

---

① 廖盖隆等主编：《毛泽东百科全书》，光明日报出版社，1993年10月，第1045页。

② 2016年5月13日，笔者采访王伯群长子王德辅记录。王德辅先生记述疑有误，其时康有为已离开日本。

49

商人后代组成。其他的就是由欧美人、从印度来的锡克教警察、东南亚贸易商和海员组成的另外一个群体。"[1]

受戴戡的影响,王伯群在香港剪去象征落后的辫子。有次他们在香港街头散步,王伯群发现周围的男士都是平头,只有他自己头上还顶着根大辫子,与周遭环境格格不入。戴戡告诉他,去年他刚到日本就把头发剪了。作为革命人士,留有大辫子这种满族封建遗物是可耻的。王伯群闻听后,"立即找了家理发店,剪掉了象征落后的大辫子"。[2]

11月8日,王伯群与戴戡等贵州籍和其他地区的五十余名留学生,从香港登上前往横滨的"秋丸"(Aki Maru)蒸汽轮船。轮船经过长崎抵达横滨。他们再从横滨坐列车赶赴东京。坐在风驰电掣的列车上,王伯群思绪万端,内心充满巨大的好奇。

在舒适的列车上,戴戡向王伯群介绍道:"铁路是工业化和现代化国家的主要干道。日本铁路促进了横滨、东京等大都市的发展,两个城市成为日本制造业、商业、政治和教育的中心。"王伯群若有所思,憧憬道:"这项技术应该也同样能够使中国进入现代化,促使贵州的工业化和经济的快速发展。我希望自己能够将铁路技术带回中国,尤其是带回贵州。"此次乘坐列车的经历,为王伯群二十余年后担任国民政府交通部长,致力于发展国家现代交通埋下了理想的种子。

抵达东京后,王伯群和戴戡就读于宏文学院学习语言,因为戴是第二年,故升入高等理化科。他们两人同租住在一间日制的木屋里。入学后,王从戴的藏书中,首次接触到孙中山和黄兴的革命著作。

二、滇黔举义核心联络人

戴戡比王伯群早四年由日本回国。1907年冬,受河南政法学堂堂长、同为黔籍的留日好友陈国祥之邀请,戴戡到该校执教,并担任庶务。两年后,戴受云贵总督李经羲邀请,担任云南个旧锡务公司经理。其间,结识了蔡锷并成为知己,

---

[1] Edward D. Wang: *Patriots and Warlords: Brothers' Journey Towards Republican China*, Qilin Publishing Evanston, 2014, p.26.

[2] 2016年5月13日,笔者采访王伯群长子王德辅记录。

不久受蔡锷派遣，回贵州经办盐务。辛亥革命后，云南成立军政府，蔡锷被推为云南都督。受蔡所派，戴戡随唐继尧入黔。滇军与贵州耆老会、宪政党人另组贵州军政府，推唐继尧为临时都督，总揽军民两政。戴戡被任命为左参赞，刘显世任军务部长。

戴戡（左）与蔡锷（中）合影

袁世凯在北京就任大总统后，采纳黔籍人士蹇念益、陈国祥、刘显治等人的意见，任命唐继尧署贵州都督兼署贵州民政长，戴戡任黔中观察使。戴戡自入黔以来，深知结党之要义。斯时，王伯群受统一党委派，筹建贵州支部，并函邀戴戡加入该进步党，戴欣然应允，表示愿为统一全国，扶助共和效力。1913年10月，蔡锷被袁世凯调任北京，先后委任为陆军部编译处副总裁、陆海军大元帅统率办事处办事员、全国经界局督办等职。同时，袁调唐继尧回滇继任蔡职，任戴戡为贵州民政长，[①]后改巡按使。刘显世任贵州护军使，实行军民分治。[②]

1915年，袁世凯伪造民意，阴谋帝制，背叛民国。

袁氏深知戴戡和蔡锷等为进步党梁启超的拥趸，是梁与滇黔方面的重要联系人，于是，再调戴戡入京任民国参政院参政。

袁氏的倒行逆施，引发滇黔爆发历史上著名的"护国运动"。

作为滇黔核心联络人，王伯群陪同戴戡于是年秋赴京。他们此行的目的，"阳为参加袁氏之约法会议，实则晤商蔡君决定大计。彼时北方反袁同志愈多，著名之保皇党梁启超、汤觉顿，黔人蹇念益、陈国祥辈均毅然参加。蔡与京中同

① 《政府公报》，1913年第408期，第2页。

② 政协贵州省委员会文史资料委员会编：《文史资料存稿选编》第二卷，贵州人民出版社，2006年3月，第230页。

志遂决计护国，然派赴各省运动者未得要领。"最后共商决定：云南在袁世凯称帝通电发出后即宣布独立，然后贵州、广西随即响应。以云、贵之力下四川，以广西之力下广东，约三四个月后，可以会师湖北，抵定中原。但在会议讨论期间，与会者认为单独云南独立，势力单薄。正踌躇间，王伯群"与戡君缕述吾辈在黔准备情况，遂决由滇发动。一面电文华积极备战，一面由余携蔡、戴长函赴滇，逼滇督唐继尧赞成。"①

他们经过数个月秘密商讨，最后王伯群与蔡锷、戴戡等于12月25日在云南宣布独立。

为促进贵州独立，王伯群再赴贵州游说贵州省长兼都督刘显世。在路过兴义老家时，王伯群劝说舅舅刘显潜，成功请他留出路口，让戴戡的护国军过境。次年1月，戴戡率领的护国军一路顺畅抵达贵阳。

云南虽然独立，但贵州迫于袁氏强大的势焰，一直持观望态度。王氏兄弟以情势紧迫，催促刘显世通电响应。刘认为事关重大，切不可轻易做出决定，致使后患，必须召集全体在职人员和地方绅耆共同商定。贵州的保守派提出反对独立，说蔡、唐是"以卵击石，自取灭亡，贵州万不宜从井救人，同趋灭顶"。②

王伯群会同王文华、戴戡共同出席贵州历史上响应护国运动的"梅园会议"。在王文华拥护下，戴戡发挥他"激扬慷慨"演说家的天赋，一面向保守派介绍反袁护国当下形势，另一方面揭露筹安会的罪恶活动，袁贼出卖国家主权行径，滇黔唇齿，号召各界同心协力，他说："非袁世凯死，即我等死而已，岂有他哉。再论到成败一层，袁世凯已众叛亲离，不亡何待。"③

戴戡的激情演说得到会场民众的呼应。

云贵独立后，唐继尧、刘显世坐镇滇黔后方。蔡锷为护国军第一军总司令，督师向四川叙府、泸州反攻；戴戡为护国第一军右翼总司令，率黔军攻重庆，王文华即加入戴部，进击湖南，胜况连连。

黔军首战告捷之后，戴戡即亲率由黔军第五、六团组建之梯团北攻四川，重创素称劲旅之北洋军曹锟部，迫使四川督军陈宧逃窜。随后，攻下綦江战略据

---

① 王伯群：《贵州对国民革命之贡献》，《大夏周报》，第18卷第1期，1941年10月。
② 周素园：《贵州陆军史述要》。中国人民政治协商会议贵州省委员会等编：《贵州文史资料选辑》第一辑，贵州人民出版社，1980年4月，第28页。
③ 《戴循若先生演说词志略》，《贵州公报》1916年1月28、30、31日。

点。此役与泸、纳和叙府战役齐名，称护国战争中之三大战役。蔡锷盛誉戴戡为"能出奇制胜，以少胜多，略地千里，迭复名城，致令强虏胆丧，逆贼心摧。功在国家，名垂不朽"的护国将军。

贵州的独立，稳定了滇省境周边的局势，推动了各省的反袁运动。袁世凯"以失贵州故，致步步作战，广西、四川、湖南等省之袁军大受其牵制。而云南方面，则不惟易于进退，且获兵力上之援助，终以制胜。一举足而形势顿殊。"[①]

1916年5月，孙中山在上海发表第二次讨袁宣言。独立各省在肇庆成立中华民国军务院，推唐继尧为抚军长，戴戡与梁启超、蔡锷等为抚军，与北京的袁政府形成对峙。次月，在全国人民一片唾骂声中，袁氏忧惧而死。

三、戴戡惨死可痛

护国战争结束后，北京政府任命蔡锷为四川督军兼省长，罗佩金为广西省长，戴戡为川东巡阅使。蔡锷因喉疾告假出国赴日就医，由罗佩金替接其督军，戴戡代其省长。罗在滇军将领中威信较高，而川军第二师师长刘存厚，在辛亥革命时就担任援川滇军总参谋，在护国运动中战功卓著，但因此次未受提拔，他便转投北京政府段祺瑞，导致滇、黔军与川军矛盾激化，内部爆发混战。

1917年初，戴戡兼代四川督军。是年6月，张勋复辟帝制，改督军为巡抚，戴戡立即声讨之。宣统帝遂任命刘存厚为四川巡抚，刘得令后遂率兵攻打成都北门。7月5日，川、黔两军在成都连续打了十余天。黔军被川军围在皇城内，此时，英、法领事从中调停斡旋，戴戡声明愿意率部退出成都。7月13日，刘存厚的川军开放南门让黔军退走，黔军但因疑有伏兵，在掠夺南门粮食后，又退回皇城，固守待援。戴戡把督军和省长的印信咨交川省议会保管，自己乔装向南门突围。

戴戡放弃成都，突围而出，于百里外之秦皇寺阵亡，黔军5 000士兵阵亡。戴的死亡有两种说法：一种是自杀，另一种被川军击毙。是年8月，段祺瑞追赠戴戡为陆军上将，给银一万两治丧。戴戡阵亡，标志着梁启超进步党在军事上的

---

① 《刘显世与袁世凯——评刘显世参加护国运动》。西南军阀史研究会编：《西南军阀史研究丛刊》，四川人民出版社，1982年8月，第180页。

依靠完全失衡。梁亲撰《贵定戴公略传》，并在悲痛中撰"烽火忍相凌，临节誓骋宁苟免；豪贤嗟并命，回川驻泪恐难干"之挽联，以示悼念。

戴戡在四川战死的消息传到贵阳，王伯群痛不可忍。当戴戡在成都被包围时，王"曾商黔当道"，派"黔军往援"，然而戴戡因"愤黔当道事前之不相援，负气电阻援军。遂一败涂地，卒以身殉"。王憾恨戴戡"小不忍则乱大谋"，故"虽惨死可痛"，"亦不能为之恕也"。[①]作为知己故交，戴戡牺牲后，其时常在王伯群的梦中浮现。

> 昨夜入梦后，见循若与吾家弟兄计事，宛如生时，唯神情惨，不似君生前之倜傥有魄力也。自循遇难后，余梦中见循凡四度，无一如生时之慷慨激昂者，岂其死后灵魂与生前相反耶，抑人死时情况如何其灵魂便如何耶？果尔，循之为鬼亦良苦矣。呜呼，虑事偶一不周，择术苟一不慎，不惟足以弒杀身，亦适足以困死悲夫。[②]

直到第二年8月，戴戡的棺椁才运回贵阳，王伯群于"晨七时起，迎送循若灵柩也"。

护国、护法战争，在王伯群"革命救国"的生涯中是最为珍贵的记忆之一。在往后的岁月中，尤其是1924年创办大夏大学之后，他每每在大夏大学的纪念周会上，报告护国、护法战争对民族和国家的意义。同时，他经常出席云南起义纪念会。1930年，中央党部举行云南起义十五周年纪念，王伯群出席并做报告，他在报告中忆述道："民国四年12月晚间，（我）又回到云南省城"，"时有本党同志杨真、邓泰中等，各军所部于数日之内，赶到省墟，立行向川开动。其艰苦卓绝之精神，殊堪钦佩！"大军共分三路，其中"第二路由戴戡统率，经过贵州，向重庆进攻。"戴戡的部队进入四川后，"至敌人方面的力量约在十万以上，北洋军队一至九师全体出动，指挥者为曹锟、吴佩孚、张敬尧、冯玉祥、陈宧、王占元等。"袁氏帝制取消后，"而继承政权者仍为整个的北洋军阀，我们无法予以惩

---

① 汤涛编著：《人生事，总堪伤——海上名媛保志宁回忆录》，上海书店出版社，2018年1月，第50页。

② 《王伯群日记》（稿本），1918年7月29日。

创，以至今日经过多少的牺牲，才告统一。"[①]

在云南起义二十四周年纪念会上，王伯群受邀在贵州广播电台，以亲历者做《由云南起义二十四周年纪念说到抗战必胜建国必成》讲演。次年8月18日，王伯群应贵州省暑期中等教师讲习会之邀，做《贵州对国民革命之贡献》演讲。他分述贵州参加辛亥、护国、护法、北伐及抗日诸役。在谈到护国运动时期的戴戡时，他动情介绍道，孙中山先生以国会被迫非法解散，即是摧毁约法，于是年6月率海军南下至广州组织军政府。北洋政府段祺瑞"令吴光新为长江上游总司令，兼四川查办使，率重兵进驻重庆，以离间川滇黔军，图各个击破，以图滇黔。川中将领，果为吴所诱惑，凭借优势，向驻守成都之滇、黔军进逼，川省长戴戡，黔军混成旅长熊克丞于是后殉难，滇黔败退"[②]。

王伯群发现贵州自辛亥革命以降，参加革命的人数一次比一次多，而贡献则反一次比一次减少。护国、护法轰轰烈烈，何等光荣，其后则几至毫无声息。他剖析主要原因有三。其一，民十以前，贵州的革命完全居于主动地位。民十以后，则居于被动的地位。其二，民十以前致力革命的人士，皆受历代文化学术思想主义熏陶，故能以牺牲奋斗之精神，创造光荣灿烂之事业。民十以后，才志之士，或从征省外，或发展远方，当局疲于内争，庶政无力顾及，文化教育因之停顿，大有弦教辍响、礼乐中衰之势。他指出，贵州人的个性富于独立创造的能力，但缺少团结合作之精神。个人独立创新一事很容易，集体合作，事就困难了。"民十以后的革命工作，团体大、人数多，反而声光小，不能团结合作"，此则第三个原因。

---

① 《中央举行云南起义纪念　王伯群报告云南起义经过》，《时报》，1930年12月26日，第2版。
② 《贵州对国民革命之贡献》，《大夏周报》，第18卷第1期，1941年10月。

忠厚谦和：王伯群与卢焘

　　1912年，当忠厚谦和的卢焘随滇军唐继尧入黔，他也许不会想到，十年之后，他居然登顶一省军政至尊，擢升为黔军总司令兼代贵州省长。

　　而他这一切平步青云的经历，皆与王伯群及其胞弟王文华提携相关。

一、从广西士兵到黔军总司令

　　卢焘（1882—1949），字寿慈，广西思恩人。少时学业拔萃，府考第一。毕业投身革命活动，1905年加入同盟会，恰好同年，王伯群也加入同盟会。不过，王伯群为留日学生，而卢焘则是军人出身的革命者。

　　1914年秋，王伯群自京城回黔，辅佐贵州都督兼省长刘显世舅舅治军理政，斯时，与黔军第一团团副的卢焘正式相识。越明年，王伯群跟护军使署副官长王文华建议，重新整

1920年，卢焘（左）与王文华

合贵州军队，至少建立一个师，扩建六个团。同时为黔军基层军官树立典型，组建模范营。在刘显世允可后，卢焘被委任为模范营中校营长。王与卢焘联名发函，邀请卢在云南讲武堂毕业的同学李雁宾、胡瑛、范石生等十余人来黔襄建军队。

作为职业军人，在王伯群兄弟的领导和影响下，卢焘身先士卒，先后参加护国战争和护法战争。护国期间，王伯群辅佐黔军东路支队司令王文华，统率一、二、三团入湘。卢焘担当第二团团长充任前锋，英勇作战，所向披靡，击败湘西的北洋军队。在护法时期，黔军总司令王文华响应孙中山北伐之号召，组织护法军，任卢焘为黔军第一混成旅旅长，征讨湘西，攻占川东。

1920年冬，川军兵锋逼压王文华坐镇的重庆。斯时，王文华洞察到贵阳刘显世身边的"老派"势力威胁后方。他便以"清君侧"之名，派第一旅长卢焘为总司令率队回黔，自己则东下上海，与王伯群会合，拟赴日治病休养。卢焘返抵贵阳后，即发动贵州著名的"民九事变"，迫使刘显世通电退位，继而落逃昆明。贵州政权落入以卢焘等"新派"手中。

政变成功后，贵阳谣言纷起。卢焘为安定民心，以黔军代总司令名义发出告示："此次改革，属为政治刷新。诛除首恶而外，并不株连一人。"贵阳遂人心初安，政局渐稳。为安定贵州，卢焘推原广州军政府内政部长任可澄为省长，新旧两派多年来的暗斗明争，至此宣告结束。

1921年3月，正在上海休养的王文华不幸在西藏路"一品香"旅店门前西藏路遇刺身亡，卢焘正式担任黔军总司令。是年5月，孙中山在广东就任非常大总统，再度举起护法旗帜。但由于任可澄和卢焘的威信及威望难于服众，贵州朝野上下期待追随孙中山左右的王伯群回黔主政。这一年，是黔省军政界大为动荡混乱的一年。造成这种局面，原因有三：一是孙中山领导的北伐处于胶着状态；二是西南各省相互掎角争斗；三是黔省内部五旅纷争。面对黔省乱乱失序和内外交困，王伯群致电卢焘等，缕析全国大势，对黔局军政的安定和治理提出对策。

在电文中，王伯群首先回顾近十年黔省革命过程："共和十稔，变故迭乘。护国护法，吾黔以莫大之牺牲，求彻底之解决。至于今日，前途尚复辽远。然荀卿有言：'功在不舍。'吾辈今日进寸则生，退尺则死；决心奋斗则存，画地自限则亡。诸兄弘毅任重，必有久大之规模。用将各方近况，暨鄙怀所望于诸兄者，一详陈之。"

接着，他分析南北军阀复杂的斗争态势。他说："吴佩孚始联成慎，欲驱赵偶而夺河南之地盘。赵求解劝于张胡胡，星夜入关，责让曹锟之不义。吴受制于曹，转锋攻张胡，囊括三特区，又攫得蒙疆经略使之崇衔。乃分陕以畀曹，陈树藩遂罹其殃。然陈督陕数年，有众五旅，其势可以一战。近已积极准备。直系胜陈，实力当消耗不少；弗胜，威望更扫地无余。此张胡坐斗两虎之计。曹、吴甘堕其术中而不悟，殊不怪也。陆荣廷横挑粤衅，意在骗取北廷大批饷械。且倚闽赣为后援，无如援不可恃，饷械亦不可得，骄兵必败，终于自覆其盗窟。中山就职未几，已自知新政府之运用，难达其所预期之目的。近有容纳联邦政治之主张，将从放大各省代表权限入手。兹议若遂实现，川湘赣各省，当不合冶于一炉。子嘉怵于所谓三头会议，案图宰割，借款明分，悍然视国家为私产，故有豪日通电，征求各省意见。当此举国郁怒之时，卢氏首发难端，各省苟非受三头势力之支配，度无不乐于赞成。酝酿复酝酿。或能就此中生出作用，收拾残破之局面，则吾辈向外发展之机会至矣。"

在条分缕析全国斗争局势后，王伯群给出治理贵州军政方面建议：（一）军政方面。"通盘筹画，未雨绸缪；某为居者，某为行者，某旅应整顿，某旅应补充。集思广益，折衷至善，调发令下。但求能争一先着，将来摧枯拉朽，不难获美满之结果。"（二）民政方面。"志翁以骖轮老手，谅有成竹在胸。但改革数月，人民望治之心理，不可无以餍之。应请宣布方针，督饬施行。"最后，王伯群鼓励道："昔嬴秦元魏比肩列国，徒以居地僻远，稍占形势，士卒勇敢，乐于战斗，遂能取乱侮亡，兼并坐大。黔在今日恰有此两优点。时势造英雄，吾侪未可妄自菲薄也。"[①]

除卢焘外，贵州省议会致电孙中山，敦请任命王伯群为省长。电文曰："窃贵州自去冬因前省长刘显世去职，准各界请愿到会，推举任可澄为本省临时省长，瞬将一年。现任省长因病一再辞职，情词坚决。"本会"众论一致公同举定王伯群继任本省临时省长。查王君伯群学识兼优，声望素著，护国护法各役奔走国事，席不暇暖。日前黔省多数人民责膺重任，兹经各团体一致公举，堪称得人。除由本会电告王君回黔就职外，敬恳我大总统俯赐鉴核，特予任命，饬速到职。

---

① 叶方明主编：《周素园文集》，贵州人民出版社，1994年7月，第633页。

贵州全局幸甚。" ①

孙中山接电后，是年9月20日任命王伯群为贵州省省长，同时又令"王伯群未到（任）以前，着贵州总司令卢焘兼署贵州省长"。②在接受任令两天后，王伯群回电孙中山，表示"沪事一时不克结束，俟启行有期，再当呈报"。他同时希望孙中山加大资助贵州力度，"惟黔素贫瘠，年来师旅未息，饥馑荐至，为国牺牲，黔民忍痛待纾久矣。布新除旧，大费周章。惟望钧座统筹全局，不遗远方，以慰黔民喁喁之望，群亦与有荣幸也。"③

此时的贵州形势复杂严峻，由于五旅争权，卢焘和黔军参谋长何应钦难于掌控正在分崩离析的局面。主谋刺杀王文华的袁祖铭在北洋政府支持下，组建"定黔军"，伺机而动。

卢焘执掌贵州军政大权，自感能力不逮。整个11月期间，王伯群频接卢焘电文，催促回黔主持军政。

11月15日，王伯群接卢焘删电，卢表示自己退出，愿率黔军两个旅参与北伐。

11月25日，接卢焘有电，通报何应钦已离开贵州，电文谓："赋涛突发号电，对于敬之亦多不满。敬之鉴于办事日久，诸感困难，决计辞去本兼各职，洁身高翔，已于昨日离省。善后办法：以五旅与警卫团合并由（孙）剑峰负完全责任。一方电调纪常（谷正伦）率队回黔，暂摄军符。弟仍贯彻删电，主张督师北伐。保持原有之系统，维护地主之安宁，舍此似无良策也。"④

11月29日，再接卢焘艳电，这次更为直接，除敦请速回贵州主政外，还担心节外生枝。电文曰："伯兄刻期速返，危者可以复安，涣者可以复萃，此黔局续命汤也。弟德薄能鲜，虽欲努力奋斗，窃虑枝节横生。"

二、影息"半日山庄"

贵州形势日益复杂，组建"定黔军"的袁祖铭这时也把枪头对准王伯群，争夺贵州权柄。1921年11月，王伯群接窦居敬巧电，告以敌之第一目标是王伯群，

---

① 《王伯群任黔省长原因》，《民国日报》，1921年9月29日，第6版。

② 《总统令任王伯群为贵州省长》，《民国日报》，1921年9月22日，第2版。

③ 《王伯群上孙总统电》，《民国日报》，1921年9月24日，第10版。

④ 叶方明主编：《周素园文集》，贵州人民出版社，1994年7月，第655页。

其次是何应钦。唯一办法是"请速归，尚可补救"。

何时赴贵州走马上任？王伯群殚精竭虑。

直到1922年春，王伯群才觉得时机日渐成熟。

王伯群返黔计划，引发袁祖铭高度警觉。是年3月，袁祖铭令部属王天培、彭汉章率所部由榕江、独山向贵阳挺进。抵达贵阳后，袁祖铭即电北京政府报捷。除军事力量阻止王伯群入黔外，袁祖铭发动舆论战，以"定黔军"总指挥名义发布通电，抹黑王伯群，声称"为地方诛锄暴虐，即为国家拥护法律"。[①]

王伯群阅袁祖铭通电后，致电孙中山等，指出袁祖铭乃忘恩负义、祸害黔政、背离正义之徒。最后，王伯群表明自己的决心。"伯群奉政府任命，屡辞未获，力疾回黔，盖欲赞助政府，使黔军多数致力于外，以减轻本省负担，促成讨贼大计。"[②]

时至4月4日，王伯群在何辑五、窦居仁等辅佐下，一行自上海溯江抵贵州玉屏。彼时，卢焘通电表示将总司令一职让与第二旅长谷正伦，在谷未到贵阳之前，由总部参谋长兼第四旅旅长张春浦代理，他自己则退守遵义，设立军民两政行署，并且调动胡瑛、何应钦各旅，准备对"定黔军"实施反攻。

袁祖铭的"定黔军"兵分三路向铜仁、玉屏进击。袁王部队接战数次，袁军屡占优势。王伯群见状，只得率部退至湖南洪江，窦居仁旅率领残部退至湘川方面。4月10日，袁祖铭电湘军总司令赵恒惕，悬赏洋5万元缉拿王伯群。赵接电后，"守中立，不复"。[③]4月18日，王伯群率军再次向黔边进击，此时恰值谷正伦奉卢焘之令率部来湘援助，于是，部队向玉屏极力猛攻袁部之军，两军鏖战数日，尚无胜负。4月20日，袁祖铭驰抵贵阳，夺取贵州政权后，不愿受刘显世的胁迫，以"定黔军"总指挥身份兼辖军民两政。

见贵州久攻不下，王伯群颇为焦急。这时何辑五进言道："我们前进还不知要经过多少艰难，进到省境，中经军阀的势力圈，沿途伏莽必多……何必亲身涉

① 《镇远袁祖铭通电》，《锡报》，1922年3月30日，第2版。
② 《致孙中山电》。汤涛编：《王伯群文集》，上海书店出版社，2018年1月，第13页。
③ 《国内专电》，《新闻报》，1922年4月11日，第4版。

险，为此万不可能之事！"①王伯群纳何辑五建言，遂与何、窦等乘一艘小木船，沿锦江退至湖南，再迁回上海。

是年8月，北洋政府委任袁祖铭为贵州省长。卢焘因不愿与投靠北洋军阀的袁祖铭合作，遂辞去黔军总司令之职，南下广东，协助范石生部讨伐叛军陈炯明，迫使陈炯明在滇、桂、黔军的联合打击下退出广东。后因"家慈病笃"，卢焘又离开广州，回黔奔丧，息影在贵阳的"半日山庄"。

三、致力于民生事业建设

此时回到上海的王伯群，继续追随孙中山，参加包括陈独秀等共产党人在内的50余人参与的改进国民党会议。孙即席解释联俄联共政策。②会上，王极力赞成国民党改组计划，为国民党召开第一次全国代表大会，实行国共合作做了充分准备。

对于共产党所从事的革命事业，卢焘也一直抱有同情和支持。

1927年冬，卢焘当年云南讲武堂的同学朱德率领南昌起义部分部队，由粤向湘进发，途中与驻扎湘粤赣边的国民党第十六军军长范石生相遇。朱德派王佐给时在广州的结拜兄弟卢焘带信，请他说服范石生勿要与红军为敌。卢接函后立即致函给范石生说："大家同学，不必为敌也。"③他还提议范能设法接济朱德军火物资。范果然给朱德补充一批物资，并给朱部"国民革命军第四十七师一四○团"的番号以资掩护，使朱德部得以在湘南休整。④

卢焘退出军界后，转身致力于贵州的公路交通等民生事业建设。

1935年12月3日，卢焘赴南京找到王伯群，陈述建设西南铁路规划构想，并请进谏蒋介石筹款建设西南铁路。王伯群记述接待卢焘时的欢慰情形。

---

① 《北伐军第十军副军长何辑五》。政协黔西南州委员会文史资料委员会编：《贵州省黔西南州文史资料》第14辑《盘江历史风云人物》，2002年1月，第130页。

② 黄修荣：《第一次国共合作》，上海人民出版社，1986年8月，第102页。

③ 林建曾：《一个坚定的壮族旧民主主义者——卢焘评传》。谢启晃等编：《岭外壮族汇考》，广西民族出版社，1989年12月，第559页。

④ 庾新顺、朱永来主编：《八桂将军风云录》，广西人民出版社，2001年1月，第1113页。

午后五时，卢寿慈来访，因多年不见，欢慰无已，问桂粤滇诸友情况至详。有可注意之点：（一）李云谷长子将与张彭年之女结婚；（二）李云谷确有财上之损失，其故乃粤中统制烟土贩卖之故；（三）黔中仍纷乱匪多，行人不利；（四）桂省种树、采矿等事业利颇丰厚，惟日期须五年至十年；（五）马路已通百色，只须滇黔能通到兴义，则桂可接至兴义，如此则三省均便。

谈至六时半，约往美丽川菜馆便饭。嫌两人太少，电话约仲公同往。遂先到仲公家，仲公虽饭，后亦偕往。一面吃一面谈，到八时余。①

第二天，王伯群继续听卢焘谈广西实业经营情况。卢盼王前往经营，并以章程示阅。

12月7日，王伯群与李仲公商谈大局与今后出路。李因卢焘之劝，关注西南实业问题。王伯群"觉得此乃自己此二十年前之志，嘱李详拟计划后，邀西南数省人士之志同道合者，共图之"。翌日上午，王伯群再约卢焘和李仲公，畅谈组织西南实业公司计划，"先稍投资作一二有利人民之实业，以坚人民之信仰，然后发展至政治上去计议。"他们之间各做分工，拟定卢负责赴广西说李宗仁、白崇禧及桂中友好，李负责游说川中实业家卢作孚、刘航琛等。王伯群则负责联系贵州友人，实业公司章则及计划由李执笔起草。此次会谈结束后，卢焘跟王伯群索《王文华神道碑》文，王"给以六份，又《遇难记》一份，并以姚华《弗堂类稿》一部，近作篆书十言联'须二分水三分竹一分屋，愿人长健花长好月长圆'一付赠卢"。②

后因抗战形势日趋紧张，他们共同开发西南经济计划被迫中断，修建西南铁路的愿望也付之阙如。不过，他们仍然以各自的方式致力于西南经济建设。卢焘着力于贵州公路等筹建，王伯群着力发展贵州金融和盐业商贸，他们的赤子之心当载史册。

1944年12月，王伯群在重庆辞世。卢焘兼程赶往重庆，虔诚献上一副挽联，

---

① 《王伯群日记》，1935年12月3日。

② 《王伯群日记》，1935年12月7日。

哀悼当年的战友兼兄弟：

　　论文渝州卅年忆当初与令弟讨袁公真健者
　　相见期再世想不久国军完成抗日我愧虚生

　　五年之后的1949年11月，在贵州解放前夕，卢焘不幸惨遭国民党第八十九军军长刘伯龙杀害，享年67岁。

革命情谊：王伯群与章士钊

　　王伯群与章士钊作为南方人士，他们东奔西走，追求改变世道人心和追索生命的价值。当38岁的章士钊和34岁的王伯群在广州相遇时，他们面对的是山河破碎、国家分裂的世纪大命题。

一、南北和议结友谊

　　1919年初，王伯群和章士钊分别代表南方的贵州省长刘显世和广东护法军政府主席总裁之一的岑春煊参加上海的南北和议。

　　关于此次议和，章士钊曾撰文忆述道："1919年，上海曾有一次南北和会，南北两方，各派代表十人。从2月20日开幕起，至5月14日辞职止，为会不过八次，为时亦仅三个月弱，我则忝厕南方代表之一。"①

章士钊

---

① 章士钊：《我之上海会议观为叶遐庵作》.《章士钊全集》第8卷，文汇出版社，2000年2月，第323页。

此次议和，南方代表共10人。作为前锋，王伯群与章士钊等4人于是年1月19日由广州先行出发赴沪。[1]五天后，王、张一行抵达南京。[2]2月21日，他们一同自南京返抵上海，参加南北和谈首次会议。[3]

这也是王伯群与章士钊作为和议同僚首次结识。

章士钊（1881—1973），字行严，湖南长沙人。早年就读于两湖书院，留学英国爱丁堡大学。返国后，投身报业和革命，主持《民立报》，创办《独立周报》。二次革命失败后，流亡日本创办《甲寅》月刊，任欧事研究会书记。返国后，先后出任广州护法军政府秘书长、北京农业大学校长、北洋政府司法总长、省立东北大学文学院教授。1931年自东北南下上海，执律师业。

在章士钊南下的第二年，也就是他们相识十三年之后的1932年10月，王伯群赴张啸林、杜月笙所设宴时，意外遇见章士钊，他们各自喜不自禁。王伯群记述道："往赴啸林、月笙之宴，于华格臬路遇老友行严、斐予……懋勋诸君，畅谈至快。"[4]几天后，章士钊、汤漪回访王伯群，继续畅聊，他们"谈久之别去"。王伯群给他们各赠业师姚华著《弗堂类稿》一部。次年11月，王伯群愚园路的公馆落成，专门设宴请章士钊、金仲荪、程砚秋、宋子文、张啸林、杜月笙、吴铁城等友朋。

二、请章士钊打官司

1931年底，王伯群辞交通部长，交通部邮政汇业储汇总局局长刘书蕃也随之辞职。继任交通部长陈铭枢委任杨建平为该局局长，原营业处长任嗣达升任副局长。不久，杨建平和任嗣达贪污案发，引发监察院侧目。

监察院委派监察委员罗介夫到上海邮政储汇局密察条款，共有十二条罪状，主要包括：（一）买卖公债，上下其手；（二）去年盈余，系假造决算之虚报；

---

① 刘建强编著：《谭延闿文集·论稿上》，湘潭大学出版社，2014年11月，第282页。
② 中国社会科学院近代史研究所《近代史资料》编译室主编：《一九一九年南北议和资料》，知识产权出版社，2013年1月，第115页。
③ 中国社会科学院近代史研究所《近代史资料》编译室主编：《一九一九年南北议和资料》，知识产权出版社，2013年1月，第146页。
④ 《王伯群日记》，1932年10月19日。

（三）窃用公款（用暂记账法以作私人购买公债之用，如逊记及景记等）；（四）侵占盈利归己，亏则归公；（五）私用库存至日记总账，不能与库簿相等；（六）滥放账款，透支客户，皆交通部航空公司邮局负责人员；（七）大夏大学借款；（八）双清借款；（九）公债亏折；（十）呆账一大批；（十一）建设委员会借款；（十二）地产买卖。

在十二款中，有两款与王伯群的治下有间接关系。一是第七条"大夏大学借款"。罗介夫找到大夏具体借款人王毓祥，扬言说大夏借款要由王伯群赔偿。王毓祥甚感此委员信口开河，于是不卑不亢答道："大夏大学以值百余万财产向邮政储金汇业局押款，有合法契约，有律师见证，利息较各银行不低，按期偿还不误，赔偿之说，不知何解？王伯群只是第二担保而已。果债务者，无力清偿抵押变卖。若不足，则第二担保人方发生责任问题。你既未详知情况而贸然谓要赔偿，未免孟浪。监察委员为国家最要官吏，须自维信用与尊严，勿太轻率为幸。"王毓祥以借款手续合法合规，无需他论给挡回去了。

真正与王伯群有点牵连的是，刘书蕃牵涉到第三条的"窃用公款，即用暂记账法以作私人购买公债之用，如逊记及景记等"。

罗介夫根据调查结果，提议对邮政储汇局刘书蕃与杨建平进行弹劾。"其文措词为渎职违法，营私舞弊，其事即购买地产与买卖公债抵押放款之类。"[1]刘书蕃闻听此举，随即寻求王伯群帮助，希望罗能撤销此案，否则不无损失。

1934年4月8日，王伯群原部属任嗣达来告，上海特区检察官把他和刘书蕃一起起诉。任嗣达想通过人事托请免于起诉。王表示既已进入司法程序，只有请律师与之周旋，所谓由政治方法解决，已经来不及。关于刘、任两人渎职案，《申报》曾做了报道。基本情况如下：

> 前邮政储金汇业总局邮政总局局长、现任北平军委会参议福建人刘书藩在任时，代为"逊记"卖买公债四十余万，不收保证金手续费。经监察院查系刘所经营，且以邮政储汇局代垫款项，不依例起诉，实有损国库，提出弹劾。经中央公务员惩戒委员会认为有刑事嫌疑，发交江苏高等法院转送第二分院，令知第一特区地方法院检察处，对刘及从犯予

---

[1] 《王伯群日记》，1933年4月9日。

以侦查。[①]

据报道，经一院检察官钟清侦查之下，以刘书藩代"逊记"嘱令上海邮政储金汇业局局长任嗣达卖买公债，先后垫款41万余元，而归还时，系由刘建侯存款户下拨还，建侯即系刘之号，故可推定此项公债系刘自己所经营，认为有损国库与公务员对于监督之事务直接图利之情形，任嗣达有帮助行为，依刑法一百三十六条起诉。刘书藩偕刘崇佑律师、任嗣达偕石颖律师到庭。钟清检察官诘之刘书藩。刘供说，王伯群部长前交来款10万两，嘱令代行保管，我乃用我之号，另开一户名存于邮政储汇局，其以后"逊记"之买卖公债，全由王部长之友严仁珊与上海分局长接洽云云，任嗣达则供完全秉刘之命令，合法办理。

因为此案涉及王伯群当年的存款往来。为弄清原委，王伯群赴小沙渡路（今西康路）访章士钊，商讨应付刘书藩、任嗣达讼案方法。

章士钊在听完相关因过后，建议函外交部长兼署司法行政部长罗文干，请其主持公道，较为有效。而王伯群认为如以私人资格向法院请求做证，感觉有失体之嫌。随即将申诉材料交给章，请其详加研究后代筹一应付方法。

由章士钊宅邸出来后，王伯群访刘书藩，详告与章士钊商讨的经过。闻罢，刘再召刘崇佑律师前来商讨，刘律师建议向法院申诉以证"逊记"非刘书藩化名，10万亦确非刘书藩物。王伯群听罢，觉有这种说调，有深加考虑之必要。然后，他再与任嗣达和章士钊接洽，并约邀严仁珊准备"逊记"组织及账项。

关于"逊记"事件，《申报》以《刘书藩等被控案续讯》为题，披露5月27日审讯情况。[②]王伯群担心任嗣达自信太过，恐不相宜，曾建议他改请章士钊为律师为妥，但任没有接受他的主张，仍继续延请之前的律师。业经第一特院初审，判决刘书藩有期徒刑一年二个月，任嗣达一年，并各褫夺公权五年。[③]

刘书藩不服法院判决，决定再上诉。

由于此案涉及王伯群，江苏高等法院第二分院要来跟王调查相关情况。7月27日，王伯群赴中西疗养院看病后，在医院等候法院姜树滋推事率一书记员来

① 《贪官污吏证据确凿　刘书藩杨建平被控》，《申报》，1934年4月26日，第12版。
② 《刘书藩等被控案续讯》，《申报》，1934年5月28日，第11版。
③ 《刘书藩等上诉案开审》，《申报》，1934年7月8日，第13版。

询。姜问年龄、籍贯、住址、职业等后，且出示复刘崇佑律师之信。

王伯群就此次法院调查，做了如实的回答。

> 问：是真的否？
>
> 答：是我写的。
>
> 问：十万两交来交去时之日期及情形？
>
> 答：严仁珊在南京交来时，为二十年十月十五至十六日之间，交刘（书蕃）系在上海，只说友人"逊记"代表严仁珊托任经理买了债之用，请交任须慎重一点。
>
> 问：段代琴、段书琪之关系？
>
> 王伯群照事实答之。
>
> 问：两万两是什么情况？
>
> 答：以系私人借与严仁珊的。
>
> 问：与刘（书蕃）之关系？
>
> 答：以在黔相识，交通部始密，无亲戚，只部属耳。
>
> 又问：严与段之关系？
>
> 答：颇密切。为何亲谊不确知。[①]

直至下午一时半，法官始将笔录更正签字具结而去。

7月28日，江苏高等法院第二分院对此案再次进行审讯。姜树滋偕钟检察官升座刑一庭继续调查，刘书蕃、任嗣达皆到庭。姜推事问刘书蕃：王伯群交付10万两款与刘书蕃时，曾声明系严仁珊者，用以为"逊记"（即严之户名）卖买公债之用，并非作为存款，你何以屡称实不知为严之款？刘答："最初余实不知逊记即系严仁珊，若系知悉，我早即提出，因此点与我极有利益也。"庭上又询刘与王伯群之关系。刘答："当民国三年，余任贵州邮务长时即相识。当王任交通部长时，余充安徽邮务长，王即调余为邮政司长，旋奉委为邮政局长及邮政储汇局长。"推事又问王所交付之款内，有8万两，浙江实业银行支票一纸，其户名为王之弟妇，尔知否？刘答不能记忆。

---

① 《王伯群日记》，1933年7月27日。

庭审中，严仁珊出庭作证。他说，自己与王伯群为老友，当邮政储汇局初办时，王即邀其经营公债，我与王之弟妇段竹卿、弟舅段书琪合股十万两，我合十分之二，交王转交邮政储汇局经营公债。"旋因超过10万元之数额，故又交银五万两，洋四万元。至结束前，又以公债向邮政储汇局作14万两之押款，期限为1931年12月3日，但押款利息则于11月27日算起，其提早起息原因，因邮政储汇局曾为我代垫款项，未算利息，故提早起息，以作垫补云云。"①

后经法院重审宣判，刘书蕃宣告无罪，任嗣达民事部分被判赔款一百八十余元。任对法院判决表示不服，决定再次上诉。他前来询王伯群，若请律师以何人为妥？王"以为应与最高法院有熟人为便，章行严文章固佳，其余不知如何，嘱任自探后决定可"。②

1935年1月6日，王伯群与刘书蕃谈任嗣达事，嘱当将任之材料修改好后，交何应钦。1月24日，阅任嗣达送来的上诉状。为感谢章士钊官司咨询之劳，是年2月，王伯群以猞猁皮袍（约值三百元）一件，《西陕颂》一册（四十元）、《石门颂》一册（四十元），蒋南沙花鸟一幅（一百元）等酬谢章士钊，感谢代呈法院就讯之劳也。

① 《刘书蕃渎职案续审严仁珊供经营公债经过》，《申报》，1934年7月29日，第13版。
② 《王伯群日记》，1934年12月30日。

通权达变：王伯群与邓汉祥

邓汉祥

在民国时期，贵州出了两位捭阖纵横、通权达变的人物，其中一位就是邓汉祥。

邓汉祥（1888—1979），字鸣阶，贵州盘县人。邓少习师范，后转读贵州陆军小学堂，与何应钦同学。毕业后续入武汉陆军第三中学。辛亥爆发，揭竿举义，任黎元洪都督府一等参谋。由于邓利喙赡辞，思维缜密，开启他追随黎元洪，辅佐段祺瑞，游说张作霖，辅助刘湘，协助王伯群，审时度势，纵横南北的传奇幕僚人生。

一、拥戴王伯群就任省长

王伯群在上海与章太炎创办统一党之时，就耳闻邓汉祥擅于辞令，长于幕僚之道。1916年护国战争结束后，王伯群建言王文华授段祺瑞政府国务院咨议邓汉祥为黔军总司令高等顾问和贵州驻京代表。次年4月，王文华赴北京参加对德宣战问题的督军团会议时，邓汉祥殷勤陪伴，拜会大总统黎元洪，左右逢源，穿梭游走于其他部院领导人之间。[①]

1921年3月，王文华在上海被刺身亡，都督兼省长刘显世逃亡昆明。贵州军政大乱，暴风骤雨，五旅纷争，各自占地为王。在这危急时刻，到底谁能力挽狂澜，稳定贵州乱局？社会各界的目光投向了贵州境外的王伯群。3月25日，邓汉祥致电正在广东追随孙中山的王伯群，详述黔省政局，主张王伯群回黔执政。

他在电文中，首先分析军政各方人士情况："袁（祖铭）遁刘（显世）窜，四凶去二"，"（朱）一民则中途挡驾，（符）经甫则决计东来，纪常（谷正伦）则阴怀退志。……对于敬之（何应钦），感之以至诚，范之以正轨，裁抑奖劝，刚柔互用。不过旬日，气象便自改观。倘兄归志未决，现时包围敬之之某某，皆平日拥袁最力之人。敬之受惑已深，或恐为所卖而不自觉。敌人雅步登台，我辈根本倾覆。此尤弟所鳃鳃过计者尔。"接着，邓汉祥提出只有王伯群才能稳定黔局，"弟主张在兄即归，兄归则一民位置自定。据最近消息，长江方面不日将有变化。内安外攘，帷幄之中，何可无此熟手。俟兄回沪，从长计议如何？"[②]

邓汉祥的电文，给了王伯群回黔主政的信心。王文华被暗杀后，孙中山惊闻噩耗，深为惋惜，对贵州局势更为关怀。9月，孙中山任命王伯群为贵州省长，望其收拾黔局，完成王文华遗志，继续北伐。

王伯群在做好充分准备后，于1922年春，在邓汉祥、何辑五等陪同下，由上海取道湘西，经常德、津市溯江而上。他们一行，所过之处受到沿途湘军的迎送。在过常德时，湘军师长唐生智还亲到船上致以诚挚的欢迎。[③]王伯群一行抵达贵州铜仁，即与黔军第一旅旅长窦居仁取得联系，策划进入贵阳。后因不敌叛军袁祖铭部队，遂相率离开铜仁转回上海。

王伯群第一次赴黔执政失败。

王伯群偕邓汉祥等返回上海后，孙中山、段祺瑞、张作霖的代表在上海法租界组织各省代表联合办事处。邓汉祥代表皖系段祺瑞和卢永祥、孙中山的代表汪

---

① 邓汉祥：《贵州往事片段》。贵州黔西南州政协文史资料委员会编：《邓汉祥文集》（内部发行），1988年5月，第78页。

② 叶方明主编：《周素园文集》，贵州人民出版社，1994年7月，第631页。

③ 刘浩忱：《孙中山先生就任非常大总统见闻录》，政协贵阳市南明区委员会文史办公室编：《南明文史资料选辑》第1辑，1983年9月，第143页。

精卫、奉系张作霖的代表姜登选等在上海古拔路（今富民路）举行联席会议，共商打倒曹锟、吴佩孚之办法。同时，联合办事处在上海创办《国闻通讯社》，经费由孙、段、张三方每月各出1 000元，邓汉祥被推为社长。后因3 000元不够支出，王伯群为邓汉祥每月接济800元，资助其办报。[①]

1928年，正在北伐的蒋介石拟图征服贵州，王伯群趁机推荐邓汉祥，蒋嘱邀邓一见。邓汉祥得令后，往辞段祺瑞。握别时，段对邓赠言云："足下尚属盛年，应为国是尽力，但有一戒，今后幸勿参加党派，庶免受制于人。"邓汉祥遵段之嘱托，终生没有加入任何党派。

邓汉祥抵达南京后，因蒋介石出征未归，在旅馆翻阅报刊，偶读到一则题为《国民党中央政府通缉皖系首要十人》新闻，邓自思自己曾辅佐皖系诸人，段祺瑞今则受人通缉，自己反而侧身求进，心绪极为不安。邓急往晤见王伯群，阐述自己不便见蒋，他托词说："早拟还乡省亲，现即就道，今后贵州之事，愿以私交从旁尽力协助。"[②]

王伯群最后尊重邓的选择。

二、为王伯群二次入黔出谋划策

邓汉祥离开南京后，转投到四川善后督办刘湘幕下，担任刘湘驻南京代表，王伯群与邓汉祥联络更为密切。

1932年春，受蒋介石指派，王伯群赴北京会晤张学良，调查北方军政各情。而此时，贵州政坛又风云突变——二十五军军长兼贵州省政府主席周西成战死，其部属王家烈、毛光翔、犹国才三人作龙虎斗，疯狂攫夺贵州权柄。邓汉祥致电正在北平的王伯群，提示黔省主席一职，环境内外非他莫属，张群已电蒋介石，主张速南归共商大计。王伯群阅电后，吸收第一次教训，认为王家烈既欲主黔，且有军队为后盾，自己更不能赤手空拳与之争。

4月3日，王伯群与邓汉祥、何辑五、徐经宇、双清商谈入黔事，分析自己

---

① 钱廷昌：《四川省代省主席邓汉祥》。政协黔西南州委员会文史资料委员会编：《贵州省黔西南州文史资料》第14辑《盘江历史风云人物》，2002年1月，第91页。

② 钱廷昌：《四川省代省主席邓汉祥》。政协黔西南州委员会文史资料委员会编：《贵州省黔西南州文史资料》第14辑《盘江历史风云人物》，2002年1月，第96页。

不能回黔任主席的理由。邓、何则"力主硬往，不稍迁就，否则不过问"。王伯群亦觉有相当理由，乃拟定以何辑五兼民政厅长、双清兼建设厅长、教育厅长由王家烈荐人，其余省委委员两人则窦觉仓、丁宜中均可充任。嘱徐经宇照此电王家烈，教其照办。

岂料，王伯群组建黔省府委员和厅长的计划传到贵州后，引起一些人的反对。5月19日，邓汉祥给王伯群携来一份《贵州全黔市民大会通电》，通电"反对辑五为民政厅长者，其理由乃以民八、民九攫政变事"。王伯群解释道：当年"杀郭（重光）熊（范舆）之罪加诸辑五，实则彼时何尚在就学，未问黔政也。其反对辑五，不异反对余与敬之，故不能不察其原因，求根本对付之方策"。王伯群指令徐经宇打电话责询其真相，促其负责惩办首祸之人，同时一函电上海各报，请勿刊登此等荒谬言论。

1932年6月至9月，王伯群以"川滇黔视察专使"巡察四川，但始终未能进入贵州，实则背后是王家烈的反水，拒绝王伯群一行入黔。

王伯群第二次赴黔主政再次失败。

然而，王伯群并没有停止对贵州军政诸等事务的眷注。

1933年2月，邓汉祥来通报黔省动态，犹国才已至重庆，毛光翔亦至东溪，似此则遵义不能守，毛、犹等在黔势力崩溃尽失，王家烈意在指望中央恢复其省主席的职位。王伯群答道："毛、犹、王均不可靠，均非能治黔之才，欲黔治理须别筹善法，候介公有表示后再定办法。"[①] 10月8日，邓汉祥又来称，刘湘约其明日返川，特来就商黔与川关系问题。王伯群提出两条指导原则：一是黔政须黔人自主，外力能相助，将来予以相当报酬；二是须公开处理容纳各方意见与人才。次日，邓汉祥转告刘湘希望与王伯群合作。王伯群自去年与刘湘多次接触，尤其是联合成立西南交通协会后，希望能与刘湘联合致力于国家交通建设，于是他答复道："余于西南交通始终未能忘情，如各省有兴办之举，余愿尽个人研究所得以贡献之。余以大局希望颇少，正欲与西南人士从局部建设做起，西南苟能团结，亦不亚欧洲大国，振兴国家不难也。"

是年12月，王伯群会见川桂滇驻沪代表邓汉祥、温樵生、陈少轩、范崇实。王伯群坐中细述道，随着民族矛盾日益尖锐，中日今后关系，三四年后世界大

---

① 《王伯群日记》，1933年2月2日。

战之不可避免，其理由有三：（一）因日本军人太骄横跋扈，非一战不能使日本国内四民安乐；（二）日本决心与英美争海上霸权；（三）日本对中国与世界已势成骑虎，只有积极备战，兵犹大也，不战将自焚。有此数者，逆料下次大战决不能免，中国邻近日本，三面在其包围之中，苟不亲日，一旦战事发生则先为刀下俎，亲日则甘为奴隶牛马。王伯群接着道，故为今之计，只有积极图自立自主，方能生活。欲图自主自立，首先要择国内地势优之西南数省合作建设作为根据。邓汉祥闻罢，当即接话，"正式提议团结西南，促进贵州政治，求桂川滇代表协助与谅解。"众人抚掌附议，皆以为然。

数日后，邓汉祥给王伯群出示白崇禧代表王季文由香港发出的主张桂黔合作函件。王伯群阅后，甚为欣慰。归家后，王伯群备编电码一本专人送邓汉祥，以备随时联络。王伯群与邓汉祥的合作计划，后因中日战争全面展开，而被迫中断。

三、介绍邓汉祥入道社

道社，成立于1929年，对外称"民生经济原理研究会"，实为民国时期的一个秘密组织。理事长为王正廷，理事有王伯群、钱永铭、孔祥熙、张发奎、卢汉、杜月笙、许世英、杨虎城等40余人。道社的基本宗旨是主张改良社会。

随着政府西迁，道社也随中央政府转入重庆。加入道社会员级别要求颇高，道社成员、第四战区司令长官张发奎曾记述他参加道社活动情况："在重庆我出席过道社的会议，会开得频密时每月开两三次会，该社的成员在重庆十分活跃。在顶峰时期道社有大约四十人。王伯群、杜月笙、钱永铭是最活跃者，会员涵盖不同领域，许多是实业家。有时我们在孔祥熙家开会，孔祥熙通过王伯群加入了道社。"他披露加入道社的目的，就是"推动孔祥熙，让他推动蒋先生，即我们希望通过孔祥熙取得蒋先生的信任，以便推行我们的实业计划，希望通过孔祥熙取得中央与地方政府的权力。"[①]

抗战爆发初期，邓汉祥代理四川省主席兼任省财政厅厅长、川康兴业公司总

---

① 张发奎口述，夏莲瑛访谈及记录，胡志伟翻译及校注：《张发奎口述自传：国民党陆军总司令回忆录》，当代中国出版社，2012年7月，第245页。

经理等职。掌握川省的财政大权的邓汉祥，自然是道社和王伯群的拉拢对象。王伯群偕王正廷、钱永铭找到邓汉祥，直截了当地说："国民党在陈立夫、陈果夫操纵下弄得很糟糕，我们在抗战胜利后另组新党，在准备期间，以道社名义号召，但组党非有巨款不能成功，因之把孔祥熙也拉进来。"三天之后，孔祥熙邀请邓汉祥来聚餐。王伯群与王正廷、钱永铭，以及云南卢汉一同陪席。孔对邓、卢说，你们两位在川滇都有相当威信，欢迎你们愿意加入道社。说罢，宣布在总理像前行个仪式即可，他们6人齐向总理像三鞠躬即告成功。孔祥熙与大家一一握手道："我们是志同道合的朋友，无论在任何情况下都要患难与共，休戚相关。"就这样，邓汉祥正式加入道社。①

张发奎对王伯群评价甚高。他说："王伯群是上海大夏大学的发起人与董事长，许多道社成员，包括我本人，都是该校董事会成员。王伯群有清醒的政治头脑，他的妹妹是何应钦的夫人，但是何应钦没有加入道社。他怕蒋先生愠怒。"②

王伯群在参加道社的同时，还积极主持民生主义经济学社建设。该社与道社宗旨不同，乃是以研究战时经济问题、增进民生福利、向政府提供经济建设建议为主要任务。1941年11月，王伯群赴百龄餐厅参加民生主义经济学社理事会，当场被推为理事长。③邓汉祥作为王伯群的至交好友，同样被列为争取加入的目标。

1943年1月，王伯群在重庆两路口社会服务处出席民生主义经济学社第一届年会，以理事长身份主持并做《民生主义经济学社与文化使命》致辞。他在讲话中指出，国父中山先生，明乎此义，以不变应万变之理在民生主义中，主张节制资本，平均地权，以改善工业时代生产关系。同时采用国营企业方式，俾于防止资本独占之中，促进生产技术，使国民经济平衡发展，生产分配，兼筹并顾。此种经济制度，固非偏执乎个人主义以及阶级斗争者所能望其项背，实为世界文化发展之康庄坦途。④会议通过（一）刊发民生主义经济学报；（二）成立战后经济建设研究委员会，撰写战后经济建设具体方案供政府参考；（三）发动社员研

① 邓汉祥：《抗战时期的川康兴业公司》。全国政协文史资料委员会编，《文史资料存稿选编》21经济上，中国文史出版社，2002年8月，第1020页。
② 张发奎口述，夏莲瑛访谈及记录，胡志伟翻译及校注：《张发奎口述自传：国民党陆军总司令回忆录》，当代中国出版社，2012年7月，第245页。
③ 《王伯群日记》，1941年11月28日。
④ 王伯群：《民生主义经济学社与文化使命》，《时事新报（重庆）》，1943年1月22日，第5版。

究战后经济复员工作；（四）组织专项研究委员会，研究民生主义的社会保险；（五）与国立大学采冶地质研究所切实合作，借以推动全国工矿事业而裕民生。[①]

会议选举王伯群、邓汉祥，以及钱永铭、梁寒操、祝世康、刘航琛等8人为第二届理事，杜月笙、吴蕴初等7人为监事。

有了两种经济组织的身份，王伯群通过邓汉祥结识不少金融界和实业界的先进。对王伯群而言，这些会员为大夏大学筹资办学提供了广泛的人脉以及极大的便利和可能。

1944年3月，王伯群接邓汉祥函，告已约重庆金融界巨子共商大夏大学捐款事。3月8日，王伯群前往所约地址，会场坐有卢作孚、胡子昂、刘航琛、康心如、吴晋航等17位金融家和实业家。席间，邓汉祥介绍大夏大学办学情况，王伯群接着谦恭地"乘机略言西南经济与战时关系，并请求支持大夏大学。"

此次捐赠午宴，无疑十分成功。王伯群以4本捐册、29张收据交邓汉祥，"托其向川中有力行号公司捐款。"[②]

4月1日，王伯群接邓汉祥送来八张捐款支票共30万元，其中四川银行、重庆银行和通惠、和成、美丰等五家银行共25万，同心银行、丝业公司各两万，民生公司3万。同时，"鸣阶代募者尚有川康公司五万、天府公司两万，告明日可收交。"4月3日，王伯群与邓汉祥等回请川省金融、银行、盐务关系的政界人士四十余人，以志感谢。6月3日，邓汉祥转告刘文辉为大夏捐款10万元已到账。

综合各方捐赠，邓汉祥前后为大夏劝募和筹款50余万，与何应钦个人捐款数目相当，纾解了王伯群办学之困窘。

---

① 《民生主义经济学社昨首开年会》，《时事新报（重庆）》，1943年1月23日，第3版。
② 《王伯群日记》，1944年3月21日。

政隆教肃：王伯群与何辑五

王伯群与贵州兴义泥凼何氏家族三兄弟，均毕业于兴义笔山书院或更名后的兴义县立小学。何应钦与景家屯王氏家族联姻后，王伯群与何氏家族三兄弟关系日益密切。何家老四何辑五，行伍出身，与王伯群有着近30年的交往和合作史。

一、两次随王伯群赴黔任职

何辑五（1900—1983），原名应瑞，字辑五，以字行。何辑五在十年之间，曾两次随同王伯群赴贵州任职。

第一次是1922年4月。

王伯群在被孙中山任命为贵州省长后，邀请小自己15岁的何辑五等赴黔履职。当王伯群一干人马抵达贵州铜仁时，遭遇竞争对手袁祖铭部下的阻挡，双方激战月

1938年8月，何辑五与三哥何应钦夫妇在武汉合影

余。见铜仁久攻不下，何辑五进劝王伯群道："我们前进还不知要经过多少艰难，进到省境，中经军阀的势力圈，沿途伏莽必多……何必亲身涉险，为此万不可能之事！"①王伯群纳其谏言，遂与何辑五、窦居仁等乘一小舟，沿锦江到湖南，返抵上海。②

第二次是十年之后的1932年6月。

王伯群受国民政府任命，以"川滇黔专使"视察西南，同行的有刚被任命的贵州省民政厅长何辑五等三位新任省府委员。可中途有情变，贵州省长王家烈宣布自兼民政厅长，何应钦在行政院提出何辑五辞职。王伯群闻之叹息曰："桐梓系欲包办黔事愈显，然黔七百余万民生陷于水深火热者，将十年欲解除其痛苦而无法，愧对黔人，疚心极矣。"事后，亲手为何篆两扇面赠言云："三五二八时，千里与君同。夜移衡汉落，裘裹帷帐中。"③以表依依不舍之情。

第一次赴黔执政失败后，经王伯群的推荐，何辑五南下广州，进入孙中山大元帅府警卫队，不久后任警卫队连长。广州国民政府东征时，调任东征军管理处处长，负责部队后勤工作。何应钦率领国民革命军东路军北伐由粤入闽作战，何辑五历任汕头市公安局长、汕头卫戍司令、潮梅警备司令、第一军第一补充师师长、第十军副军长。南京国民政府建立后，何应钦曾呈请总司令蒋介石，想望在中央为四弟谋一要职。④但因蒋猜疑太多，只委任何辑五充任浙江省政府委员，次年调监察院任监察委员。

1929年4月，国民政府特设中国航空公司，管理民用航空事务，并委派孙科兼任该公司董事长。⑤12月9日，王伯群接任中国航空公司董事长，次年8月兼任总经理。1930年9月，中国航空公司沪渝线试飞发生挫折后，被迫返回上海。王伯群与驻扎汉口的何应钦总指挥分别致电驻扎重庆的刘湘，交涉再行试飞。刘复电提议交通部派人赴重庆面洽。王伯群以派人前去旷日持久，乃即拍去长电一

① 《北伐军第十军副军长何辑五》。政协黔西南州委员会文史资料委员会编：《贵州省黔西南州文史资料》第14辑《盘江历史风云人物》，2002年1月，第130页。

② 《王伯群马君武来沪》，《时报》，1922年5月10日，第9版。

③ 《王伯群日记》，1932年7月12日。

④ 熊宗仁：《何应钦的晚年岁月》，团结出版社，2014年1月，第206页。

⑤ 内容详见中国第二历史档案馆藏中国航空股份有限公司档案，全宗号493，案卷号88；民航总局编纂《中国航空公司、欧亚——中央航空公司史料汇编》，1997年，第34页；1929年4月16日的《申报》《银行周报》刊载了摘要。

通详述一切，俟得复电后再定办法。同时，决定委派与刘湘有一面之交的何辑五前往疏通。

何辑五以其超人智慧，与刘湘果然交涉成功，王伯群遂聘他为中国航空公司副董事长兼总经理。

然而不久，王伯群于1931年底辞交通部长职，次年3月又辞中国航空公司董事长。王伯群致电何辑五，告交通部已派4人代表与美方召开中国航空公司股东会，改造董事会并定刘沛泉为总经理，认为"交部势必去辑，辑不如决往黔，任民政作用较大"。何辑五只得辞总经理职，在王伯群的操作下，何被行政院任命为贵州省政府委员兼民政厅长。这就出现第二次随同王伯群赴黔任职的历史情境。

王伯群与何辑五两次赴黔执政失败，何辑五暂时无处安排，跟王诉苦道，在中央无活动余地，"欲南走粤，嘱勿告敬之"。王答复："疏不间亲，余当然不为之传言也。"幸好不久，何辑五在军事参议院谋到个参议的闲职。两年后，入国民党陆军大学十二期学习。1935年夏，蒋介石召见何辑五，要他以特派员身份，再度回黔执行两项任务：一是秘密监视执政的贵州当局，为蒋的"攘外安内"效力；二是打通以贵阳为中心的西南公路交通网。

何辑五到达贵州的两年时间里，蒋介石频繁遣调吴忠信、顾祝同、薛岳、吴鼎昌为贵州省主席。何辑五先后任省政府委员、卫生委员会主任委员、贵州企业公司董事长、贵阳市长等职，实现数年前的回桑梓执政的人生理想。

二、担忧何应钦身败名裂

经过九一八事变及一·二八淞沪抗战，日本加紧进逼华北。

1933年日军进犯山海关，"长城抗战"开始。1月3日，山海关沦陷。2月，日军侵占热河，分兵进攻长城各口。在喜峰口，宋哲元部与敌浴血奋战，屡败日军进攻。日军受挫后，改由山海关进攻，中国守军腹背受敌，长城抗战失败。华北门户大开，平津告急。3月，张学良因热河失守，引咎辞军委会北平分会委员长职，蒋介石急调何应钦代理其职，主持华北军事。

王伯群对蒋介石"攘外安内"的政策颇为迷惑。

他与何辑五谈及前一年蒋扣押胡汉民违异事，至为感喟道："因胡乃国民党元老中较有政治头脑，洁身自爱者也。自胡去后，汪精卫率大批小喽啰入都以后，政治日趋腐化，威信日益堕落，各省分裂更甚，外侮之凌临更多，蒋如不觉悟，长此以往，不特个人只有威而无德，有权而无治，国民党亦从空无一物为全国国民怨恶，政治无清明之望，国力无由充实，国难无由昭舒矣。"①

何辑五听了王伯群如此清晰的剖析，对蒋的一系列做法，尤其对其委派三哥去北平主持北方军事感到忧虑。他跟王伯群谈及目前北方时局和平运动颇不利于何应钦，告已有一信劝何应钦勿为人利用，以致身败名裂。

王伯群决定随同何应钦赴北平，协助何应付北方瞬息万变的危局。

6月22日，王伯群与何应钦在中南海春耦斋，将近日观察时局所得情形详告之，并建议进行制度改革，拟设元老院，容纳各元老以资团结，惟虑胡汉民、蒋介石不能共聚一堂。但在军事方面，何应钦仍力主统一。

11月9日上午，王伯群接何应钦电，告近闻中央政局，心颇不安，有人攻击华北外交不当内容如何如何，若知何人暗中策动，请予密告，并建议王多出席中央各会，籍悉政情。王伯群对蒋介石系列政策心存不满，对何应钦甘为前锋也颇责怪。当即复函说当局措置一切不公，而私政治，无清明之望，亡国事实，日欺国人，疾首痛心，敢怒不敢言，恐大乱即在目前。希望何应钦善保令名，为将来挽救危亡之用，不宜随人负过，自丧勋名。

到了晚上，王伯群觉得上午复何应钦函过于率性，于是再致一函，函云：

前略华北外交忍痛签订，势非获已。苟行政首长果能以天下为公，励精国治，则政治有清明之望，失之东隅，亦可收之桑榆。谁得而非议无如某长太行不顾言，满口民治民德，行为卑污甚阴险，尤以对某公不尽争谏之义，唯谣诼逢缘，以遂其私图，或欲取故与，陷友于危，以此等人主政，政胡能安？不特国人多不谅，国际亦齿冷，不特党外舆论哗然，党津贴之报纸亦大加抨击，何人暗中策动虽难明指，而随时地见有人疾首蹙额，敢怒而不敢言，若大祸之将临，此事实也。

群性戆拙，不能随俗流转，诚恐出席看不过忍不住，侮辱要人，致遭不测，故只得流亡海上，然痛公道不彰，是非不明，人心已死，国亡

① 《王伯群日记》，1932年1月14日。

无日，欲哭无泪矣。

回函不久，何辑五前来转述由各方查得某方对何应钦在北平的态度，认为袒护东北，失地辱国，国之师为失职，实则东北军对何应钦也不满。王伯群闻罢，答复道，如此左右做人难，何应钦不如早离开为宜，并盼希何辑五赴北平面达此意。数日后，王伯群再次提醒何辑五，何应钦久在北平，对各方皆不讨好，早离开为妙。

为保护何应钦，王伯群极力解开监察院委员何澄对何应钦的误解。

1935年1月，王伯群听平整委委员长黄郛高等顾问何澄讲述此次去东北的背景缘由。何说自己刚由长春、大连归沪，此次欲为黄郛挽回紧张气氛而去伪满洲，不料日本各驻华武官在大连会议的结果，一致认为中国政府亲日政策尚不彻底，决定用种种手段压迫中国政府就范，日伪军向宋哲元取攻势，图占张家口与大同，使平绥铁路入日本人势力支配下，此其见端不久或将再进而干涉华北内政，又不久或将寻胁以压迫首都，如蒋介石能向日投降，则脱离国联，日本经济合作等种种要求立必提出矣。何最后告诉王伯群，日本已下大决心，恐租界内亦有短期纷扰，嘱早为准备为妙。

王伯群归宅后，是日写道："呜呼！结果则亡国矣。自九一八事变至今，国家受莫大耻辱，而举国上下，仍不知奋发有为，刻苦自励。上而如汪、孙之辈，只知率领党徒争权夺利，营私自肥，把气节之士引走殆尽；下而全国之人，意气消沉，遑遑惟个人生活之是谋，不问国家之存亡安危，偶有一二爱国仁人志士，奔走呼号，则目之曰反动，或被明惩、或被暗杀，舆论之稍稍激烈者，则被封禁。呜呼奈何！"[1]

王伯群快函致何应钦，转述何澄赴长春归来所得消息颇为紧要，可资参考。

不料一周后，王伯群接何澄来信，状告何应钦在北平向人谓其造谣生事，愤懑异常，大有当局至死不误，吾人静观其败而已之态。王伯群读罢，连忙致何澄一函，解释何应钦信口之言，意在安定人心，无心而出，未顾虑开罪也，并谓吾人处世，当以不即不离、勿忘勿助之态度，方无流弊。与此同时，他与何辑五谈何澄对何应钦误会事，自己虽为之解释，希望以后勿再加重。3月17

---

[1] 《王伯群日记》，1935年1月21日。

日，王伯群赶赴新亚旅馆三楼六号房访何澄，探听日本情况。何一字一顿说："日本少壮派对某公（蒋介石）仍不满，有推倒之意，盖因某公应付日本外交无根本办法，头痛医头，脚痛医脚，而供奔走者更软弱无能，一味敷衍，为日本人看不起也。"

在得悉诸上情况后，王伯群与何辑五讨论外交策略，认为外交之败，坏在汉奸弄权于内，何应钦"卷入旋涡，殊属不值"。12月7日，王伯群与何辑五讨论何应钦立场之危险，欲其北上一行，以援助一二，免受非常之胁迫。何辑五吁噫久之，颇感三哥不易受善，恐去亦无益。

第二天，王伯群始终为何应钦处境焦灼，再与何辑五商讨援助方法。何告已得何应钦北平电，言北平局势由宋哲元主持，已有解决希望。事已至此，两人悬着的心总算安顿下来。

三、联合投资中美火油公司

1933年5月，王伯群与何辑五、原交通部邮政储金汇业总局总办刘书蕃、邮政总局局长钱春祺，以及美国犹太人普林联合成立中美火油有限公司，王伯群先后投资股款6.2万元，其中5月30日询刘书蕃"中美火油公司情况，并缴股款一万二千五百元"。9月1日"以洋三万七千元，入中美火油公司第二三期股款"。12月18日"以一万二千五百元交刘书蕃，为入中美火油公司末期股款"。

他们投资的火油公司，前后经营十余年。

1934年6月，王伯群与刘书蕃、普林等股东召开董事会。会上通报美孚石油股份公司本拟收购中美火油公司，因各种缘由，收买势无希望，但天津方面有人拟加入股本扩大经营。王伯群表示毫无意见，只求股份安全能收回即可。7月16日，何辑五来访，说刘书蕃建火油厂纳回扣1.5万元。王闻之殊为怂，指出刘对不起大家。

1935年2月5日，王伯群致何辑五信，谈中美火油股东会关系重要，务望前来参加寻求一解决办法。2月7日，王伯群听刘书蕃、钱春祺报告，中美火油公司变更不了，拟想入股的光华公司"以六十万元之洋铁倾销，洋铁价落，垫款已无着，而流动资本告尽"。若公司债务不清，股本之亏折将大，其他股东提议王伯群向友人引资加入。王伯群见公司盈利空间有限，遂答复道："以此事无把握，不便再劝朋友，且朋友有资本者亦难其人也。"[1]他建议将此情形告何辑五，请其来沪一商。2月13日，王伯群告何辑五中美火油公司危机重重，明日开股东会，请他作为代表，最好求一收回股款之法，虽折本亦愿意。5月18日，王伯群与何辑五感中美火油公司之失败，为之叹惜。6月8日，与钱春祺谈中美火油公司，钱仍希望王伯群作保贷款。王心想不能再误投，便婉拒之。

1941年，西迁到贵阳的王伯群与何辑五、钱春祺商讨中美火油公司经营状况。据刘书蕃来信报告，目前公司可按8万元出售，但普林不同意售卖。王、何闻罢，联名致函公司及刘书蕃，皆盼股份出售，取回此项资金另作他用。8月，王伯群接待邮政储金局旧部涂简齐来访，转述中美火油公司实际被普林所把持，刘书蕃毫无能力与之相抗，恐将失败，"现在美禁油输倭，上海属倭势范围，亦在禁止之列，故更将停业。"[2]

王伯群与何辑五等投资的中美火油公司，基本以失败告终。

王伯群和何辑五在日常生活上也相互协作，互相支撑。

1934年12月，何辑五计划在南京造一住宅。他颇为得意地拿出设计图样征求王伯群意见。王在仔细审阅后，指出多处缺点：（一）高地而有地窖使客厅更高，不能享花园中花木之乐；（二）卧室太狭隘，住之不舒适；（三）出入由正南方，不免牺牲花园面积太多；（四）中堂出入路太小；（五）饭厅须能客中席三席。如此种种，不胜枚举，最好多计划一二图以选择。

对王伯群的五点建议，何辑五心服口服。

他知道王伯群对建筑设计素有研究和实践。最早1917年他在贵阳大坎井（今护国路）设计了贵阳市目前四大古建筑之一的王伯群故居。1921年，他在上海卡德路（今石门一路）华严里设计建设16栋石库门住宅。1930年，在设计师图纸的基础上，对大夏大学群贤堂、图书馆等建筑图纸进行大刀阔斧修订。1933年完工的上海愚园路住宅，是在他对设计图纸大幅修改的基础上建设完成的。

王伯群在南京担任交通部长时，租住在萨家湾的交通部官邸。辞交通部长后，租住民房。由于沪宁两地来回多有不便，遂决定在青岛路青岛新村37号

---

[1] 《王伯群日记》，1935年6月26日。

[2] 《王伯群日记》，1941年8月14日。

造一别墅住宅。他经常请何辑五代劳，联系承建商商谈价格。1935年1月，王伯群致何辑五信，说益泰建筑公司陈元之如愿承造南京屋价，须减至1.4万元以下。其理由为：（一）因正房始二十二方余，以每方五百五十元计，共合一万二千一二百元，再加车房马路等一千五六百元，两共不过一万三千八百元；（二）因上海评估师所估最低价在一万四千元，不能舍低者而就高者耳。次日，何辑五回函，告陈元之预计京屋最低可减至1.45万元。王伯群当即发快信寄他，请承建商找一保人，即可签订合同。该别墅于是年夏完工。建设过程中，何辑五出力不少。

可惜的是，该别墅于1938年因战争遭遇烧毁。

四、为大夏中学批地建校

1938年初，王伯群率大夏大学西迁到贵州，又开始了与何辑五的密切交往。

此时的何辑五，已来贵州三年，职任贵州省政府委员兼军管区参谋长。

王伯群初回贵州，很多事情如苛捐杂税、百姓安全问题等现状令他不忍卒睹。1939年5月，他以最诚挚之态度向何辑五反映两点：（一）以乡邦人民困苦在区保经费之苛佃，人民已苦不堪言，官府则未满意，贪官污吏则腰缠累累，入中饱者过于政府倍徙，宜速想改良之法，否则将大乱。（二）人民自卫力太缺乏，保安处长既换，本省人可否为人民树若干自卫。

何辑五闻罢，没有为自己辩护，而是长叹一气答曰："孔祥熙、宋子文之间尚各自为政，似意见尚深者。近日贵州企业公司，宋有中国、交通、农民三行之股，由经济部承认接洽，不必由财政部过问。"何接着道："孔祥熙曾拨款10万元在贵阳造屋，已成六宅，孔来电嘱交中央银行保管。黔灵山一屋，现已指定给蒋介石工作住宅，除原有造价外，还要增加数万元资金。"

1941年6月，何辑五被任命为贵阳市市长，王伯群特致函祝贺：

> 接贵阳市政府市秘字第二十号公函，只念吾兄荣膺简命，出掌市篆，物望攸归，群情协庆。钦想新市始成，建设丕举，治标培本，谅有成竹。敝校凤荷赞助，今后尤赖合作，愿共图政隆教肃。特函申贺，聊布私恼，顺颂仕禧！

1939年，王伯群在贵阳花溪置地2 000余亩建设大夏校园。第二排建筑为大夏三栋教室之一，后改伯群中学教室

　　王伯群这封祝贺信，除了祝贺何辑五升迁外，仍寄希望何市长对正遭遇财政困难的大夏大学予以襄助。

　　何辑五当然不会坐视不管大夏的关张沉沦。1942年，作为贵州企业公司董事长的何辑五为大夏新校舍捐资4万元，并亲自奉送给王伯群。两年后，经王伯群劝募，何辑五再以企业名义捐资大夏20万元。

　　贵阳大夏中学由于学生报考人数激增，校舍不敷使用，王伯群拟筹建大夏中学新校园。5月16日，他与何辑五商讨，请贵阳市政府拨地给大夏中学。何辑五答复说，以贵阳官山坡须造马路一条，分而为二，路下拟作疏散区，路上拟拨给大夏中学。王伯群在实地考察后，见官山坡路上只有20亩土地，要建中学面积偏小。7月25日，他把大夏中学设计图展示给何辑五参阅，提出原计划土地实际不够，请再宽拨土地。何辑五表示讨论后再答复。

　　为感谢何辑五对大夏的赞助，王伯群特地设宴感谢他和贵阳公安局长周哲夫等，并邀请赵鸿德、张祖尧、李大光、何纵炎、孙亢曾、吴照恩、窦觉苍、王裕凯等陪同。王在餐前致词谓，贵阳市府成立三周年，大夏大、中两部承赞助颇多，久欲略表谢意而未果，今特约市府各位与大夏负责人一晤，甚表感谢！何辑五见状，谦恭回复未免太隆重。王伯群趁机又跟何辑五"请中学校基问题"，"结果酌量备价购取，一面备赶办。至二时，宾主尽欢而散"。①

　　鉴于王伯群与何辑五的关系特殊，不少人上门求王伯群办事。1941年7月，

────────────

① 《王伯群日记》，1944年8月31日。

贵州大商人戴蕴珊因囤积食粮被政府拘押。戴的朋友杨秋帆、丁纯五到王宅探询戴案情况。据云，平刚已将戴交县府，张馥荪向戴索25万罚款，戴尚未允。王伯群遂建议不必多找人，只找何辑五一人为便。后经多方游说，戴蕴珊保释出狱。

1942年9月8日，为王伯群58岁初度。王伯群表示在此国难时期，不应称觞。先日即向戚友再四力却，有送礼物者，一概辞却。然何辑五亲到大夏校长办公室面约，情词异常恳挚，王伯群盛情难却，是日晚六时赴何家晚饭。比去，见坐中有郭润生、何纵炎、钱春祺等夫妇，菜蔬至佳。"每一素菜而何必报以时价，虽系自办，恐亦须破费三百以上，此番招待避寿，使何破费如此之钜，未免歉仄也。"[1]

1943年8月，之江大学李培恩校长前来求助。李拟在贵阳觅地设之江工学院，何辑五已允其在南明河南岸华氏纸厂与翠微阁之间谋地，贵阳市府工作人员也领李现场查勘，李甚满意。不料李用公函致市府后，搁置多日没有答复。李现急欲返闽，恐生变故，特来托王伯群向何市长催促，王允为之尽力。次日，王伯群转知李培恩，托向何市长请地事已代达并约允。李培恩闻罢，心安地返回福建。

抗战时期，王伯群经常录文天祥《正气歌》，"欲借以讽励末俗，尤其是国家存亡危急之际，汉奸太多，惟有以正气正定纲常，挽回隳落之士气。"王伯群撰篆《正气歌》4幅赠何辑五。

> 天地有正气，杂然赋流形。
> 下则为河岳，上则为日星。
> ……
> 悠悠我心悲，苍天曷有极。
> 哲人日已远，典刑在夙昔。
> 风檐展书读，古道照颜色。

读这首300字的正气歌，我们依然感受到一股浩然之气穿越时空，振聋发聩充溢天地之间。

---

[1] 《王伯群日记》，1942年9月8日。

埙篪相和：王伯群与王文彦等弟妹

在万峰簇拥的贵州兴义市景家屯，流传着一句民谚："一寸土，一寸金，一坝走出三将军。"谚语中的三将军，说的是王伯群、陆军上将王文华和陆军中将王文彦。

王伯群父亲有兄弟俩。叔叔王起贤，育有二子一女，即王文彦、王文渊和王文瀊。王伯群秉持宗族社会传统家教，对王文彦堂兄妹关怀备至，可谓兄友弟恭，埙篪相和。

一、提醒王文彦处世务谨慎

王文彦（1902—1955），字人俊。自小跟随王伯群母亲刘显屏到贵阳上学。在贵阳南明中学毕业后，恰逢王氏家族和刘显世家族的多事之秋，王文彦在仓皇中护送伯母投靠在上海革命的王伯群。1922年考取大同大学英文专修科。两年后，何应钦南下任黄埔军校总教官，受王伯群、李烈钧的推荐，偕何应钦侄子何绍周一同投考，成为黄埔军校

1926年1月，王文彦于广东汕头

一期生。王伯群曾评价王文彦将军"因循乏勇进性"。盖从其军人行伍的轨迹分析，王文彦几乎半生追随何应钦，不像其胞弟王文华将军那样智勇双全，战功赫赫，雄霸一方。

黄埔军校毕业后，王文彦先后追随孙中山讨伐军阀陈炯明，平定刘震寰、杨希闵的叛乱。1926年，国民革命军誓师北伐，何应钦为第一军军长兼东路军总指挥，王文彦升为军直属宪兵营营长，旋调任东路军总指挥部特务团上校团长。当何应钦担任武汉行营主任时，王任行营少将副官处长。何应钦任军政部长时，王擢升为特务团少将团长。

王文彦作为军人，南征北战，戎马倥偬。王伯群与王文彦之间的关心与交往，大多是处理家事和后代的教育培养等事务。

1934年5月，王伯群大姐王文碧转告王文彦妻子李文强患病，正找一僧人治病，据云是麻风病，此病异常危险，罹此症者鲜有能愈，且易传染。王伯群闻之颇骇怪，无怪王文彦之前不愿与妻子接近。母亲曾恶其待妻太薄，夜失眠症因此大发。据此看来是有点错怪王文彦。

数日后，王伯群得王文彦电，其已派小妾王玉华之兄王绍棠来商安置李文强医病各事，请予以接待。王伯群旋与三妹夫赵守恒商讨为李文强诊病。王伯群主张先找西医检查，确定是否是麻风病，然后再决定治疗方案。王伯群访赵启华医生，询其是否能治好麻风病，赵答曰，虽不能治，然鉴定病状不难，由专业医生治疗即可。王伯群遂作王文彦一书，告知李文强病状与王绍棠来沪接洽经过。

由于王文彦常年在外征战，妻儿多奔波于南京或上海，他们需要一个固定而安稳的家。王文彦征求王伯群意见，欲将南京三条巷住房以六七万元价格出售，在陶谷村中另造一房，以便孩子上学方便。王伯群甚表赞同，当询知其现在军部每月薪金170元，尚不敷家用时，当告以处世务谨慎，少打麻将，免为何应钦看不起。

1938年秋，王文彦奉命与驻贵州第八补充兵训练处处长宋思一对调，率部分官佐返抵贵州接任。王文彦到贵州后，第八补训处在黔西、大方、毕节一带接收和训练新兵，陆续补充前线各野战部队。王文彦的妻儿也随他回到贵阳。次年4月，是王文彦长子王祖德10岁生日，王伯群送赠自来水笔和益智图，保志宁以毛线短衫一件，再加现金20元赠之。为给妻儿在贵阳安家，王文彦拟6 000元购何辑五在花溪璧云窝的一处新房产，特来征询王伯群意见。王伯群答复说，"以平时之价论似觉稍贵，目前吃亏无几。"

王伯群也有烦心事。

有名叫曾永章的老赖，长期霸占他的房产，受人教唆，居然到法院反告。后经王文彦的出手干涉，才算平稳解决。王伯群详细记述曾永章侵占房产的经过：

水口寺强占碾房有位曾永章者，兴义人，为人任厨役。大姊王文碧由兴义来省，以无忠实佣看守筑中公馆，乃率之来，命看守公馆，言明每月给工资八元并给食半数斗。自民十年起，大姊赴沪省亲，直至二十五年殁于上海。在沪晤见时，亦曾提及筑中有租半收入可供工资等项，并另雇有龙云臣，如一账房经理一切收支，故曾永章之工资及食粮，亦由龙云臣按年支给，有账可稽。

比及二十六年冬，如瑾侄等先归，曾遂向之索债，说大姊每月允给其数十元，又为修碾房等又欠其若干，至于彼住在碾房内之收入，则支吾开支殆尽。强索至急，如瑾等乃令龙云臣与之对账，而其自知无理，不与质。余初未知其狡狯，见伊来，以其老弱，辄赏五元而去。未几，又来，又给五元或十元。然余不在家，其则气焰汹汹，出言不逊，欲索数百元。遂其狡诈，以其无赖，遂不之理。不知其为何人所唆，竟向法院控诉。余认为可恶至此，虽莫敢侮然，亦无聊之极。如瑾等向警厅请除暴安良，而警厅亦知其无赖，无法处之。

"二四"城内被炸后，曾在城内畏炸，乃搬去水口寺强占碾房，佃客懦弱无能，被曾逐走，盘据数月，侵占每月约百元。[1]

王文彦闻悉此事后，派数士兵住入碾房，阻其出入，使之不能营业。王文彦悯其孤苦，晓以大义，提出以400元给之生活，令其取保了结，永不要赖。为平和了结此事，王伯群建议再增加一二百元，将水口寺碾房收回。以该仆穷极无聊，既不能置之死地，又未便与之周旋，久延亦觉损失，不如多给了结。

1941年，王文彦升调陕西胡宗南部任第八十军军长、二十四集团军副总司

---

[1] 《王伯群日记》，1939年5月29日。

令，驻扎在陕甘晋一带抗击日寇，先后组织参与徐州会战、忻口会战、豫南会战诸役。期间，王伯群帮助解决其长子王祖德上学问题，准其入贵阳大夏中学就读。1943年，王伯群得王文彦电，告有事至西安，"汇有一万五千元来筑。嘱以一万元交元配之媳李文强，五千元交王文潇。"[1]王伯群收到汇款后，一一代为转交。抗战胜利后，王文彦获颁忠勤勋章和胜利勋章。1946年8月，调任由第三十七集团军整编的第二十九军第一副军长。

1946年12月20日，大夏大学从贵州赤水复员上海后，隆重举行王伯群逝世两周年纪念活动暨思群堂落成典礼，王文彦将军受邀陪同保志宁前往剪彩。作为家属，王文彦在致答谢词时说："先兄在日及回国追随孙中山先生革命三十余年，历史与事实均为各位先生所道，大夏本期复校新建礼堂即名为思群堂，由此观之，先兄三十余年的革命历史不如二十年的教育历史，吾家属于此至感欣慰与谢忱。"[2]两年后，王文彦任命为贵州绥靖公署中将副主任。

1949年9月，王文彦奉派兼任湘桂黔铁路管理局局长。11月贵州解放前夕，王文彦与宋思一、韩文焕等由昆明转飞香港。抵台湾后，任"国防部"中将部员。1956年退役，次年在香港患脑溢血去世，终年55岁。其寿比他堂兄王伯群离世时竟短5年。

二、为王文渊放荡担忧

王文渊和王文懋没有像胞哥王文彦接受高等教育和从军入伍。王文渊在老家守着王家数百亩田地当地主，而王文懋则嫁于兴仁县的胡用予。

王伯群于他们之间交往，多为通信，以了解双方的需求。

1931年秋，王伯群接堂弟老四王文渊自兴义来函，称（一）景家屯公事无人接管，只有与景家屯同域暂为保存；（二）欲来沪与此间老幼一叙而未祭，正抱歉；（三）省政府清查田亩催报至急，请示如何填报；（四）欲明春送其子来沪就学；（五）曹德蓉捐田于公复索还，且将与讼。王伯群阅罢函，给王文渊分别答复后，提出四点要求：（一）管公事要公正清白，以免遭忌而贻患；（二）须先将

① 《王伯群日记》，1943年4月11日。
② 《王文彦先生答词》，《大夏周报》1947年第23卷第4期，第9页。

田地调查一清册寄来一阅，后再抄报政府；（三）拟赞成送侄男来沪；（四）捐物公家要本人自愿，与法律根据，否则宜发还。[①]随函寄送一张自己与保志宁的结婚照作为纪念。

1932年2月，王伯群接王文渊索看《申报》及自来水笔函件。王伯群见回信没有回答上次提出的问题，遂复函责其以后来信须详细对自己所问一一作答，并复嘱抄家谱一份寄来。同时"寄自来水笔一支、篆书联一付赠之。"不久，再寄篆书屏四幅、中堂一幅给王文渊。

1934年10月，母亲不幸离世，王伯群发电文给王文渊报丧。王文渊复电"言待命奔丧，又言兴义景家拟设灵祭奠。"王伯群感念贵州兴义到上海路途遥远，遂速复一电文，请勿铺张祭奠。电文云：

王文渊弟鉴：

　　我母遗命，丧葬从简。此间定本月二十五展奠，次日安葬沪西永安

公墓，家乡待将来归葬时再奠可也。

兄群　寒

1937年抗战全面爆发，王伯群率大夏大学和全家西迁贵阳。彼时王文渊的三个男孩——王滇生、王贵生、王泽生渐已长大，决计把他们送到贵阳读书。1939年，王伯群从重庆公干回来，见四弟王文渊之子，幼侄三人，亦极可爱。王伯群安排他们住在自己家，并负责进校读书和日常生活。

王伯群闻王文彦在西北颇不得意，收入不多，久未寄款回家，妻儿生活困顿，他便致信王文渊，令其将家中租谷出售100石，其款寄来接济王文彦媳妇。王文渊接函后，速速照办。1942年，王文渊按照王伯群要求，详细抄录景家屯每年产粮情况。他写道：兴义租谷早已售出，存无几矣，租税已完清，其三十一年度征收田赋收据内开"粮户姓名：王伯群，住址：景家屯，田地坐落荒字△段，计三百六十九亩一分，应完粮赋一百四十五元七角四分。备注内开：共征二十九石一斗五升，加征一石四斗五升八合"云。

王伯群对王文渊甚为关切，经常打听王文渊在老家的境况。王伯群接待兴

① 《王伯群日记》，1931年12月20日。

义李大光来访，得知四弟在老家的肆无忌惮。"老四王文渊如不离开，必成废人，或短促其寿岁，盖嫖赌吹皆不可免，如此戕贼，胡能久乎。"王伯群闻罢，甚为四弟王文渊的纨绔放荡的行为担忧。

随着抗战推进和战争消耗，王伯群的经济日显困窘，大夏大学财政也困顿不堪。王伯群感到若继续养育三个侄儿的读书生活开支显得颇有压力。他只得致信王文渊，"令以租谷一百五十石售价寄来济三位侄儿费用。"十余天后，大侄儿王滇生携其母函来谒，告已与兴义黄草坝房佃客接洽，收得三个月房租3 600元，以100元作汇水汇来3 500元。王伯群稍感负担减轻，如此则王文渊三个孩子的"学膳衣物费已有着落，可减却开支若干"。

王伯群对三个侄儿管教甚严。在他们初入学前，便召集他们三人问："你们知不知道求学的学校是谁办的？"王滇生答："伯父办的。"王伯群告诫他们道："我们家的孩子进入我办的学校，一定要努力学习，礼貌对待老师和同学，决不允许有任何特殊之处，你们不要使我失望。"三个侄儿毕恭毕敬，诺诺称是。

王伯群经常训教侄儿，教育他们要胸怀大志，学会做人做事。他首先召老大王滇生来，"询其弟兄三人之经济状况及学业成绩"后，嘱兴义家中昔年状况，盼其等立志复兴之。接着，又召老二、老三来，教以做人之道"，勿似乃父既不能丕振家声，又不能苟全性命，皆幼时母氏溺爱，不听余教之过也。

1944年3月，正在重庆参加国民党中央会议的王伯群接妻子保志宁电话，转告王文渊在兴义老家物故。闻此噩耗，王伯群悲从中来，伤心备至，禁不住感叹道："不知吾辈兄弟四人已死半数，且两房皆小者先亡，至可怨伤。尤以四弟，幼年失学，长染烟癖，常识不具，致偌大家产荡然无余，生未作正经事，三子入学尚不能顾，妻离子散，更可怜也。生既每益于己、无益于人、无益于国家社会，固不如死之为愈。"

王伯群从重庆致电王滇生，当嘱立即返回兴义料理丧事。还特此给他写了封信，要求丧礼从简，强调"礼，与其奢也，宁俭；丧，与其易也，宁戚"。王滇生接伯父信函后，调整原来铺张气派的丧事计划，改为朴实隆重的方式。当亲友们知道这是王伯群大伯的主意时，一致均表赞许。自此之后，本地丧俗有所改变。王滇生成为当地移风易俗的倡始人。①

---

① 郑文丰：《兴义王家今何在？——寻找家史中的王伯群》，《贵阳日报》，2016年1月13日，第8版。

三、替王文溆代付医疗丧葬费

王伯群与堂妹王文溆的见面，是源于她的丈夫胡用予在贵阳的意外死亡。

1942年8月22日，王伯群外甥女胡寿英来急见求援，告父亲胡用予突发疾病，正躺在飞山街公园饭店内，病情异常严重。王伯群与保志宁兵分两路，一人前往贵阳医学院请内科主任王季午博士往诊，一人请孙孝宽医生而往。在孙、王医生联合会诊后，均不知胡患何病，因其目瞳已缩而昏迷不省人事，只间或发出极痛苦之呼声，口唇紫黑，口内流血，呼吸促迫，热至39.6°，腹部硬，按之似拒而痛。孙医生疑为中毒，因手足指甲发青紫色，询之佣人，则谓只服水药一次，胃药一次，昨夜尚神志清醒，今晨六七时尚安卧，十时后始发生此现象。孙、王二医皆言病情沉重，没有把握，决定送贵阳医学院诊断后再确定病情。

王伯群回家后，就胡用予近况研究，发现两点值得注意：（一）日前发现其在旅店赌博，被骗数万元后，被兴仁家中察觉，曾致函自己和何辑五求援。虽已关注，而胡不承认负巨款及受骗事。难道是骗彼者畏罪而先下手？（二）胡因田产与人兴讼失败后，复上告。难道对手方恨其以金钱贿律师和法官而下此毒手？

王伯群认为，胡之病，此两疑点皆为重要。

见胡用予病势沉重，王伯群的精神也为不快，茶饭不思。他电话至贵阳医院询问王季午主任，胡的病情有无好转？王主任告病情比之前更恶化。再询可否断为中毒，可设法解毒？医生答以因有热，又似非中毒。

四天后，胡寿英前来禀告父亲病势严重。王伯群立即往视，果濒于危。王季午主任告知，其病情至为复杂，大脑发炎，肝萎缩，今又生肺炎。虽已用药，但抵抗力弱，十分危险。王伯群以为势虽危或不致就死。回告家人，大家亦甚感焦虑。王伯群遂发电文至兴仁堂妹王文溆，嘱速来贵阳照料其丈夫。电文曰：

兴仁萧家湾胡用予太太：

用予病危，盼速来照料。

兄伯群　云

电文甫发出，贵阳医院李耕田医师来报，胡用予已于三个小时前去世。李

93

医生详谈病势经过，询可否解剖研究？王伯群以黔俗不开通，不赞成解剖。以5 000元现款交大夏大学的叶盛华、杨远明等人，托为胡用予操办后事。次日，又支付3 440元为胡开支丧事。

8月30日，王文懋从兴仁匆忙赶到贵阳，见丈夫遗体，哭至哀痛。王伯群据王文懋称，胡用予"果赌输七八万元，持据往其家兑取者，亦三万余"。王伯群浩叹："一夜之间为人翻戏至如此巨数者，不多见不多闻也。"

见王文懋家境困窘，9月3日，王伯群为堂妹代付10 000余元治疗费和丧葬费。堂妹临走时，赠送几双布鞋给王伯群，以示酬谢。

交通

革命十数年以来，其最大目的即在求民众之自由平等，而交通事业尤为立国之命脉，与国民生计关系最为密切。

——王伯群

为局事死：王伯群与赵铁桥

　　1930年7月24日上午8:30，轮船招商局总办赵铁桥乘坐的汽车像往常一样，平稳地停在福州路招商局侧门，当他甫登石阶时，背后突然枪声大作，赵身中数枪，在紧急送往医院后不治身亡。

　　远在南京的交通部长王伯群惊闻噩耗后，痛心疾首，悲愤难扼。一面电令交通部秘书长李伯申代行职务，一面敦请国民政府下令淞沪警备司令部和上海市政府缉拿凶手。

　　赵铁桥（1886—1930）遭遇暴徒暗杀，舆论皆指他是为改组整顿轮船招商局（以下简称"招商局"）做急先锋而招致嫉恨，"识与不识，皆谓其为局事死"。[1]幕后黑手欲通过消灭政府管理者夺回招商局掌控权，招商局董事长李国杰被指为最大的嫌疑。

　　赵铁桥之死，激发王伯群加速整顿步伐。两年后，国民政府终于把成立60年的招商局正式纳入国家资本体

赵铁桥

---

① 中国人民政治协商会议四川省叙永县委员会文史资料研究委员会编：《叙永县文史资料选辑第十一辑叙永县历史人物选》，1988年11月，第39页。

系，并将其更名为"国营轮船招商局"。

一、临危受命，清理改组招商局

国民党的南京国民政府还未成立之前，国民革命军北伐总司令蒋介石就以招商局"为全国最大之航业机构，即拟加以整顿"。蒋的整顿手法，历经由个人出面到组成委员会出动，再由委员会到交付交通部执行监督之历程。

1927年1月下旬，蒋介石即令原孙中山秘书、国民党上海特别市党部执委杨杏佛办理招商局事宜。杨氏得令后，以"内容不明，权限未定"，[①]且遭局方"严词拒却"婉拒就职，提请另组委员会负责进行。

是年3月，蒋介石率军进入上海。

3月15日，国民党中央政治会议决派蒋尊簋（字伯器）、钱永铭（字新之）与招商局负责人会商"改善办法"。蒋、钱前往会商，得到的回答是招商局系"完全商办"，内部如何改善"事关股东主权"，应由董事会"筹划条陈，报由股东大会解决"。[②]招商局的答复，对决心接收招商局的国民党政府自然难起作用。

两周之后的3月30日，中央政治会议第八十五次会议再次议决委派张静江（人杰）、蒋尊簋、虞洽卿、杨杏佛等11人组成"清查整理招商局委员会"，任命张为主席。国民政府"训令招商局饬遵"，同时以"供给敌饷""阻挠义师"的罪名，[③]下令通缉该局主船科长兼积余产业公司经理傅筱庵，并以此为突破口着手对招商局进行清查[④]整顿。傅闻讯后，恐慌之中孑身离沪仓皇北窜。

5月20日，招商局委员会全体成员开始进局展开全面清查。经过数个月夜以继日的紧张忙碌，终将面上的卷宗账目清查完竣。委员会将调查结果移交给刚被任命为交通部长兼招商局监督的王伯群手中。在张静江和张继的推荐下，王伯群任命国民政府建设委员会委员、坚决主张招商局国有的赵铁桥充任总办，并于上

---

① 上海市档案馆编：《旧中国的股份制1872—1949年》，中国档案出版社，1996年10月，第54页。

② 招商局档468（2）/308董事会议事录，《民国十六年四月十八日特别会议》；招商局档468（2）/308董事会议事录，《民国十六年十二月五日特别会议》。

③ 张后铨主编：《招商局史（近代部分）》，中国社会科学出版社，2007年9月，第323页。

④ 国营招商局编：《国营招商局七十五周年纪念刊》，1947年12月，第74页。

海四马路（今福州路）5号设立招商局监督办公处，继续开展清理改组工作。

组建半年的交通部的主要职能是路、电、邮、航四政，而四政中尤以航政事务简略，故王伯群接手招商局之后尤为重视。

为求寻社会各界名流对交通部，尤其是对招商局改组的撑持，是年11月5日，王伯群在上海南洋西餐馆设宴招待李石曾、张继、许世英、穆藕初等100余名各界名流及新闻界人士。王伯群在致辞中谦逊表示，自受命担任交通部长以来，"自知学殖荒芜且乏交通经验，当此难局，民穷财尽，百废待举，责任之重大非一言所能尽。"

王伯群着重谈到航政中的招商局历史和弊端，阐述政府改组该局之缘由和必要性。（一）招商局有50余年之历史。招商局目前弊端丛生，历来经理其事者莫不借为利薮，营业则年年亏耗；（二）献媚军阀。事供运兵运械作种种反革命之资助，多数股东无权过问；（三）管理混乱。租船合同之离奇，会计制度之紊乱，积余产业之营私。无股东详细之名册，董事徒有其名。

王伯群指出，此次政府制定监督招商局章程，特派主管部长兼任监督。一言以蔽之，政府监督之主旨完全为一种善意政策，一方面监督营业，即一方面保护股东利益，扶助整理，逐渐扩张，希成为全国唯一之航业公司，得与国际航业竞争，挽回利权，贯彻民生主义之精神，先总理所定节制资本，协调劳资，尤当实力奉行。他最后指出："政府决不无故以商股作为国有之理。"①

王伯群在对招商局全面调查后，制定颁布《交通部监督招商局章程》，以期定局和定性。同时，他还发现招商局最核心问题和破绽，即历来办理局务者私利优厚，但对于股东不忠不诚。"大之不能为国家张航权，小之不能为股东保利益"。为保证股东利益，11月7日，交通部发布《王伯群告轮船招商局股东书》指出，公司根本在股东，最高权在股东，政府本节制资本主义，尊重民众利益。今者伯群受命监督局务，并由本部特任赵铁桥为总办，股东有以良猷见告为整理之助者，必悉诚采纳之，即局员中有为守兼优来行其志之士，亦必物色而延揽之。惟假立名义阻挠大计，造谣煽惑，固持私利之辈，害群之马，舍绳以三尺外，无他道焉。告股东书严正表达实施的决心："政策既定，期以必行，决不畏难而中止，亦不徇情而敷衍，此则革命旗帜之下与官僚政治绝对不同者，股东其详

① 《交长王伯群昨宴各界》，《申报》，1927年11月6日，第15版。

察而熟计之。"①

二、就任招商局监督

1927年11月26日，王伯群在上海总商会宣誓就任招商局监督。他在答词中道明决心："以前种种诸昨日死，以后种种诸今日生。""赵铁桥总办向为忠实同志，办事切实为伯群所深信。"次日，王伯群就招商局监督职后发布新猷，就"政府何以注重招商局、招商局何以有监督之必要、监督之时期与程序如何"等三大问题进行详细阐述。

其一，政府何以注重招商局？因招商局为全国自办航业中最大之机关，亦为我国维持航权之惟一机关。"惟招商局有五十余年之历史，有较大之规模，对内对外关系至巨，此政府所以特别注意者也。"

其二，招商局何以有监督之必要？一是"局中历年亏空，负债至千余万债息尚无着，遑言股息"；二是"去年传竟以长江航轮献媚军阀，为反革命之用"；三是"股册不完备，股权不分明，股东纠纷不已"；三是其历史"始非政府无由创立，今非政府无由整理招商局"，故"监督之设，事非得已"。

其二，监督之时期及其程序如何？查李鸿章奏办招商局之初，曾拨官款二百万作为创办资本。故谓之官办亦可，谓之官商合办亦无不可，故政府"实行监督督促董事会"。至监督之程序，拟分为四步，一是"改良组织，祛除积弊，估计财产整理债务"；二是"筹措活资，添造新船，增调航线，便利商运"；三是"为要求政府之补助，或予以转运特权，或保证发行债券，或兑与抵利资金，或协济大宗现款"；四是"联络侨商，筹集户资，扩充海外航线，与各国争一日之长"。②

要清理改组招商局，制度建设和制度保障是前提。12月20日，王伯群主持交通部监督招商局办公处会议，在听取调查员就招商局调查情形和监视股票经过后，重点讨论督率该局整理革新方法与组织审核处草案。王伯群指示："本处宜先督促该局董事会，一面将股票登记时期确定，一面速拟改组方案呈报，希望该局

① 《交部王监督告招商局股东书》，《新闻报》，1927年11月8日，第13版。
② 《王伯群就招商局监督职后新猷》，《申报》，1927年11月29日，第10版。

先能自动整饬，政府方面固愿极端援助，以符合作之旨，倘该局自觉颓势难挽，始终不能振作，则本处当为代除积弊。"①

王伯群对招商局紧锣密鼓的系列举措，引发了招商局董事长兼总经理、李鸿章之孙李国杰的高度警觉，继之连锁的激烈反对和反抗。他朝着南京政府呐喊：这是"启官厅干涉商权之渐，不独股东在职人员惊慌失措，即上海其他咨办公司亦为之疑虑不安"。他对南京的"监督"抗不从命。②

面对李国杰的抗不从命，王伯群并未因此而动摇原定之计划。

1928年1月18日，王伯群一面呈国民政府提出招商局根本改革方法和监督招商局章程议案；一面与赵铁桥商讨整理招商局，重点提出肃清积弊，发展航务，保全股东血本。3月3日，王伯群出席国民政府第四十三次会议，再次呈文称为督促招商局改组并力图整顿起见，将交通部监督招商局章程略加修改。

王伯群在与赵铁桥就招商局改组办法充分讨论后，推行如下具体举措。

第一，颁布《改组轮船招商局训令》，命令招商局董事长李国杰"务仰迅遵前令与总办赵铁桥悉心妥筹分科改组事宜"，届时本监督当以整理完善之招商局交付股东之手，俾了然我国民政府民生主义维持航业之苦心，同时请"该董事长其将此意传喻各股东知之"。③

第二，下令解散招商局董事会，改监督招商局办公处为招商局总管理处，派赵铁桥为管理处总办，令李国杰代行原董事会职权，即由赵铁桥与李国杰共同负责处理局务。在实施过程中，因李国杰称病不出，赵铁桥只好"率领内定人马单方面接管了招商局全部业务"④，并对内河招商局、积余产业公司、仁济和保险公司等进行改组整顿。由此，交通部完全控制了招商局的领导权。赵铁桥将招商局进行改组，把其分为总务、船务、营业、会计、栈务及出纳等六科。交通部对招商局的整理，加激了赵铁桥与李国杰矛盾。4月30日，交通部因整顿船务，李国杰纵容"江新号"等4只轮船相继罢工，直到5月3日通过谈判才肯复工。

第三，在《申报》开设"招商半月刊"栏目，以期宣传整理成果，扩大影响。赵铁桥在《发刊词》开宗明义云："一曰局务务使公开，以求积弊之尽除；一曰建

① 《监督招商局办公处会议纪》，《时事新报（上海）》，1927年12月22日，第9版。
② 杜恂诚：《金融制度变迁史的中外比较》，上海社会科学院出版社，2004年8月，第16页。
③ 《改组招商局之训令》，《申报》，1928年2月22日，第13版。
④ 张后铨主编：《招商局史（近代部分）》，中国社会科学出版社，2007年9月，第334—335页。

设征求群策，以图集思之良益。统而言之，则在以全国之统务，公诸全国之民众，共有督课参与之机会，共肩整理匡扶之责任，俾进于发展繁荣之途。"

王伯群对招商局改组的步步推进，得到建委会主任张静江的盛赞。5月28日，张在纪念周会上发表《招商局之新希望》，对王伯群监督下的招商局前途表示期待。他说：闻自接管以来，颇能奋发从事，延揽专家，分工整理，博采群言，竟使岌岌可危之招商局，顿有蓬勃之新生机。"予因曾参清查之事，于该局前途，期望尤殷。"①

三、定"官商合办"为过渡办法

轮船招商局由北洋大臣、直隶总督李鸿章于1872年奏请清政府在上海设立。1877年，招商局收购财力雄厚的美资旗昌轮船公司，打破了外资洋行垄断中国航运的格局，成为中国民族航运业的象征。招商局在晚清和北洋政府时期，在体制上经历了官督商办和商办隶部两个阶段。1909年招商局自名义上完全商办，但政府对招商局"官办""国有"的争夺和控制从未停止。南京国民政府也不例外。1927年后的数年时期内，国民政府一直通过各种手段把招商局收归国有，纳入国家资本经济体系。

招商局是"官办"还是"国有"？政府和招商局主事者经历了一场漫长、繁复和极其激烈甚至残酷的斗争。这中间既有利害冲突，又有权力争夺，二者相互交织，使其过程更加复杂和激烈。②

1928年7月30日，王伯群由北平、武汉巡察铁路交通后返抵南京，在交通部就"招商局属性"问题接受《申报》采访时，提出解决招商局属性问题的中间策略。他说："招商局在此过渡时代，不得不设一管理局，至将来究系官办或商办，尚未可定。以予之意，完全官办，以过去之历史观之，亦不能得好成绩。官督商办，则仍蹈从前之弊，故惟有'官商合办'之一法，预计将来，惟有此法。"③

8月17日，王伯群主持全国交通会议第三次大会，专门就如何解决招商局属

---

① 张人杰：《新闻报》，1928年6月1日，第13版。
② 朱荫贵：《中国近代股份制企业研究》，上海财经大学出版社，2008年12月，第237页。
③ 《王伯群返京后之重要谈话》，《申报》，1928年8月2日，第10版。

性问题进行大讨论，最后确定以收归国有为原则，过渡办法为"官商合办"。

王伯群在主持中先做说明：大会讨论招商局问题以前，已举行股东登记。登记声明了六七次，始稍有人履行。股东中不把持即捣乱，该局问题关系我国航业前途。

在讨论中，工商部常务次长穆藕初、国民政府交通会议委员林祖潜等主张商办。赵铁桥与三北航运公司总经理虞洽卿、上海市总商会理事长王晓籁等坚持国有，两方进行充分的交流和激烈的辩论。①

赵铁桥首先提出，招商局原系官商股，股东冠以商办二字，意在把持。关于招商局问题曾拟五种办法，即（一）国有，（二）商办，（三）官商合办，（四）官督商办，（五）商有国办。鄙意原主收回国有，盖官商合办权限、股份、方针均难一致。官督商办，无甚实效，不得已求其次，亦必商有官办，行政权、稽核权归政府，监督权归股东董事会。

王晓籁主张官督商办。他说使招商局起死回生为吾人同一目标，实施官督商办，因现在官非从前官。虞洽卿主张招商局收回商办之必要。

穆藕初主张商办，反对官商合办。他说，招商局商有国办，实系世界上独创制。闻有官督商办，未闻商人为主人，而国家拿去办。若谓官商合办，须有官家资本，现招商局无官股。林康侯反对商有国办。他提出，股份有限公司，无论如何，最高主权全在股东。商有国办，于理不合。商有当商办，国有当然国办，商有总不能国办。招商局从前之坏，由官督有名无实。

上海总商会常务委员石芝坤提出另外一种思路。他举例说，日本株式邮船会社系各小公司并合，国家为居间人，并非官办，且该会社系国外航业。招商局系国内航业，国家如有经营航业，何必向海外发展。

在充分听取各方讨论意见之后，王伯群起而做总结讲话。第一，就穆藕初等无官股做了一个补充，他说："李鸿章在办招商局时，实有官股二百万元，后改为四百万两。"第二，提议将赵铁桥等提出的五种办法投票表决。

最后，经过与会者投票表决，显示结果为：商办为5票，商有国办为0票，官督商办为25票。

至此，王伯群提议，收回国有与官商合办，两者不必分开表决，可合并改为

---

① 《全国交通会议特刊》，《申报》，1928年8月18日，第12版。

以收回国有为原则，以官商合办为过渡办法，可否照此表决。众皆以为然。会议照王的建议，再投票表决，结果多数投票赞成。①

历年不易解决之招商局问题，最终告一段落。

然而，这种类似民主集中制的投票结果，即王伯群提出的"以收回国有为原则，以官商合办为过渡办法"，令李国杰极度焦虑和不安。在无法阻挡国民党政府接收的情况下，12月7日，李国杰公开致中央党部、国民政府、各院部以及招商局各股东公开意见书，表达了自己的极大不满。②

在这封长达七千余言的公开意见书中，全面回顾招商局艰辛历程及股东构成，他提出，研究招商局问题，应先注意下列五个要点：一须认定招商局，非只属国内一种普通航业机关，实由国家提倡商权，集合商力，准备收回江海航权，向外发展之基本商战团体；二须彻底觉悟，招商局非仅凭官力或仅属商力之所能胜办，必官商协力，上下一气，斯有挽救振兴之策；三须洞悉招商局病根所在。因无完全股东名簿及实行限制股权之故，必迅速认真办理股东登记，根据旧章，妥筹限制股权办法，以便合法召集股东大会；四须体察招商局本身究非虚弱之症，必极力设法解除其各种束缚，积极整顿，庶可望就本身以谋自救；五须深念招商局现在各股东中，何尝无杰出之才，积学之士，必痛革以前选举紊乱认票不认人之积弊，俾大小各股东中，权力平均，真实人才，得以蔚起。

李国杰最后说："窃冀我政府与股东及社会三方面对此问题，各皆放远眼光，开诚布公，共谋百年大计，俾我中国最大之航业机关立于永久不败之地。同时并将江海航权、迅图恢复、毋令外人轮舶飞扬驰骤，若临无人之境，则国家幸甚、招商局幸甚。"③

通览李国杰的公开意见书，明面上要尊重股东，振兴招商局，实则为自己掌控招商局寻找理由。王伯群当然了然其中的玄机。在接受媒体记者采访时，王伯群对交通会议议决招商局提议和招商局等航政未来做了展望。他缕析道：招商局以收回国有原则，在过渡期间，由官商合办。合办时官方当加入股本，其款项呈由国府行政院决定之。将来海权收回，航政甚为重要，现在聘请专家组织航政法

---

① 《全国交通会议特刊》，《申报》，1928年8月18日，第12版。

② 《王伯群之谈话》，《申报》，1928年12月13日，第7版。

③ 《李国杰解决今日招商局问题之意见》，《新闻报》，1928年12月8日，第16版。

规委员会，拟制各种航政法规。同时有海政筹备会，由军政、内政、外交各部、海军司令部派员组成，讨论各部关于海政权限之划分。

四、意外的"新华轮"事件

李国杰见公开意见书并未取得他想象之效果。于是，他转而寻求另外一种实惠策略——他对交通部开出价码，提出政府"非四百万现款不能入局"。与此同时，组织人员密告赵铁桥"整理无方、违法失职"。

王伯群在收到密告函后，明知这是诬告，但他还是决定把这件事彻底做正做大，为赵雪冤。王伯群呈行政院文，请派公正大员彻查招商局。[①]行政院在第八次会议议决由工商部遴派参事陈匡石、司长张轶欧、科长王世鼐、韩有刚等前往上海彻查。但清查一月有余，"结果并无所获"。

1929年1月16日，招商局"新华轮"由汕头启碇，船上载客约300人和约100名船上执事者，船行至距香港附近，因狂风大浪而触礁，300余人遇难。[②]

"新华轮"事件，短暂影响了王伯群对招商局改组的节奏。在接报"新华轮"触礁沉没消息后，王颇为吃惊。查新华船身仅八年，船体失事由于触礁，足见对于船员人等用非其人，滥竽充数。平时无严密之考绩，致屡有惨案发生。王伯群致电赵铁桥，申斥其"殊负政府派员整理之初心，复失人民之厚望"，"应将该总办及船务科长，先行各记大过，听候查办，仍令负责赶办善后救济事宜，随时详报候夺。"[③]

赵铁桥在接电后，甚为自责。随即复电，报告已派出干部赴香港处理海难。他愧疚道："新华沉没，失察之罪，固不可逭。惟船长西人强生调任新华已有七年，既非职所任用，亦非职所调派。船务科长董福开，自蒙钧座委任，颇能谨慎将事。"他叙述事故过程和原因，"该船在港触礁，不及临时取用沙阻，足见平时练习过少，为招商数十年来腐败症结表曝，短期施治，自难立效。末谓感于无米为炊，遇事每多掣肘。祈钧座早定方略，始可言及整个计划，新华善后救济，已

---

① 《彻查招商局　工商部已派员来沪》，《时事新报（上海）》，1929年1月4日，第9版。

② 《新华轮失事》，《申报》，1929年1月17日，第10版。

③ 《交部申斥赵铁桥》，《时事新报（上海）》，1929年1月18日，第5版。

派曾广颐副科长驰往办理。"①

"新华轮"事件发生后，除招商局商货损失甚巨外，如何赔偿死者、谁来承担赔偿责任等问题，亟待交通部做出判断和决策。1月21日，王伯群接李国杰请求抚恤"新华轮"殉难船员来电，电文报告"现被难船员家属男女，嗷啕来局泣诉，倘无一种安抚方法，不足以示体恤，尤恐酿成事变"。他建议："援照江宽、江永成案，暂定殉难船员临时抚恤办法，以安众心。"②

由于还没有得到赵铁桥的调查报告和具体处理方案，王伯群就李国杰请求函电批示："兹据前批，仍令该查办员查报具凭核办可也。"③

为安慰家属，3月30日，王伯群接待"新华轮"船被难家属会代表童理璋、童华清来访。5月6日，批阅"新华轮"被难家属呈交通部申诉文。由于"新华轮"事件属于意外海难事件，尤其关于人员赔偿问题责任，各方意见不一。这件海难事件也引发行业公会等社会各界和报刊媒体的高度关注。

航业公会就"新华轮"事件上书王伯群，"此次新华轮船失事，责备主持者不嫌其严，具见尽心职务之至意"。行业公会客观指出，新华轮船长、大副等合格合规，只因大自然不可控制等原因失事，"倘国人竟以新华船案之钧电，引为成例，以全责加诸轮船公司及其主持者，甚至有勒令赔偿之主张，将成为航业致命之伤。"④

航业公会的客观持论，给赵铁桥很大的支持和信心。他在对京沪航务人员系列调查了解后发现，"新华轮"船身坚固，航行南洋既久，船长在局供职十一年，任新华事已七八年。此次在香港附近失事，因狂风大浪而触礁，决是天灾，为人力所不能抗。"船只失事，本局有先例，各船公司有先例，世界各国有先例，岂能随便归罪于人。"他认为航业公会上交通部一文，颇有研究价值。"对于船员，本局亟须从优抚恤。我们要知道现在招商局问题，虽极复杂，而归纳起来，则不外资本主义与民生主义之斗争。"⑤

由于案情复杂，非交通部所能完全解决。根据多方讨论，8月5日，王伯群

---

① 《赵铁桥复王伯群电》，《申报》，1929年1月19日，第4版。
② 《李国杰致王伯群电》，《申报》，1929年1月22日，第14版。
③ 《交通部对新华轮案之批示》，《申报》1929年3月28日，第16版。
④ 《航业公会为新华轮事上交通部文》，《招商局文电摘》，第131页。
⑤ 《招商局纪念周赵总办演辞》，《招商局文电摘》，第132页。

决定把"新华轮"失事案，呈请改由司法机关处理。

然而十三天之后的8月18日，王伯群意外接赵铁桥辞职电。赵在辞职函电中写道："职自接管招商局以来，赤手空拳，积极整顿，不遗余力。无奈根蒂未固，政策飘摇，呼天难应，维持乏力，为此谨恳迅派大员接替，以卸仔肩。"

王伯群接赵的辞职电后，始觉不解。他在多方理解后，才知赵铁桥辞职，非因"新华轮"事件导致，而有另外缘由：其一，赵自奉令接办后，招商局根本性质迄未确定，致一切措施政策难以解决。及至二中全会开幕决议派员整理，但届兹数月，复无切实办法。且

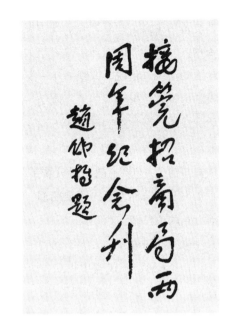

赵铁桥为《接管招商局二周年纪念刊》题签

今春西征讨桂军事，运输供遣频仍，致营业方面亦受影响，预计本年收入将短绌达数10万；其二，赵阅报载有招商局将由国民政府直辖，并组织整理委员会，内定虞洽卿等9人为委员等情。赵同时在呈请蒋介石辞职中，也只能力荐虞洽卿以自代并主持招商局和三北航运公司合并。[1]

王伯群明白，第一种缘由目前尚暂不可决。第二种所谓招商局和三北将合并，纯属谣言。于是，在他亲自出面辟谣后，赵铁桥遂收回辞职函。

五、改招商局总办为委员会制

在整理招商局的过程中，招商局总管理处不断检讨过程，总结经验。1929年2月22日，王伯群委派林实代表自己出席改组招商局周年纪念大会。宁波同乡会大礼堂云集300余各方实力要人。

林实代王伯群首做训词，略谓中国航业自前清政府以迄军阀政府，惟有俯首

---

① 《赵铁桥呈请辞职》，《民国日报》，1929年8月18日，第9版。

帖耳帝国主义，苟延残喘。现国民政府成立，首将关税收回，并与各国订立互惠条约，此皆为国内航业发达之重大关键，前途实无限量。接着，赵铁桥发表热情洋溢的演说。他说，改组一年来历尽恶劣环境，惊涛骇浪，我们仍然能本着大无畏的精神、百折不挠的意志团结一致，抵御一切。他总结接管招商局一年来的经验和成绩，譬如在制度建设方面比从前紊乱腐败好得多。仅本年营业一项，比较最近五年每月已增加3万余两。栈务一项月增1万余两，用煤每月省去1万余吨。计每月可省4 000余两，船员薪工亦可省两万余两。赵雄心勃勃，对招商局的未来提出改革总局组织、改准船期、改革分局包缴制、改善各轮内容和开辟新航线等五点改革措施。①

赵的演讲令在坐者无不动容。

是年6月，国民党中央二中全会决定，将招商局脱离交通部提级为国民政府管辖，由政府特派专员整理局务，并组织整理委员会负责监督指导。在委员会未成立前，由王伯群和赵铁桥分别代行委员会和专员的职权。彼时招商局"名虽商办，实际已由政府代为经营"。

在国民党中央二中全会成立整理委员会的同时，在坊间传言招商局将与三北、宁绍等公司合并，王伯群在接受《中央日报》采访时予以否定。他说："此事毫无根据，关于整理招商局，二中全会曾有决议，将来自当逐渐进行，现在总办赵铁桥虽有辞战表示，但批准与否，权在国府。"②

8月31日，王伯群向国民政府建议，将招商局总办制取消，改设委员会，再设经理一人，取合议制度。三个月之后的11月29日，王伯群与赵铁桥谒见蒋介石，就招商局整顿工作做专题汇报，他们提出的组织构架和议案得到蒋介石的首肯。事后，赵铁桥接受报纸采访时，略微透露部分整顿计划，即编制组织、整理栈务及码头、添购轮只、增辟航路和扩建招商局房屋等。③

王伯群和赵铁桥遵国民党二中全会的决议，代行招商局委员会职权，制定颁布特派整理招商局专员办事规则。12月1日，王、赵分别发布代行招商局委员会职权通告。根据《国民政府特派整理招商局专员暂行办事规则》，主要内容为：

① 《本局改组周年纪念大会纪》，《申报》，1929年3月8日，第2版。
② 《交长王伯群之谈片》，《中央日报》，1929年8月28日，第3版。
③ 《国府整理招商局》，《申报》，1929年12月1日，第14版。

（一）专员直隶于国民政府，承委员会之监督指导，负责整理全局及各附属机关事务；（二）专员为处理局务，设专员办公处，分置各科及各种事务委员会，其办事规则另定之；（三）专员于整理范围内，清理局产股份债务及发展营业，并对外代表招商局，其重要事项，应陈明国民政府及委员会办理；（四）专员每届月终，应将全月整理及营业收支情形，每届年，应将全年整理及损益计算财产目录呈报国民政府及委员会核。

自此，国民政府通过制度设计，基本控制了招商局的管理大权。

招商局被提级管理，并由总办改为特派员，无疑把李国杰的管辖空间进一步压缩。正如李所述，近自政府监督整理以来，一切用人行政，悉操之总管理处之总办，官重商轻，董事会空存虚名，虽曾颁订《暂行办事规则》，明确董事会与总管理处划守之职权，而迄未诸实行。是以股东数千万血汗经营之资本，对于局事，不容置喙，胥由政府派员代为支配管理。[1] 12月12日，李国杰又公开发布致中央党部、国民政府、各院部、各省政府等《维护招商局之通电》，愤愤不平道：观赵铁桥上国府呈文，以及拟订办事规则六条、在纪念周向各职员演讲、与晤各报记者谈话，"处处皆未就商股公司法律范围以内立论、而有背弃法律攘夺私人财产之重大嫌疑"。"今阅赵总办所探办事规则，悉取而纳入专员职权之内，未审根据何项法律？"[2]

一周之后的12月19日，李国杰以董事会会长之名，在《民国日报》[3]《时事新报（上海）》《申报》等报纸刊布《商办轮船招商局董事会长代行董事会职权李国杰启事》。《启事》申述招商局的商办性质，指责《暂行办事规则》根本违背法律。"查第二中全会之议决及国民政府之训令，既未没收或买收招商局，自不能取股东地位而代之。董事会代表本公司之职权系法律所定，由全体股东依照法律程序而赋予，决不因政府派员整理而受何影响。"强烈呐喊"本会亦决不放弃其法律上应有之职责"，"本会代表本公司决不承认。"

针对李国杰诸上公开意见和启事，赵铁桥只得明修暗度，各个击破。他在整理招商局案件中，揭露该局三大案之一的"积余产业公司李国杰舞弊案"，指控

① 《李国杰解决今日招商局问题之意见》，《新闻报》，1928年12月8日，第16版。
② 《李国杰维护招商局之通电》，《申报》，1929年12月12日，第13版。
③ 《商办轮船招商局董事会长代行董事会职权李国杰启事》，《民国日报》，1929年12月19日，第1版。

李犯有"种种舞弊""诋毁政府"等罪行，指出"必须撤李以除奸"。该案经王伯群报呈蒋介石批准，赵以代行专员名义，罢免李国杰积余产业公司经理职务。李表不服，极力辩白积余公司"资本系招商局股东及其新旧执事存积未分之公积资金，绝无丝毫官股在内"[1]，这些辩词，均遭到赵铁桥等人的痛斥。次年2月，赵、李因积余产业公司归属问题，涉讼法庭，最后赵铁桥胜诉，法院判决取消积余产业公司，总管理处另设产业科办理。

六、赵铁桥遇刺身亡

1930年1月，王伯群主持起草完成《整理轮船招商局委员会条例》呈请国民政府核准。[2]国民政府遵照二中全会决议，在招商局特设委员会（或理事会）专任监督指导之责，由委员会推举一人，请国民政府派充专员（或总经理）负整理经营之责。

王伯群呈核《条例》的基本内容包括：（一）委员会决行事项包括：航业方针之决定；附属机关之废置；所属职员，任免保障及服务规章之审定；资本之增减；债权债务之清理；预算决算之审定；总经理副经理之选聘；盈余之支配；契约之订立及废除；产业之保管及清理；股权之清理及股东之召集。（二）委员会委员九人，除交通、工商两部长为当然委员外，其余四人由国民政府派充三人，由股东会加倍推荐，呈国民政府指派。委员会由国民政府九人中指定三人为常务委员，处理一切会务。（三）总经理负经营整理之全责，得随时列席委员会，报告业务情形并得陈述意见，副经理补助总经理处理局务。（四）总局各科长及各分局局长，由总经理存请，委员会核委，其余职员，均由总经理委派，报告委员会备案。

这则《条例》，无疑在更大的空间和范围挤压了李国杰的管理权限，几乎令李无法喘息。李决定做困兽斗，百般阻挠赵铁桥办案。同时公然侮辱公务员之执行职务，阻挠专员行使职权并携重要文卷，把持附属机关。赵铁桥见其违法妄

---

① 《积余公司答辩文》，《申报》，1930年3月30日，第16版；《积余公司答辩文（续昨）》，《申报》，1930年3月31日，第14版。

② 《整理招商局委员会条例草竣》《申报》，1930年1月21日，第14版。

行，知其必有不可告人之隐，便再次把李国杰告上法庭，指控其侵占罪、妨害公务罪和损坏信用罪，迫使李离职。[①]

对于招商局之属性，赵铁桥坚持上策收归国营，中策国家代营，下策官商合办。是年3月，他在国民党三届三中全会上建言中央道："铁桥忝奉政府命令，并承监督指导，权管局务，业逾二年，上体党国之使命，下审招商局之内情，积二年观察经验所得，认定根本解决方法，最上之策，唯有遵从总理手定政纲，收归国营办法为第一。必如此，然后已往之纠纷困难可解，将来之整理、发展可期。"[②]

虽然李国杰等人一直据理力争，极力辩白："招商局系完全商股商办，迭经依照《公司条例》，呈请主管官厅暨全国注册局注册立案给照营业，与其他普通商办轮船公司，规模虽有大小，性质毫无歧异……不能因交通部监督整理之故，遂误认为交通部附属机关，彰彰明甚。"[③]但在强势的政府面前，他的辩白和抗争无足轻重，亦无济于事。李国杰认为，若"祖产"被掠，自己也将身败名裂。眼红心急的他，把所有怨恨投射到赵铁桥身上，对赵恨之入骨。

就在王伯群对招商局紧锣密鼓推进整顿之时，7月24日，赵铁桥在上海遭暴徒暗杀身亡。次日晚，王伯群乘车抵沪，怀着悲痛心情，赴胶州路万国殡馆吊奠赵铁桥，处理赵氏善后事，对其亲属抚慰有加。赵铁桥之死震动了国民党当局。蒋介石发唁电以表哀悼："闻铁桥同志于昨晨被凶徒狙击，医治无效，殊深伤悼。除候缉凶给抚恤外，先此致唁。"

国民政府对招商局实行"清查整理"到"收归国营"，数次改组管理机构，更迭高级人事。为进一步稳定招商局得之不易的局面，王伯群委派航政司长蔡培维持招商局务，并呈国民政府委派专员负责办理一切："惟该局年来经费，极形困难，每月支出总数约计三十万元，收入则只十万元，且所有各船大半陈旧，不堪应用，而每日消耗如煤油等类，所费甚巨，船行速度甚绥，商民颇感不便，难与外轮竞争。今后欲嗣整理，亦颇不易，开源节流，造置新船，改善营业，俱属可行，但总须中央决定先决方针。"

① 《招商局总办赵铁桥与董事长李国杰互控》，《新闻报》，1930年2月15日，第15版。
② 《赵铁桥为招商局事建议》，《申报》，1930年3月20日，第14版。
③ 《李国杰招商局呈王监督文》，《新闻报》，1928年3月1日，第15版。

李仲公

8月5日，王伯群听取蔡培就整顿招商局航业计划书报告。两天后，蔡培因夫人患病甚剧，请辞招商局总办兼职。蔡培辞职后，8月20日行政院特派陈希曾继任，陈却畏难苟安，坚辞不就。最后，国民政府委派交通部次长李仲公继任招商局总办，随即成立"整理招商局委员会"，简派张群、李仲公等7人为委员，张群为委员长，李仲公为整理专员。但因张群"未允就任"，委员会始终未能正式成立。

王伯群虽然深感招商局的问题棘手难办，但将招商局收归国有的决心坚定如初。

七、反思整顿工作

李仲公继任招商局总办后，王伯群总算吃了一颗定心丸。

1930年9月13日，王伯群主持李仲公就任招商局总办时，略露情感道：现在军事不日结束，各地秩序渐见恢复，对于招商局根本办法，国民政府正在研究，并先委李仲公次长改任总办代行专员职权。李总办久与本席同事，努力革命工作多年，办事尤极负责，只要国民政府决定方针则遵此方针进行，此较以前当更有进步的希望，航政根本问题，总理遗教对内政策中说得极为明了，政府自必谨遵遗教指示，妥为筹划，拟订办法。

王伯群还重申两点，一是，招商局在中国航业界具有相当的历史，自国民政府成立即加整理，但外受帝国主义之压迫，内受时局之影响，加以国内航业专才十分缺乏，招商局本身积习太深，因是整理，三年殊鲜有成效，对于政府负疚实深，对于社会又极抱歉，我努力奋斗之，赵同志因而牺牲尤为抱歉。二是，关于内河航权久在帝国主义压迫之下，国民政府亦正在积极设法进行收回。在此整理期内，所有负责人员尤应一致奋勉，本席有厚望焉。

对于赵铁桥被刺，以及三年来整顿招商局收效甚微，王伯群三次发文，思考和反思其中的缘由和得失，以及提出破解当前困局之见解和策略。

第一次，王伯群在《中央日报》发表《谈招商局之整理问题》文章，在梳理整理招商局过程之后，对中央政府关于招商局的属性定位模糊不定表达责怨，并提出解决方法。[①]他首先指出中央未定办法。三中全会对于整理招商局提案，有商办、官办、官商合办及代办几种，复决议交中央常会讨论，但至今中常会仍未决定办法。办事人因为性质尚未确定，以致无法依据。其次，希望中央早定办法。如果过去政府对于整理招商局早有一种根本办法，办事人有所遵循，决不受人批评，赵总办亦不致受无代价之牺牲。第三，提出整顿招商局之办法。即"注资是解决招商局当下最切实的措施。目前欲挽此危局，除增加资本，添修轮舶外，无其他方法"。

第二次，王伯群在《自求》杂志发表《刷新政治下之交通事业》[②]文章。

在引用总理名言"政治之隆污，系乎人心之振靡。吾心信其可行，则移山填海之难，终有成功之日，吾心信其不可行，则反掌折枝之易，亦无收效之期"之后，再次呼吁扩充资本是发展招商局最好的办法之一。他建议筹设航业银行，贷以资本，而调济其金融之枯竭，设置各埠航政局，予以指挥管理，而消济其扞格迂缓之弊，其兴办具有成绩者，且酌予相当奖励，以资激励。至若筹设国营造船厂，创办国营航业，收回沿海内河航行权，修订各国通商航海条约，则且有赖于各方面之补助，而相与努力焉。

第三次，王伯群在《自求》发表《中国航业现状之分析》[③]文章。文章分述彼时航业之概况。一是长江流域为我国航运最发达之区，其全部航线总计约长5 725里，几占全国内河航线二分之一。吾国江轮较大者，为招商、三北、宁绍、鸿安、大达等公司所有，共计不下60余艘。外国公司除法商、聚丰公司之船只不计外，太古、怡和、日清、捷江四家，已有轮船30余艘，中外船舶势力颇为悬殊。二是自上海至华南航路，中国商轮本有20余艘。迨至近数年间，日清公司添造新轮数艘，日政府每年予以津贴10万元，以为对华航业竞争之用。华南航务，亦渐趋衰落之境矣。

王伯群指出，以吾国海岸之长，内河之众，各省巨川细流，不计其数，倘有

---

① 《王伯群谈招商局之整理问题》，《中央日报》，1930年8月16日，第4版。
② 《刷新政治下之交通事业》，《自求》，1931年第22期。
③ 《中国航业现状之分析》，《自求》，1931年第32期。

多量船舶，足资运输，不仅有裨交通，即国内商业经济，亦不难依次发展。徒以年来军事频仍，商船之征调既繁，财政之受创尤重，加以航权尚未收回，航业尚无保障，欲维持现状已属不易，遑言发展。但即使如此，从王伯群的文章中仍然能感受到他的信心，他写道："揆之现势，现值进行收回航权之际，吾人当勠力奋斗，祈达最后之目标，使航业有所保障。"

八、招商局完全收归国有

国民政府清查整理，重建招商局的组织机构和企业体制，以建立和巩固"国营"制度。1930年9月23日，行政院颁布《国民政府管理招商局暂行条例》。10月23日，王伯群出席中执委第一一四次常务会议，会议决议"招商局应收归国营，关于股权债务之处理，由该局整理委员会妥拟办法，呈请国民政府核定施行"。[1] 10月28日，国民政府颁布命令，将招商局收归国营。令曰："前经本府派员整理并制定章程，组织委员会监督指导，营护经年，仍少成效，自非根本改革，无以挽航政而慰众望。兹将该局收归国营，切实整顿，藉谋航政之统一，并促航业之发展。"[2]

李仲公上任后，组织实施一揽子的整顿措施。首先，清理股权，发给拖欠职工薪金。更调要员，组织债务委员会和股权清理委员会。其次，在用人行政上，提出人才称当，管理科学化，以剔除积弊和厉行廉洁为标准。[3]第三，为将招商局收归国营，从历史找依据。李曾为北伐时期蒋介石的文胆，专擅作文。他撰文指出，招商局之创办原为政府之拨款，招商局之维持及发展完全得于官款官力之扶持，招商局自开办至宣统年间均由政府派员办理，招商局由官办改为商办系权贵营私自利之结果。招商局兴于官办，而衰于商办。他进而指出，招商局"由创办维持以至扩充发展，莫不得力于政府之扶持，此时言收归国营，不过使其返回本来面目而已。故此次国府决定收归国营，一方面固以主义政纲为根据，一方面

---

① 《一一四次中央常会决议招商局应收归国营》，《民国日报》，1930年10月24日，第3版。
② 《国民政府令（十九年十月二十九日）：将招商局收归国营令》，《行政院公报》，1930年第199期，第12页。
③ 《李仲公氏负责的表示》。中国韬奋基金会韬奋著作编辑部编：《韬奋全集》3，上海人民出版社，1995年1月，第207页。

实深符招商局发展之历程，及今后事实之需要也"。[①]

因受到招商局大股阀盛升颐、李国杰等人的阻挠，1931年5月1日，行政院改派郭外峰继李仲公为招商局整理专员。翌年10月8日，行政院应交通、财政两部的请求，向中央政治会议提出，将招商局所有股票由国家照最近平均市价现款收回，由政府继承该局原有产权及债务，改组管理层，设立总经理，进行"彻底规划"，以期"造成近代企业"。11月9日，中央政治会议通过该案，并"着行政院令交通部拟定招商局组织法及整理计划，呈候核定"。[②] 11月15日国民政府正式颁令，将招商局收归国营。

经过跨越6年的艰苦斗争，国民政府总算把有60年历史的招商局正式纳入国家资本体系，其企业性质也变为官僚资本主义企业。招商局组织机构和管理体制的这一重大改变，从组织上巩固了国营制度，保证了国民政府对招商局的直接掌控。

---

① 《李仲公谈招商局收归国营之历史根据》，《航业月刊》，1930年第1卷第5期，第3—7页。
② 《中政会通过收归招商局案》，《申报》，1932年11月10日，第3版。

无线电之争：王伯群与张静江

南京国民政府交通部长王伯群与建委会主任张静江有过一场关于无线电建设与管辖权之争。

国民政府初期的这场无线电建设与管辖权之争，最终以王伯群获胜而告终结。在王张的政治生涯中，他们之间交集不多，且无个人恩怨，甚至说，他们之前有过几次良好的合作，譬如1927年11月他们曾联合发起成立中华通讯社。王伯群担任轮船招商局监督时，张还发表《招商局之新希望》文章，对其监督下的招商局寄予厚望。[1]

张静江

王伯群和张静江关于无线电建设与管辖权之争，明面上是他们个人之争，然从实质透析，远非一般意义上的利益之争，实乃部委之间建设理念的路线之争。对于这场争夺之战及其结果，学者夏维奇认为，强化了人们对国民党内部权力斗争的记忆，同时客观促进了彼时中国

---

① 张人杰：《招商局之新希望》，《新闻报》，1928年6月1日，第13版。

无线电事业的发展。①

一、张静江扩张无线电，王伯群以静制动

张静江（1877—1950），原名人杰，以字行。浙江吴兴人。1906年加入同盟会，以在法国经商致富向孙中山领导的同盟会捐献巨资而富盛誉。辛亥革命后返国，"二次革命"失败后流亡海外，支持创建中华革命党并任财政部长。1924年1月国民党改组，当选为第一届中央执委。历任广州国民政府委员、中央政治会议主席、代理国民政府主席、国民党中央执委常委会主席、南京国民政府常委等职，是风云一时的政治人物。张与吴稚晖、蔡元培、李石曾并称"民国四皓"，被孙中山封为"革命圣人"，蒋介石称其为"革命导师"。

直到1928年，张静江仍是南京国民政府的核心人物。

张静江系商人出身，素重经济建设，遵循"革命之破坏以后，必须继之以革命的建设"之总理遗教，计划领导成立一个全国性的经济建设机构。他的这一计划，得到吴稚晖、蔡元培、李石曾等国民党元老的支持。是年2月1日，张静江在中央政治会议第一二七次会议上提请设立中华民国建设委员会（简称"建委会"）之提案，孙科、张静江、孔祥熙等11人为常委，张为主任（后改为委员长）。该会宗旨为"本总理三民主义、建国方略及建国大纲之精神，研究筹备及实行关于全国之建设计划"。②凡国营事业如交通、水利、农林、渔牧、矿冶、垦殖、开辟商埠及其他生产事业之须设计开创者皆属之。

2月18日，中华民国建委会在南京正式挂牌成立。八个月之后更名为国民政府建委会，由国民政府直辖改由行政院管辖，各省建设厅长为当然委员。4月4日，张在中央政治会议提请加派朱家骅、赵铁桥为建委会委员，南京、上海两特别市长为当然委员。

建委会成立后，在国民政府10万元开办费的资助下正式运营。张静江胸有丘壑，为建委会描绘了一套庞大的建设蓝图，他将所有新建、扩建的工矿、交

---

① 夏维奇：《论国民政府建委会与交通部关于无线电管理权之争》，《北京社会科学》，2018年第2期。

② 孔庆泰等编著：《国民党政府政治制度史词典》，安徽教育出版社，2000年10月，第212页。

通、运输、电气诸事业均划归建委会职权范围。成立之初的建委会设有秘书处、电气事业管理处和水利处等部门。8月增设无线电管理处，职能是掌理全国无线电的建设，管理全国及国际无线电台，编制并执行无线电法令，刊发无线电书报杂志，制造无线电机，培育无线电人才、经营无线电业务等事项。

张静江执掌的建委会为何要涉猎无线电建设？起因是半年前国民革命军总司令蒋介石转批军委会交通处驻沪无线电机制造厂李范一厂长一篇呈文。是年3月9日，李范一吁请政府在吴淞筹建短波电台。3月15日，王伯群接国民政府"在吴淞筹建10 kW以上短波电台，约需国币二十万"公函。① 一周后，王议复国民政府，"本部对于进行规划早有计议，但因工程浩大，经费困难，未能及时举办"，现饬交通部无线电报话管理处"妥速筹划提前建设"。②

6月25日，张静江在中央政治会议临时会议上提出"关于全国电台及已设电台统由建委会筹办管理"议案。提议在国民政府准其设立上海大电台之后，凡"繁盛都市及商埠，皆应设立大电台"，并均应暂交建委会管理，"俾事权统一而利进行"，待"五年之后，全国设备完成之际，届时仍交还主管机构管理"。③ 6月30日，国民政府发布《关于全国无线电台及已设电台统由建委会筹办管理训令稿》，令建委会和交通部"遵照办理"。④

自国民政府训令下达后，建委会单独行动，挟训令以令各部，尤其不断向交通部施加压力，催促迅速"移交各无线电机关及无线电各项文卷、规章、合同、契约，以及盘点国际电政公会来往文件"。⑤ 与此同时，建委会基于其目标规划与任务计划，积极开展相关业务，逼迫交通部退出无线电领域。

面对张静江的建委会催交，王伯群并未积极响应，更未主动配合。

① 《国民政府秘书处公函稿（3月15日）》。中国第二历史档案馆编：《中华民国史档案资料汇编第五辑第一编·财政经济·九》，江苏古籍出版社，1997年，第634—637页。
② 《交通部复公函（3月21日）》。中国第二历史档案馆编：《中华民国史档案资料汇编第五辑第一编·财政经济·九》，江苏古籍出版社，1997年，第637—638页。
③ 《国民党中央政治会议关于全国电台及已设电台统由建设委员会筹办管理咨（6月25日）》。中国第二历史档案馆编：《中华民国史档案资料汇编第五辑第一编·财政经济·九》，江苏古籍出版社，1997年，第638页。
④ 《关于全国无线电台及已设电台统由建委会筹办管理训令稿（6月30日）》，中国第二历史档案馆编：《中华民国史档案资料汇编第五辑第一编·财政经济·九》，江苏古籍出版社，1997年，第638页。
⑤ 《交通部十二月二十日呈行政院文》，《电友》，1929年第1期，第2页。

王伯群在接国民政府训令后，于7月9日专门作《交通部关于该部无线电可以移交国民政府呈》。在呈文中，他首先表示"自应遵照办理"，但同时禀报"本部实无电台可以移交"。王历数数种原委：（一）吾国无线电既无主权，又各自为政。根本原因是"从前北京各部不顾权限，各自为谋，滥与各国缔结契约所致"。譬如北京海军部与日本三井洋行订立合同，许其在中国设置无线电，并许30年内不准他人及中国自由设置无线电，与欧美日本通信；北京交通部与美国费德拉公司订立合同，许其垫款建设上海、北京、广州、哈尔滨等处无线电，并许以二十年中美通信专利权。（二）前北京交通部电台已被抵押。前交通部所掌国内无线电已成各电台，如吴淞、武昌、福州、广州、张家口、北京六处，从前北京交通部连同各处电话局，一并抵押于日本中日实业公司，借款日金1 000万元之内。（三）国民政府无线电事业因战争停顿。"泊我国民革命底定江南，以军事关系，又将部辖电台，均暂行划归军事机关管理，是以一切发展计划，亦遂停顿。"（四）电政外债累累。"我国电政担负外债六七千万元之巨，军官电欠费亦不下二千万。"若建委会接管无线电，则交通部对于这些债务，势必无法"兼筹并顾"。①

然而，王伯群的据实呈文，并未说服国民政府，也未能阻止张静江的继续扩张。

1928年6月，在北伐基本完成后，王伯群为整理实施革新路政，响应蒋介石北伐成功，拟定8月10日召开全国交通会议。于此之前，王决定巡视平绥、平奉、平汉及津浦北段各交通铁路状况。

7月17日，王伯群抵达北平，在交通博物馆举行中外记者茶话会，专门就中美日无线电问题答记者问。他介绍道，国民政府对于中美日三国之无线电报问题，目前尚无解决方案，拟俟将在北平所有关于该问题案卷携回南京。经慎重研究后，再定合法的圆满解决办法，故目下距制成解决方案，进行交涉之期，尚需相当时日。②媒体在报道访谈时，特地加附案语，也就是这段案语和次日的交通文告，引发张静江的不满。

---

① 《交通部关于该部无线电台可以移交致国民政府呈（1928-07-09）》。中国第二历史档案馆编：《中华民国史档案资料汇编第五辑第一编·财政经济·九》，江苏古籍出版社，1997年，第639—641页。

② 《中美日无线电问题国民政府应慎重对付》，《申报》，1928年7月18日，第9版。

案语云：中美日三国间无线电问题，为数年来悬案。即日本三井洋行与海军部间结有契约，而美国费德拉公司亦与交通部间结有契约。日本争独占权，美国则非在上海等处设无线电台不可。经北京数代政府始终无解决之法，惟中日、中美两种契约皆系鬼鬼祟祟所缔结，皆非经合法国会同意，故皆不合手续。国民政府应宣告双方契约皆无效，而其借款亦被刘冠雄、张志潭辈私人所侵吞，应请日美两国分别向领款人刘冠雄、张志潭辈索还，国民政府固不负偿还义务也。若国府不以此种方法解决该问题，只知如北京政府因循敷衍，则又不知将纷争若干年。[①]

7月18日，王伯群在北平发表交通之文告，提出"建造无线电台76所，设立广播消息之电台于各要城"之规划蓝图。[②]

王伯群在北平视察行踪，各大报社每天跟踪报道，张静江也时时关注。当王伯群谈及关于中美日三国间无线电问题及无线电建设规划话题，撩拨到了张的敏感神经，引发张的不满。7月19日，张致函媒体，公开喊话王伯群，就其在北平关于无线电话一项表示不解。

张在信函中写道："本月18日贵报各社电讯栏内，登有王伯群氏无线电谈话一则，阅后不胜骇怪，及读贵记者案语，主张极为正当，方今全国无线电台之建设与管理，业经国民政府公布，统归建设委员会，兹将对于无线电之意见，略抒一二，以备参考。"张接着道："国民政府之设立无线电台，历年已久，设立之处，多至数十。即追溯从前北京政府管辖之地，设立之无线电台，亦有多处。绝未闻日美两国有出而交涉之事，是无线电之旧有契约，早成悬案，彰彰明甚，且政府对于此案，按之事实，当然否认，更有何与之合法解决之可言。"张进而指责："王氏故为此种谈话，虽谓之作茧自缚，亦无不可，惟各社电讯是否属实，亦在不可知之列。其说果确，即王氏用意何在，仆真不敢悬断也。"[③]

7月底，王伯群结束北方铁路交通巡察返抵南京后，始知张静江的媒体喊话。8月2日，王就《申报》刊登张静江关于无线电话事进行函复，同时附录说明曰："比自平返读贵报所载张静江先生一函，关于无线电话之谈话一则，与

① 《中美日无线电问题国民政府应慎重对付》，《申报》，1928年7月18日，第9版。

② 《交通需费三万万扩充整理之用》，《时报》，1928年7月19日，第2版。

③ 《张静江来函》，《申报》，1928年7月20日，第11版。

当时词意不同，致生误会。兹有复张静江先生函稿，敬请即日登入贵报来函栏内，不胜感幸。"

王伯群在致张静江函中写道：

> 弟在北平时，有新闻记者来谈，询及国民政府交通部对于无线电报问题如何解决。当答以现在无线电已归建设委员会主管，交通部未便答复，如以国民政府委员立场谈话，则主张应将各关系案件清出，携回南京，经慎重研究后，如果合法，再圆满解决云云。弟固知旧有契约难尽合法，乃电信所传，颠倒失实，加以溢辞。诚如尊函所云，各社电讯是否属实，亦在不可知之列，用特将当日语意，录奉典籖，借知实在，即祈鉴察是幸。①

王伯群在信函中诚恳说明了北平与记者的谈话内容和背景，以及媒体报道时可能的误读，但并未提出交通部退出或放弃无线电业务。

8月10日，王伯群主持召开全国交通会议，大会收到议案400余件，其中电政组72件，而电政组代表涉及无线电管理权问题达五项，主要包括《请收回无线电事权案》《划清收发无线电报权限以资行政统一案》《各处无线电台应由交通部统一管辖权案》《统一无线电事业并规定价目以期划一案》和《请将建委会无线电管理处划归部辖以一事权而免纠纷案》等议案。每件议案都明确表示无线电事业当属交通部管辖，建委会当停止越权行为。

与会代表审查议案后，一致主张交通部"呈请国民政府，令建委会将各电台移归交通部管理，以维行政系统"。②

二、建委会再度扩张，王伯群被迫反击

1928年8月，张静江为无线电扩张做好组织准备。

张在建委会增设无线电管理处，下设管理、营业、稽查、会计、总务五科。

---

① 《王伯群来函》，《申报》，1928年8月3日，第11版。
② 《纪载（转录〈大公报〉）》，《电友》，1928年第8期，第15页。

该处在对内整顿和对外合作上，开始了全方位的推进。

对内方面，张静江实施整顿和人才培养，主要措施包括：

一、整顿和新建电台。在接办军委会无线电业务之后，加大整顿力度，无线电业迅速拓展。为吴淞电台添设淞沪陆路远控电线，对台产进行测丈；在上海（6台）、南京（2台）、汉口（3台），以及北平、天津、福州、厦门、青岛、济南、宜昌、宁波、安庆、杭州、吴淞、芜湖、蚌埠、屯溪、汕头、广州等地设立国内短波无线电台27座。

二、增设无线电台收报代理处。国民党二届五中全会通过关于责成建委会把属于交通、实业、财政等各部主管事业对口移交的提案。面对各部的压力，张静江转变策略，以把国营改为民营、组织商股公司等办法进行抵制。所谓民用，即以商股形式经营，谁投资谁入股谁得利。张在上海大东旅社、世界大旅社、中国运输公司、虹口大旅社、虹口益利号、东亚旅社等地设立商用收报代理处，以谋其利。

三、培养无线电人才。1928年9月，张静江在上海成立无线电报务员养成所，首届招生80名，学制半年；开设译电夜校，招收学员40名，学制两月；[1] 与国内各大学合作，"积极训育制造、管理、报务的人才，以期供求相应"；延揽欧美留学专家负责无线电设计制造。

四、与交通部打价格战。建委会以低价相竞争，争抢交通部无线电市场的空间和地位。如华文明语，交通部收4分，建委会收3分；本省电文交通部收8分，建委会收5分。新闻电报华文，交通部收4分，建委会才收2分；新闻电报洋文，交通部收8分，建委会才收4分。建委会贺年电价目华、洋文每份统收2角，交通部贺年电价目华、洋文每字2分、4分，10个字起算。[2]

对外方面，张静江积极推进国际合作，主要内容包括：

一、与美、德签订报务合同，建设上海真如发报台和宝山刘行收报台。近代以来，我国对外电信交通除外国人设立的无线电台私自收发外，中国与丹麦大北电报公司、英国大东电报公司和美国太平洋水线电报公司等三家外商公司订有合同。"我国国际通讯，被大东大北水线公司把持40余年，损失金钱以亿万计，国

① 《本会十八年三月份工作报告》，《建设（南京1928）》，1929年第3期。
② 《建委会电台之调查》，《大公报》，1929年1月26日，第9版。

际宣传方面，常受诬陷，影响我国外交甚巨。"[1]而此时国际无线电事业蓬勃发展，邻国日本无线电报局投资600万元，在名古屋建造无线电发电所，与欧洲通报。[2]张任命无线电专家王崇植担任国际无线电台筹备处主任，加快在全国选址筹建国际电台。1928年10月，建委会与美、德公司商谈，"原料工费约须七十万元"。[3]11月3日，又与美无线电合组公司签订《国际无线电台购机合同》，欲耗资17万美元在上海真如建立一座国际电台。[4]根据合同规定，由美方公司供给机件材料，并负责三个月内装竣使用；发报台址"设于上海特别市真如区铁道线北桃浦东岸"；收报台址选"设于宝山县刘行乡月台宅附近"[5]。

二、开禁无线电有关材料。1928年9月建成上海无线电机修理所。11月接管军委会驻沪无线电机制造厂。[6]12月4日，张静江与财政部部长宋子文联名呈文行政院，要求对进口无线电材料与机件实行开禁，以资提倡与扩大国内需求。[7]联合呈文经行政院第六次会议"议决照准"。[8]无线电管理处在全国各地设立的民用电台"概系此厂供给机件"[9]，其价格与"舶来品一较，其效用相等而价值则极廉"，以至于"各军事机关派员来厂接洽订制者，络绎不绝"。[10]在器材设备方面，张特别强调要利用欧美最先进的技术与设备，如杭市电话就全部改为自动电话。[11]

建委会乐观地认为，"我之完全收回国际通讯自主权，固不难于短期内，彻

---

① 张人杰：《建设委员会过去工作的回顾与今后努力的标准》，《中央周报》1930年新年增刊，第79页。

② 《日欧间无线电开业》，《无线电新报》第1卷第3期，1929年，第17页。

③ 《建委会拟设大无线电台工费需七十万（10月23日）》。季啸风、沈友益主编：《中华民国史史料外编——前日本末次研究所情报资料（第93册）》，广西师范大学出版社，1996年，第25页。

④ 一星：《筚路蓝缕之中国无线电事业》，《无线电新报》第1卷第3期，1929年，第14页。

⑤ 王崇植：《国际无线电台地点之先决问题》，《无线电新报》第1卷第1期，1929年，第11页。

⑥ 《国民政府时期之重要法令规章（一）》。罗家伦：《抗战前有关国防建设史料（一）》，台北"中央文物供应社"，1963年，第60—63页。

⑦ 《财政部训令（第5835号）》，《财政公报》第18期，1929年2月1日，第39页。

⑧ 《国民政府训令（第173号）》，《无线电新报》第1卷第2期，1929年，第47页。

⑨ 中国国民党中央委员会党史史料编纂委员会编：《革命文献》（26），第60页。

⑩ 王崇植：《两年来我国无线电事业之新进步》，《无线电新报》第1卷第2期，1929年，第23、25页。

⑪ 张素贞：《毁家忧国一奇人——张人杰传》，台北近代中国出版社，1981年，第52页。

底解决也"①,然正也因无线电管辖权问题,王伯群与张静江之间的矛盾日渐扩大。

张静江的攻城略地,王伯群自然不会坐视不管,更不会坐以待毙。交通部伺机而动,步步为营,分三步进行反击。

第一步,巧借美方外力,给中央施压。

就在张静江无线电工作推进正力时,王伯群利用来自国际合作的一次机会给中央施压。②1928年,财政部长孙科在美期间,就改良粤汉、广九两铁路,完成中国无线电网以及发展航空事业,与美银行初步达成7 000万元借款之谅解,其中无线电网资金2 000万元。得知此事后,王伯群于次年1月9日,与孙科联合建言中央政治会议,称上述三项事业乃中国当务之急,然就时下财政状况言,"只有仰给外债一途",方可实现。在中央政治会议许可后,孙拟先完成无线电网,遂派交通部电政司长与美方代表洽谈。③中方拟以交通部电政收入作担保,美方则要求"将建委会在上海、天津、北平各地建设二月一日开始营业之短波无线电台,移交通部管理作为附带条件"。王伯群精准把握此次机会,与孙科告诸中央。而中央为促借款从速成立,自然感到来自美方这一要求的压力,④也只得把建委会各电台叫归交通部管辖。

第二步,顺借电局内力,支持收回无线电运动。

国民政府决定作出建委会主管无线电决策后,交通部各地方电局反应甚大,迭电交通部王伯群,群起反对国民政府此项议决,提出"以建委会设立无线电台,破坏电政系统,竞争商电收入,请予设法收回主管权限,并请由部从速兴办无线电事业,以资救济"。

地方电局最早发出通电的是广西电报总工会,呼吁交通部收回无线电管理权。该工会向各省电报工会、各省电政管理局以及各社会团体发出通电,在阐述"电界政出两途,不相联络"之种种危害后,提出"应请将建委会所属各无线电台改归交通部管理,各军政机关所设无线电台亦不得兼营商电,以明系统

① 建设委员会无线管理处编:《建设委员会办理国营无线电事业之经过》,第20页。
② 夏维奇:《论国民政府建委会与交通部关于无线电管理权之争》,《北京社会科学》,2018年第2期。
③ 《国民政府与美国已成立无线电借款合同(2月2日)》。季啸风、沈友益主编:《中华民国史史料外编——前日本末次研究所情报资料(第93册)》,广西师范大学出版社,1996年,第28页。
④ 《将无线电权移归交部》。季啸风、沈友益主编:《中华民国史史料外编——前日本末次研究所情报资料(第93册)》,广西师范大学出版社,1996年,第31页。

而一事权"。①

之后，中华全国电政同人公益会通电国民政府主席蒋介石，以及行政院、交通部，详陈反对无线电划归建委会管理之三大理由。第一，不合理。在同一政府下设两机关办理电信，国事纷歧，贻笑中外，且欧美各国现正合并有、无线电报，中国若逆此潮流，必碍通信发展。第二，不合法。据《建委会组织法》，该会若管理有主管单位之国营事业，属越权之举。第三，危害大。建委会专在商务繁兴、交通部已设电局电台之处设台收发商电，交通不便之处，则未闻有建设计划。②最后指出，"建委会名为建设，实则破坏"，"公益会强烈要求将无线电事业划归交通部管辖权。"③

公益会通电发表后，"各处同人纷纷发电响应，一致力争收回建委会揽去之无线电管理建设权"。最早发电的是山西电政管理局，接着北平局、天津局、湖北各局、上海无线电报话管理处、福建电报工会、江西全省电政同人、湖南电政管理局、安徽全省电局、浙江全省各局、重庆电务工会、山东全省电局、广东电政管理局等数十家地方电局相继发电力争。④至此，各地方电政局与建委会的斗争"已拉破皮面，入于短兵相接，血肉争搏时期"。山西电政管理局局长李季清号召："同人应再接再厉，努力奋斗，务求达到最后之胜利。"⑤一场保持电政完整之运动已在舆论层面全面展开。

面对纷至沓来的反对函电，王伯群谨慎而智慧地复电答复"中央决议自应尊重"，但又称："电信系统之不容破坏，与夫电信事业之应求发展，本部职责所在，自当努力进行，期有以副全国同人之望。"⑥

王伯群的复电，实则曲线支持和赞同各电局的意见。

面对地方电局此起彼伏的反对声，1929年1月6日，王伯群在接受记者采访时说"此事余在政治会议中提出讨论以求行政统一，未得结果。以后当请示国民

---

① 《广西电报总工会代电》，《电友》，1928年第11期，第19页。
② 《中华全国电政全人公益会请将无线电事业全部划归交通部管理致蒋介石等电（1928年12月23日）》。中国第二历史档案馆编：《中华民国史档案资料汇编第五辑第一编·财政经济·九》，江苏古籍出版社，1997年，第653—654页。
③ 《公益会漾电》，《电友》，1929年第1期，第3—4页。
④ 《各电》，《电友》，1929年第1期，第5—22页。
⑤ 季清：《"一不做二不休"的保持电政完整运动》，《电友》，1929年第1期，第1—4页。
⑥ 《关于无线电问题之交通部感电》，《电友》，1928年第9、10期，第18页。

政府，予以相当办法。"①至1929年初，交通部各地电政代表共42人在沪组成代表团，由沪赴京请愿，直接表陈诉求。②

1929年1月16日，行政院决议通过特任张静江为建委会委员长，任命曾养甫为副委员长，加强建委会领导层的势力。曾受命后，不但没有收敛，反而更为狂飙突进推行无线电之建设。

两天后，建委会发布《建设委员会主管全国无线电职权之根据》，用一句话概括就是"交通部交出无线电建设权限，统由建委会建设和管辖"。③王伯群"顷见报载交通无线电报诘管理处宣言，惊异之余，尤为震怒"。1月31日，王给各报馆发布艳电，就无线电报管理处自行发布《公告》，明显有违抗中央政治会议及国府决议案："国家行政，自有中枢主持"。他在通电中指出，"训政肇始，更宜力守秩序，无线电事业现正由政府妥为解决中，该处不明情形，未经请示，妄为效尤，擅发宣言，不仅庸人自扰，抑且有损政府威信，除通电申斥外，深恐好事者乘机挑拨，淆乱听闻，用特电达，即请查照为荷。"④

是日，王伯群上呈中央政治会议，就建委会管辖无线电事宜进行议决。会议推谭延闿、张静江、何应钦、王伯群等对该案审查后，再行办理。

第三步，两度辞职，以退为进。

1928年12月11日，王伯群分别呈国民政府和行政院，特请辞去交通部长本职。他在辞呈中袒露辞职的缘由有三大"内疚于心者"。

其一，交通部"凡百草创，内无成案可稽，外未统一各省，加以军事仓皇，北伐用张，军界孔亟，且夕不遑，亟目前之维持，未有根本之建设"；其二，"北伐虽见告成，交通则破坏不堪，道路阻长"，"四政多受摧残，负债有如山积，由标失本"；其三，"奈以环境推移，经济竭蹶，未能次第实现"。他表示"际兹训政伊始，建设方殷，自应让贤，以重交政。"⑤

王伯群在辞呈回顾自己执掌交通部一年半的历程，尽管付出无数艰辛和努力，但由于战争等因素导致交通事业难有成效。虽未明示建委会争抢地盘，但

① 清：《王部长：训政开始交部使命甚大》，《电友》，1929年第5卷第2、3期，第38—39页。
② 《电局职工请愿团宣言有无线电不宜划分》，《大公报（天津）》，1929年2月17日，第7版。
③ 《建设委员会无线电管理处启事公告》，《申报》，1929年1月28日，第7版。
④ 《无线电管理问题昨致会推谭延闿等审查》，《中央日报》，1929年1月31日，第2版。
⑤ 《王伯群忽辞交长》，《申报》，1928年12月13日，第10版。

"交通职务较简"这句话中其实隐藏着一种愤愤不平。

次年1月30日,王伯群再次向行政院和国民政府具函辞职,并当夜赴沪。[①]他在这次辞呈中,直接道明,乃因张静江在无线电建设中日益肆无忌惮。

他在辞呈函中写道:"举其大者,厥惟无线电问题,夫有线电与无线电不宜划分,其理由经敷陈再四,职部所争,止在电政应谋统一,不应互相竞争,使有线电局破产一点,若能统一而顾全电政,即将有线电全部划归建委会,亦所赞同。可见交通部所争,绝无私见,乃自此问题发生后,各方不谅,枝节横生,论法律则解释纷歧,苦无根据,论事实则各省有线电局,濒于倒闭,呼吁四起,莫对员司。浸则笔战见于报章,舌辩及于国民政府,个性既不善唯阿迁就,中心苦痛,计惟有一退以全大局。"

王伯群列举张静江在中央政治会议提案,居然要惩处交通部主管员司,令他实在不能忍受。他接着写道:"甚至最近,双方在沪报登宣言,及今日张委员人杰在政会提案,请惩交通部主管员司之事。""今日之事,诉之法律乎,诉之真理乎,抑诉之事实乎,职不愿剖析申辩,筹思再四,仍惟有负责引退,以全大局之一法。"[②]

王伯群的两度辞职,引发国民政府和行政院极度关注,纷纷加以慰留。国民政府下达慰留指令,云:"部长赞襄政务,懋著勋勤,整理交通,方资筹策,所请辞去本兼各职之处,应勿庸议。"同时,王伯群的辞职也惊动了蒋介石。军书旁午的蒋在闻讯后,特地招交通部次长、当年北伐时的文胆李仲公,"面嘱代挽王辞,可留打销"。[③]行政院院长谭延闿等皆加以劝慰。

王伯群的两度辞职,尤其是第二次辞职,直接剑指张静江,颇令张大为吃惊,深感事态可能朝不可控的方向发展。

2月4日,他致函王伯群,解释在中央政治会议提案的缘由。他回复道:"前日建委会无线电管理处因职权问题,曾登报述明,以释群疑。嗣交部无线电管理多所误会,又登报批评政会院议之不当,弟故在行政会请求制止,后知执事亦即将该处加以申饬,甚佩严正。"在谈到两个部委的无线电业务时,他说"交部管

① 《王伯群呈请辞职》,《时报》,1929年2月1日,第1版。
② 《交长王伯群辞职原呈》,《申报》,1929年2月2日,第10版。
③ 《蒋主席挽留王伯群》,《申报》,1928年12月17日,第7版。

辖权无线电，乃当然赋予之职权，但建会可以建设任何部会不建设之事业，建成之后，再尽归该部会管辖权，亦组织法所定。"同时诚恳表示，"果交部急欲并合有线电一同整理，此建会所极赞同，个人尤极企盼，尽可约期交割，于未交割之前，而有线电急待与无线电协同解除困难之处，亦可先由部会双方商定，彼此为公家，尽可立即实现良法也。"①

王伯群在接张静江函后，见张有松动之势，便函复张。先告此次辞职，实有苦衷。"自建会兴建无线电以来，部辖各局，顿受影响，收入短绌，致涉及有线电存废问题员生惶骇，四处呼吁，请求划归部辖，以统一事权，函电纷陈，积尺盈箧，伯群曲予晓谕，至再至三，终以众议沸腾，未能遏抑。"

继谈国家无线电之电政不可分离管理。"所谓交通部管辖权无线电，乃当然赋予职权，是以坦然为权责之请求，既不得请，电政整理，徒成虚语，而主其事者，复误会犹多，动相抵触，自审寡能，无宁一去，是以决然请辞，此盖为职责之驱使，而非悻悻以争权。平生处身律己，粗具本末，当为贤者所共谅也。"

末尾，王在函中盛赞张静江体大思精，皆思襄赞。"比读来示"，"凡伯群困难之点，早为之一一预计，而思有以解除之，既感高一，且惭深远，建国之经纬万端，我公体大思精，擘画经始，属在众流，皆思襄赞，矧伯群服务党国勠力攸同也。"②

三、建委会三度扩张，王伯群各个拆解

在争夺无线电建设和管辖权方面，王伯群与张静江是"边打边谈"。

尽管王伯群、中华全国电政同人公益会、地方电政管理局极力反对，张静江并未停止无线电事业建设。

一是继续加大对外合作。1929年2月13日，张静江代表建委会与菲律宾无线电公司签订中菲报务合同。根据合同规定，凡中国发往欧洲与南北美洲各国电讯，均由上海发交菲台转递。③合同"有效8年，此后继续有效期，每期为2

① 《张静江致王伯群函为解决无线电事》，《申报》，1929年2月4日，第9版。

② 《王伯群覆张人杰函》，《新闻报》，1929年2月5日，第4版。

③ 《建设委员会与菲律滨无线电通信合同张静江于十三日举行签字》，《顺天时报》，1929年2月15日，第2版。

年"。① 3月1日开始收发国际电报。② 在上海、天津筹设两千瓦自动电台，收发临近国际通讯，并为国际大电台的支台。中菲转报电台"收入每月已达二万元。即此一个小电台，每年不难由外人手中，夺回三十万元"。③

二是扩大舆论影响力。建委会面对交通部的坚决抵制，列举中央政治会议议决、国民政府行政院训令等七条党政新规，最后指出："上述七项为建设委员会管理全国无线电职权之依据，据本处秉承办理政取公开用，特宣示周知，以明责任。"④ 建委会发布根据政令向社会宣布管理全国无线电这一新职责，力图证明其接管无线电事业有令可依，以期获得社会的理解支持，同时迫使交通部处于被动地位。

三是争取国际会员资格。建委会复呈文国民政府，请求加入国际无线电公约。因为"近来我国无线电事业日益发达，亟须与国际联络一致，以免扞挌之虞，且于技术业务方面，亦得有所遵守……我国未便再缓"⑤，建委会径函国际电报公会，提请自1929年起将交通部的中国会员代表资格"转移该会继承"。同时致电国际电报公会："关于各项刊物及通告等，直接寄交该会，所有应摊付公会常年付费，亦由该会负担。"⑥

面对建委会第三波的激烈进攻，王伯群并未将无线电的建设与管辖权拱手让出，而是组织力量，应对张静江的多层面的进攻，剥笋锤钉，各个击破。

（一）针对建委会建台工作，交通部亦加紧建设。至1929年2月，交通部在主要城市建设"电台十余处"。⑦ 山西李季清提出，各电局当改进业务管理，"对于电报之传递投送缮抄，务必力求迅速准确清晰"⑧，以提升信誉度，增强竞

---

① 《中菲无线电报务合同》，《无线电新报》第1卷第2期，1929年，第46页。

② 王崇植讲演，尹国墉、戴先和笔记：《中国今日之无线电》，《安徽建设》第7期，1929年7月，第6页。

③ 《中菲电台开幕时双方之贺电》，《无线电新报》第1卷第2期，1929年，第2页。

④ 《建设委员会主管全国无线电职权之根据》，《申报》，1929年1月28日，第7版；《新闻报》，1929年1月28日，第3版。

⑤ 《无线电转移管辖以后》，《大公报（天津）》，1929年8月14日，第2版。

⑥ 《交通部呈国民政府文　请解决国际公会会员转移资格问题》，《电友》，1929年第2、3期，第32页。

⑦ 清编：《无线电报话管理处及各电台职员致交通部电》，《电友》，1929年第2、3期，第33页。

⑧ 季清：《"一不做二不休"的保持电政完整运动》，《电友》，1929年第1期，第3—4页。

争力。"国际电报亦在进行"[1]，3月4日，交通部与法国无线电公司订立《无线电报务合同》，开通中法两国间公开、直达、双向无线电通讯业务（东三省除外），中方允将上海短波电台及其他适当电台、法方允将圣阿锡兹短波电台等供通讯使用。[2]

（二）以舆论对冲舆论。针对建委会的舆论攻势，1929年1月29日，交通部随即在《申报》《新闻报》登载《交通部无线电报话管理处宣言》[3]，指出，"交通部办理全国无线电报、无线电话事宜于法律得有根据、于事实具有需要，兹谨宣言用告国人。"首先提出法律之依据，列举历届国民政府交通部组织法；其次提出事实之需要，如电政负债累累经破坏之余不容割裂竞争；第三，命令不能变更法律，无线电非建委会创办之事业；最后指出："法律为训政之根本，未可假借。建设以民生为首要，不容破坏。"交通部阐明办理无线电的合法性和合理性，指责建委会办理无线电的不合法和不合理性。

2月14日，全国电局职工代表团发表统一电政宣言。宣言曰："近来建委会，揽夺无线电管理权，设台收报，减价招来。"宣言指出建委会攘办无线电有三大弊端：一是建委会专收现费简短商电，而置记账减费等官军新闻各长篇通电于不顾；二是建委会仅在国内繁盛商埠设立10余电台，收发商电，至交通不便之腹地，未闻有所计划；三是建委会揽办无线电，与有线电作无谓之竞争，结果无线电势难尽量发展，而有线电顿受破坏影响。[4]

（三）关于建委会所提继承国际电报公会会员资格问题，交通部首先声明："交通部为中华民国之代表加入万国电政公会、万国无线电公会，为国家会员。"[5]其次，以历年国币五千元缴付会费、历届代表参会等情况，阐明交通部正统合法的唯一地位具有不可替代性。声明指出，"国际会议，关系至关重大。一国之中，断无两个组织各派代表参会之理。"文末抨击"建委会未经商得本部同

① 清编：《无线电报话管理处及各电台职员致交通部电》，《电友》，1929第2、3期，第34页。
② 《中法无线电报务合同》。石源华主编：《中华民国外交史辞典》，上海古籍出版社，1996年6月，第153页。
③ 《交通部无线电报话管理处宣言》，《申报》1929年1月29日第1版；《新闻报》，1929年1月29日，第2版。
④ 《全国电局职工代表团对于请愿统一电政宣言》，南京全国电局职工代表团编：《会报》，1929年第45期，第90—92页。
⑤ 《交通部无线电报话管理处宣言》，《申报》1929年1月29日，第1版。

意，即通告公会转移资格，自行继承"，必将在"有关国际信誉"方面造成不良影响。①

（四）从继续请愿到静默抗议。

1929年2月，全国电局职工代表团举行大规模的请愿活动。

2月6日，全国电局职工代表何家成等10余人赴中央党部请愿，递交请愿书。2月11日，何家成与全国电报报务处职工代表余泽照、江苏电报职工代表王智城等数十人再赴中央党部请愿，宣传部长叶楚伧接见，称此案将提交中央政治会议讨论，嘱代表团静候解决。2月12日，代表团三赴中央党部请愿，叶楚伧接见。代表团恳切陈词。叶答："该案前已由政治会议交与国民政府办理，现当再催国府从速解决。"②2月14日，代表团赴行政院请愿。四天后，谭延闿院长亲自延见各代表，"允即日召集行政会议讨论此案，并将各代表请愿呈文及各局来电交该会议参考"。③代表团决定部分代表留京坚持斗争，部分代表赴沪请求新闻界支持。

2月16日，全国电局职工代表团发布第二次宣言："定于17日上午十时，全体静默十分钟，以示盼望电政之殷。"17日上午10:00，全国各电局职工在办公处，全体起立，静默十分钟，"局中一切工作，完全停止"。

在全国电局职工代表团的号召下，2月25日，各省电局职工还分别向当地党部政治分会、省政府举行大规模的请愿活动。3月20日，代表团闻国民党三全大会召开，遂由沪抵京，向三全大会请愿。至27日，总共三次向大会递交请愿书。

在此之前的2月14日，代表团向交通部王伯群递交请愿书。指出张静江有函声明，无线电归交通部。最近在招待外商时又说全国通信网未完成之前，归建委会管理，事实与前函相去甚远，毫无诚意。代表团吁请："钧座维护交通，定必顾虑周详，对于张委员长前后矛盾之言，务乞即日提出质问，据理力争，俾分裂之电政系统得以早日完成。"④王伯群在答记者关于无线电问题时表示，"交部本为第一建设机关"，所负使命，当然巨大，在谈及电政时指出，"全国有线电报，因战

① 《交通部呈国民政府文　请解决国际公会会员转移资格问题》，《电友》，1929年第2、3期，第33页。

② 清编：《京沪等报关于代表团请愿无线电之记载》，《电友》，1929年第5卷第2、3期，第40—52页。

③ 李季清：《参与请愿工作及组织职工会之意义：连带的并表示个人之真实态度》，《电友》，1929年第5卷第2、3期，第6—8页。

④ 清编：《电友》，1929年第5卷第2、3期，第46页。

时破坏过当，现正逐步修复扩充，并整顿电价，以期收入增加，电话事业近亦日见繁盛，长途电话需要更大，苟能善为办理，其发达可立可待。"王伯群此番答记者问，实际影射建委会不要横插一杠子。

由上观之，面对建委会争夺，交通部积极组织多层面应对，以致无线电管理权的争夺渐趋白热化。面对如此强烈的反攻态势，同时也因张静江在国民党三全大会上由中央执委改为中央监察委员，失去了在中央执委的表决权。最后，张不得不再次表态，建委会于建设完成之后归还交通部无线电管辖权。

1929年6月17日，国民党三中全会第二次全体会议通过《确定行政事项之统属案》，其中第二项规定："建委会所管之无线电，移转于交通部，其移转办法由行政院妥定之。"[①]同日，建委会通电宣告：国府交通部与建委会所争管之全国无线电报问题，自本日起，已将全部移交交通部管理。[②]

由此，如水银泻地，一气呵成。是年8月，交通部遵照三中全会决议，接收建委会无线电管理处及所属的全国无线电台，随即改组为交通部无线电管理局，负责管理全国的无线电业务。9月，王伯群将原交通部和建委会在上海所办的各个无线电台进行归并，成立上海无线电总台。为平衡关系和统筹发展计，国民政府令交通部将全国电气事业交与建委会管理。

至此，历时一年多的交通部与建委会关于无线电建设和管辖权之争，最终以王伯群获胜而告结束。

① 中国第二历史档案馆编：《中华民国史档案资料汇编第五辑第一编》，江苏古籍出版社，1994年，第132页。
② 《将无线电权移归交部》。季啸风、沈友益主编：《中华民国史史料外编——前日本末次研究所情报资料（第93册）》，广西师范大学出版社，1996年，第31页。

顾往观来：王伯群与王正廷

　　肇始于1926年的北伐战争，是中国近代史上具有转折意义的重大事件。随着北伐的迅速推进，尤其是南京国民政府的成立，南北易势，政权鼎革。彼时刚刚上位的蒋介石眼见控制地域急剧扩大，但国民政府管理与建设人才却严重稀缺，他自我提醒道："求才、储才、试才、用才四者，适心注重也。"①

　　网罗人才，成为南京政府初期的工作重点之一。

　　在罗致人才过程中，大量的北方军阀、官僚、政客进入国民党政权中，出现"军事北伐，政治南伐"和"南京政府，北京内阁"之现象，中央各院部的事务官员中，外交、财政、海军、交通等部，北方官僚所占比例均超过半数。②在1929年南京政府10位

王正廷

① 吕芳上主编：《蒋中正先生年谱长编》第2册，台北"国史馆"等，2014年12月，第64、80页。

② 鲁卫东：《民国中央官僚的群体结构与社会关系（1912—1949）》，中国社会科学出版社，2017年4月，第280页。

部长中，至少有4位是北京政府官僚。[1]曾任北洋政府代理国务总理、外交总长的王正廷正是于这个阶段被招纳为外交部长。

一、共同参与整理内外债

王正廷（1882—1961），字儒堂，浙江奉化人。早年加入同盟会，辛亥革命后活跃于政界。从当选国会副议长，到几度入内阁，任北洋政府外交总长等职。1922年12月出任代理国务总理。两年后，冯玉祥发动北京政变，黄郛代理国务总理，王改任外交总长兼财政总长。1925年复任段祺瑞政府的外交总长，次年3月辞职南下上海。1927年1月，投奔奉化老乡蒋介石，代表蒋与美英法等驻沪领事团秘密接洽。翌年2月，任南京政府外交委员会委员。5月5日，参加"党家庄会议"，就"济南惨案"出谋划策。

王正廷在就任外交部长的第二天，发表废除不平等条约宣言。年内代表中国政府签署《中英宁案协定》《中德关税条约》，以及中挪、中比、中意、中丹、中葡、中荷、中英、中瑞（典）、中法、中西（班牙）关税新约或通商条约，基本完成关税自主交涉，并正式加入《非战公约》。[2]

王伯群与王正廷斯时分别担任南京政府的交通部长和外交部长，他们在整理内外债、收回外国电信主权等方面通力合作，可谓雷霆出击。

1929年2月，王伯群、王正廷、宋子文被任命为国民政府内外债整理会委员，并负责草拟组织章程权限范围等。

他们对内外债历史和账目进行详细的梳理。在梳理内外债时发现，所谓外债，始自前清同治初年，但当时尚居少数。自光绪甲午以后，外债日增，且大半为战败赔款，同时国家收入，如关税、盐税、烟酒税等均抵押尽净，国家收支不能相抵，穷乏现象毕露。南北鼎革以后，竟以借债过日。欧战起后，欧洲各国均卷入旋涡，于是承借人由欧而转至日本。截至1921年止，长短期外债，竟累增至11亿余元。10年以后，尚不在内，在此数十年中，计欠长期外债10.467亿元，

---

① 易劳逸著，陈谦平等译：《1927—1937年国民党统治下的中国："流产"的革命》，中国青年出版社，1992年2月，第15页。

② 完颜绍元：《"废约"外交家王正廷》，福建教育出版社，2015年2月，第275页。

短期借款1.7亿余元，其中属于日本者28款，法国者23款，英国者10款，美国者9款，俄奥两国均8款，德为6款，比为5款，荷兰2款，意西瑞挪葡均各1款，此外共同承借者4款，总计为107款，抵押品在长期借款中，大半为关盐两税及烟酒国库券、森林、矿产、电报、铁道、崇文关税契税等，短期则大半为库券烟酒牌照期票盐余百货捐，其后因无可抵，乃将机器生财等亦为之抵押，但仍有2亿余元无抵押品者。①由于连年征战，加之关税不能自主，国民政府已债台高筑。截止1930年，国民政府已负内外债20亿元，其中内债8亿元，外债12亿元，各方纷纷要求整理债务。②

王伯群与王正廷一起参加过三次内外债委员会会议。

是年7月26日，他们共同出席整理内外债委员会首次会议。会议议决本委员会事务规则，中央各部、院债务由本委员会计划整理，各省区债务及作债务之数目，分期工作案俟专门委员成立后，提出方案再行讨论，整理债务基金由本委员会负责保管之，请各委员推举专门委员。③

次年11月3日，他们出席整理内外债委员会第二次会议。会议议决债权代表会议应采用圆桌会议式同时接谈，通过修正中国政府提出债权代表会议节略，债权代表会议应有记录但不发表等。④11月15日，他们出席国民政府在南京召开的整理内外债会议，英、美、法、意、比、丹、荷等九国代表参加。会议讨论结果，以各国债务性质不同，决定以后由各国分别进行，整理债务将以不违背债务、债权任何一方利益为原则。

此次会议之后，国民政府会议决定，特派王宠惠、王正廷、王伯群等为内外债整理委员会委员，以王宠惠兼委员长。⑤1931年2月，他们共同出席整理内外债委员会第三次会议。会议报告法公使、美公使、德代办照会文件各1件，交通部整理旧债意见书1件。决议俟财政部于海关可拨整理旧债之基金核算精确，制

---

① 实业部工商访问局编：《工商半月刊》第1卷第5号，实业部工商访问局，1929年3月，第332页。
② 萧洪等主编：《中国国民政府决定整理内外债》，《20世纪世界通鉴上》，广州出版社，1998年9月，第1233页。
③ 财政部财政科学研究所、中国第二历史档案馆编：《国民政府财政金融税收档案史1927—1937》，中国财政经济出版社，1997年1月，第200页。
④ 吴景平：《宋子文政治生涯编年》，福建人民出版社，1998年10月，第161页。
⑤ 萧洪等主编：《20世纪世界通鉴上》，广州出版社，1998年9月，第1233页。

表送会后再行开会。①

是年底，王伯群和王正廷分别辞职，以后不再参与此项工作。但他们的前期准备，为日后国民政府整理内外债打下了坚实的基础。

二、携手收回国家电政主权

王伯群执掌的交通部，根据交通部组织法，职能包括路、电、邮、航四政。对王伯群而言，收回租界电政主权，是国家交通建设的重要事项。1930年6月18日，他咨请外交部长王正廷电致英法等国公使严重交涉，并请令饬驻沪英法等国领事与交通部推派人员开始交涉收回办法。同时，令饬驻沪办事处处长访领袖领事交换意见。王正廷接电后，令外交部驻沪办事处致函英法等国领事，对于租界电话的承办，决由中国政府收回国家自办，以符公共事业之旨。

6月24、25日，王伯群分别致电上海纳税华人会、上海华洋电话公司华股东，以及虞洽卿、徐新六、钱永铭、吴蕴斋等金融大佬，表达收回租界电话主权愿望。函谓："查交涉收回上海租界电话一案，本部并会同外交部及华人团体办理在案，进行已久。现在华洋公司悍然不顾，竟定于27日开特别股东会，准备实行售给外商"，"按租界电话，关系主权，一经失却，须忍受外人把持至四十年之久，甚或万劫不复，至于商民权利，尤为党国所最重视。"他全力要求："促其于开股东会时，全体出席，共起反对"，"以期达到收回目的，而挽主权。"虞洽卿等接电后，在香港路银行俱乐部召集各界领袖筹商办法并复电王伯群，表示拥护政府主张："国家主权至巨，凡属华人均极反对。故对本月二十七日该公司股东特别会议，决一致抗不出席，以示积极反对。"

12月6日，交通部筹建的真如国际大电台在上海开幕。王正廷在致辞中颇为骄傲地说，中国有此电台，以后国际间通信，可不假手外人。俾与各国互通消息，可免隔膜，于外交上颇有关系。他当场为王伯群贺喜，于是台下拍手相迎，并有王部长与王部长贺喜之妙语。

同时，王伯群与王正廷联名致电美国国务卿史汀生。电文云：

---

① 财政部财政科学研究所、中国第二历史档案馆编：《国民政府财政金融税收档案史1927—1937》，中国财政经济出版社，1997年1月，第202页。

今日我太平洋滨两兄弟共和国之无线电开始通报，诚为当代一大要举，不仅对于彼此所抱缩短路程志愿之实现获进一步，且在两国友谊之团结上更联一丝，爱乘良机，代表国民政府谨祝贵国国运之昌隆。

美国务卿接电后，复电王伯群和王正廷云："这是中美两国永为公众福利之盛举况。"

王正廷的政治命运在九一八事变爆发后发生重大转折。

王正廷本人非亲日派，但由于他在九一八事变前后执行蒋介石的对日妥协政策，再次引发国人特别是青年学生的强烈不满。9月28日，京沪2 000余学生冒雨向国民党中央党部请愿，因不得结果，随即转向外交部，冲开警卫的阻拦，用墨水瓶掷伤王正廷的头部。王于混乱中从窗口跳出，始得逃脱。这一天，王伯群刚好参加国民政府纪念周会，散会归途中，"闻学生已往外交部请愿，将儒堂殴伤。"[1] 10月2日，王伯群出席国民政府第十四次常委会，会议决议王正廷辞职，特任施肇基接任。次年1月，王正廷改任外交委员会委员。

1931年，王伯群为《交通丛刊》题词

三、从演讲嘉宾到大夏校董

王伯群与王正廷都有执掌大学的经历。1924年王伯群在上海创办私立大夏大学，而这一年王正廷接任中国大学校长。中国大学1913年创办于北京，由孙中山等人仿日本早稻田大学，办学宗旨是培养民主革命人才。

王正廷的特殊地位，自然是王伯群要借力的对象。1928年10月，王伯群主

---

① 《王伯群日记》，1931年9月8日。

持召开大夏大学第二十七次校务会议，决议此后周期集会拟请王正廷、马寅初、胡适、谭延闿等近20余位国民政府要人来校演讲。由于王正廷政务繁忙，直到1937年4月才作为新任驻美大使首次到大夏为全体学生做《青年救国之途径》的演讲。王正廷在报告中，希望青年学生将来为社会服务，一切都须以国家利益为前提，牺牲小我，成全大我，摒弃自私自利的劣根性。"能够这样，兄弟相信中国民族定可复兴，国难不怕不能解除，失地也不难从敌人手里收复回来；而我们的救国事业，也就无形中完成了。"①

此次演讲的观点，令大夏学生记忆犹新。

1938年9月，国民政府将王正廷从美国调回，改派胡适接任驻美大使。由此之后，王正廷逐渐淡出政界，不再担任政府要职，和王伯群一样，只挂名国民党中央执委和国府委员。也许相同的人生际遇，使他们之间的私人友谊日益紧密。12月28日，正停留在香港的王正廷致电王伯群，告钱永铭月底到港，邀请到港一叙。王伯群因校务一时难于脱身，遂复电云："以下月在渝开五中全会，请新之下月中旬在渝晤叙。"王伯群当日见报载钱永铭、杜月笙近日由渝飞滇办理实业，想二人飞滇以后必赶赴港。

1941年，脱离外交生活的王正廷执掌中国红十字总会。是年5月8日，赴香港时路过贵阳。王伯群赴交通银行贵阳分行看望王正廷，"见其精神甚佳，不胜羡慕。"5月10日上午，再次邀请王正廷为大夏师生演讲。王正廷以《人生以服务为目的》做专题报告。他在演讲中云："发挥人生以服务为目的之意义，谓有强迫服务与自动的服务两种，前者如为生活所逼而服务，后者如利他服务。"他勉励同学自动服务，以辅佐天而创造地。

王正廷的演讲散发着独特的魅力，令王伯群甚为佩服，他是日写道："有非本校学生由远处前来参加者，此证王之号召力。"②

1942年，大夏大学申请改为国立受阻。教育部未经王伯群同意，径自指令大夏和贵州农工学院合并且更名为贵州大学。这项指令教王伯群和大夏校友非常不爽。王伯群拟借助校董的影响力对冲教育部命令，迫使教育部收回成命。3月17日，王伯群在重庆上清寺孔祥熙公馆主持召开大夏校董会，王正廷、孔祥熙、吴

---

① 《驻美大使王正廷博士莅校讲青年救国之途径》，《大夏周报》，第13卷第22期，1937年4月23日。
② 《王伯群日记》，1941年5月10日。

铁城等校董悉数到场。会议重点讨论大夏国立如何推进，经过商讨，会议按照如下三办法任择其一加以实行：（一）完全照复旦例改为国立大夏大学。（二）将大夏现有之文、法二院并归贵州大学，大夏仍保存原有的理、商二院，合自沪待迁教育学院，每院二系共成三院六系，仍保持私立性质，且由部除现存补助费41万元外加措20万元，俾经济可以维持。（三）大夏仍保存原有院系，继续私立，由政府补助经费41万元，外加补助40万元，以提高员生待遇，增进教学效能。①

经王正廷等校董向教育部交涉，陈立夫部长准予大夏照旧维持。4月1日，王伯群通知大夏正式开学，500余学生开始办理缴费及入舍手续。至迟延课程，学校则加节补课。

9月18日，王正廷致电王伯群，告将于日内由重庆来贵阳休假。10天之后，王伯群第三次邀请王正廷在国父纪念周上为全体师生做《太平洋之过去与将来》演讲。王正廷在演讲中详细剖析西方海洋强国的发展历史。他说：就我个人观察将来的太平洋，（一）荷（兰）只能保守，不能再有发展；（二）英、美居最重要的地位；（三）俄也可能占一部分重要地位；（四）日本必一败涂地而降为三等国家；（五）中国在太平洋居主要地位。但以上观察，须美国为首与日本决一大战，然后才有实现之可能。②

王正廷超强的洞察力和超然的演讲技巧，令王伯群再次发出赞叹："有讲演口才，听众非常满意。"③

四、从道社到民生经济学社

1929年，王正廷于南京成立道社并担任理事长。"所谓道社，也就是无党无派，也可有党有派"，不同人士，共同组织起来为国家做事。④道社的根本宗旨是改良社会。王伯群、钱永铭、孔祥熙、张发奎、杜月笙、杨虎城等四十余人担任理事。彼时，王伯群与王正廷、孔祥熙等关系甚笃，也曾共同发起"丙子聚餐

①《民国三十一年三月十七日开会记录》，《校董会等会议记录簿》，第37—44页，华东师范大学档案馆藏，档号：81-1-58。
②《太平洋之过去与将来》，《大夏周报》，第19卷第2期，1942年11月5日。
③《王伯群日记》，1942年9月28日。
④ 完颜绍元：《"废约"外交家王正廷》，福建教育出版社，2015年2月，第259页。

会"等联谊性社团活动。

国民政府西迁重庆后，王伯群每到重庆，必与王正廷及相关理事商讨道社社务。譬如：1941年3月赴交通银行，"与李组绅谈道社事久之。"4月3日受王正廷、杨德昭之约赴歌乐山吕普青宴，"饭后集丙子初发起人，谈社务久之。"①

在道社之外，王伯群与王正廷、钱永铭筹备成立民生主义经济学社，该社宗旨以民生主义为指南，以研究战时经济问题、增进民生福利、向政府提供经济建设建议为主要任务。②其职能相当于现在的经济智库。众人初推钱永铭为理事长，但钱婉辞，王正廷劝钱勿辞。因钱不愿做，王正廷也回避，最后王伯群"为社之前途计，不便辞也"。次日下午，王伯群与王正廷同赴百龄餐厅参加民生主义经济学社成立大会，王伯群被正式推为理事长。

12月8日，太平洋战争爆发。

是日，王伯群得讯后，访王正廷、钱永铭等，询问港中眷属已安排否？"均面面相睹，皆以事起仓卒，初未准备，已无法云。"③王正廷家属多在香港，12月29日，王伯群见王正廷醉眼惺忪，谈到社务，以无办法为言，且时长吁短叹"无家可归"、"妻子离散"等语，并谓其长子娶一美籍女子为媳，如被日捕去，则双料俘虏更难脱身，有四幼孩尤为可怜。凡此种种，皆酒后所道一真言，闻之令人凄楚。王伯群见状，唯有以好言安慰之。

王伯群担任民生经济学社理事长之后，与王正廷、钱永铭等理事致力于社务建设。12月19日，学社集钱永铭办公室讨论社务，确定"为清理关系，密切社内部关系，补救孔祥熙缺点，健全经济学社"为目标。次年3月10日，王伯群组织在范庄与王、钱商讨经济学社社务，修改章程，会议推王伯群为书记长，并斟酌各部人员之调整。4月16日，与王正廷、钱永铭商经济学社社务。王正廷已饮酒，话稍重烦。4月18日，赴范庄与王、钱谈经济学社社务，顺以大夏大学国立事托之。4月25日，约邓汉祥"赴开源参加经济学社常理会。"6月27日，王伯群接王、钱电话，询问何日赴渝，王伯群因校务缠身，只得回复他们道："以返筑多病，诸事未了，拟再请假两旬，大夏大学校内之经费支出大浩繁，现尚须设法

---

① 《王伯群日记》，1941年4月3日。

② 方庆秋：《沙洲驼迹——档史结合之旅》，东南大学出版社，2018年3月，第213页。

③ 《王伯群日记》，1941年12月8日。

弥补，殊费神耳。"

对于自己既为理事长，又兼书记长，王伯群甚觉不妥。10月21日，他致王正廷函，提议以楼望缵为经济学社书记长，并以躯屏多校务为累而辞社长职，请儒堂商之同人另推贤，以负众望。抵达重庆后，王伯群跟王正廷、钱永铭再述辞经济学社理事长理由，但他的提议没有得到支持。其间，闻参政会对许世英执掌的赈济委员会不满，主张取消且已有决议，许便愤而辞职。王伯群闻之，提议学社同人前往表示慰问。12月4日，王伯群与孔祥熙、王正廷、钱永铭谈社务，孔又提及学社公开问题，王伯群建议道社停止活动，宣布全体加入民生主义经济学社，钱亦以为然。

但就是众常务理事赞同王伯群的建议时，却引发了王正廷的误会，他认为王伯群主持经济学社后欲消减道社，力持两团体分道之议，再四辩论而固执己见。钱永铭虽在旁加以解释，亦未令王正廷释然。王伯群是日"忍耐处之，怏怏而返寓，仍不快之至"[①]。

王伯群由此事观之，觉得王正廷必失败也。

果然一月之后，行政院免去王正廷中国红十字总会会长职，由蒋梦麟代任。闻此消息，王伯群左思右想，既认为孔祥熙执掌的"行政院不能左袒，殊不顾交义"，同时也是王正廷"好酒狂言"结果。两天后，当王伯群赴交通银行时，见杜月笙正在安慰失去总会会长之职的王正廷。

见到这一画面，王伯群若有所思。

---

① 《王伯群日记》，1943年1月25日。

聪明官僚：王伯群与谭延闿

　　王伯群与谭延闿，无论是公谊还是私交，密切交往期主要集中于1927年至1930年南京国民政府肇建至谭延闿病逝的前后四年。

一、"一个聪明的官僚"

　　谭延闿（1880—1930），字组庵（安），湖南茶陵人。晚清最后一批进士。曾任两广督军，三次出任湖南督军、省长兼湘军总司令，陆军大元帅。南京国民政府成立后，先后出任国民政府主席、行政院院长等职。

谭延闿

　　当1927年10月1日王伯群在国民政府大礼堂从谭延闿手中再次接过交通部长授印时，他们之间的交往开始变得更为频繁。

　　王伯群作为国民政府委员和交通部长，尤其是被指定为国民政府委员会议常务出席人之后，在行政院的会议上他们几乎每会必见。同时，两人1928年4月同为国民政府财政监理委员会委员，8月同为国民政府预算委员会委员。10月王伯群参加谭延闿主持的预算委员会第二次会议，"于军费办法稍有决定"①。1929年1月同为首都建设委员会委员，1930年1月联合出席建设委员会会议，审查免税案等。1929年3月同为庚关两款筑路计划总审查委员。

毛泽东曾评价谭延闿"是一个聪明的官僚"②。坊间也曾冠于谭为"药中甘草"的别号，以及"三不主义"者。所谓"药中甘草"，即甘草虽普通，但素有"百药之王"之誉，有调和百药之功能。确实，面对蒋介石的独断强势，谭延闿作为蒋与其他派系调和人，作用极为重要。谭延闿去世后，胡汉民为之神伤，敬撰挽联云："景星明月归天上，和气春风生眼中。"③以此称赞谭延闿深谙中和之道。谭延闿的"三不主义"，即抱定一不负责，二不建言，三不得罪人④，善于"允执厥中"。

王伯群也体验过谭延闿的"药中甘草"和"三不主义"。

王伯群执掌的交通部和张静江执掌的建设委员会就无线电业务发生管辖权之争。电政业务本属于交通部，但谭延闿却批复同意建委会建设无线电，令王伯群大为不满。对于建委会的跨界行为，王伯群直接通电各报馆，就无线电报管理处自行发布宣言，直指有违抗中央政治会议及国府决议案。

各报馆均鉴：

　　顷见报载交通无线电报诘管理处宣言，惊异之余，尤为震怒，国家行政，自有中枢主持。训政肇始，更宜力守秩序，无线电事业现正由政府妥为解决中，该处不明情形，未经请示，妄为效尤，擅发宣言，不仅庸人自扰，抑且有损政府威信，除通电申斥外，深恐好事者乘机挑拨，淆乱听闻，用特电达，即请查照为荷。

　　　　　　　　　　　　　　　　　　　　　　　　王伯群叩　艳⑤

---

① 刘建强编著：《谭延闿年谱长编》，上海交通大学出版社，2021年12月，第1382页。

② 诸丞亮、栾培琴主编：《毛泽东言语辞典》，山东人民出版社，1993年1月，第591页。

③《三次督湘始于辛亥：谭延闿》，新京报社编：《辛亥风云：100个人在1911》，山西人民出版社，2012年1月，第153页。

④ 刘晓宁：《首任主席谭延闿》，《总统府：符号江苏》，江苏人民出版社，2016年5月，第75页。人要"允执中"。

⑤《无线电管理问题昨致会推谭延闿等审查》，《中央日报》，1929年1月31日，第2版。

中央政治会议见王伯群一时不服，并公诸报章，深感之前决策欠妥，便于当日讨论决定再推谭延闿、张静江、王伯群等审查后，再行办理。由于建委会扩张无线电，全国电局职工代表团发表统一电政宣言，并派孙义植等数十余人代表赴行政院请愿，直接要求见谭延闿，谭只得答应召集该代表等谈话。代表旋又赴交通部请愿。不久王伯群直接向行政院和谭延闿提出辞职等，谭才积极从中调和，总算平息了此次两部委之间无线电业务管辖争端。

二、倾听北伐胜利的脚步

1928年初，第一次下野后的蒋介石重新掌握实权。2月10日，王伯群出席国民政府委员会三十七次会议，议决谭延闿为国民政府主席，指定蒋介石为军事委员会主席，公布实施《国民革命军总司令部组织大纲》，通过集中革命势力限期完全北伐。2月28日，王伯群出席谭延闿主持的国府委员会四十二次会议，特任蒋介石兼国民革命军第一集团军总司令。

4月，蒋介石率军二期北伐正式揭开大幕。作为作战后方的国民政府，时刻关注北伐战场战况。4月24日，谭延闿报告北伐战况，谓：蒋总司令电称此次作战，全赖各将士用命，而第二集团军骑兵军军长席液池得力尤大，此外在鲁西各军为孙良诚总指挥、方振武总指挥、石友三军长、夏斗寅军长，其在津浦正面各军，赖刘峙总指挥、顾祝同军长、缪培南军长各员正在查明，另请颁奖。

5月2日，王伯群参加中央政治会议，会议报告蒋介石本月1日完全占领济南情形并以后计划。王伯群与谭延闿等致电蒋介石，电文曰："闻济南日、我两军又开战，原因与结果，务请详示，并随时续告，以安众心，且便应付。能忍必委曲求全。"[1]

然而在第二天的5月3日，发生了"济南惨案"。

是日，日军派兵侵入中国政府所设的山东交涉署，将交涉署职员蔡公时等全部杀害，并肆意焚掠屠杀。此案中，中国官民被焚杀死亡者达1.7万余人，受伤者2 000余人，被俘者5 000余人。为抗议日本"五三"暴行，谭延闿致电美国总统柯立芝和国联秘书长德兰孟爵士，要求他们"主持正义"。[2]蒋介石趁日

---

① 高平叔、王世儒编注：《蔡元培书信集上》，浙江教育出版社，2000年5月，第858页。
② 汪洋、刘强伦编：《现代10人传：风雨变迁海国志》，华文出版社，2021年1月，第44页。

军占济南，率大部队改道迂回北上讨伐奉军，直抵京津。6月12日，在国民政府委员会上，谭延闿报告北京已和平接收，并宣读蒋介石呈文：兹当燕京收复，北伐完成，恳俯准将国民革命军总司令职权解除，并准辞军事委员会主席职务，所有各军悉令复员。

为支持蒋介石北伐成功，7月6日，王伯群在国民政府委员会七十七次会议上，提议8月10日召集全国交通会议。为整理及实施革新路政计，7月9日至7月30日，王伯群赴北平至平绥、平奉、平汉及津浦北段各铁路躬亲实地巡察，并随时跟谭延闿报告行程。7月14日，元电中央政治会议及谭延闿主席，略谓：伯群以职责所在，次第与各军事领袖、政治长官接洽，均以交通实况破坏已甚，合力维持，共图恢复。待商有绪，再当巡视平绥平汉诸路。[1] 7月17日，国民政府委员会通报王伯群元电报告11日抵北平及与各军事领袖、政治长官接洽恢复各路交通情形。8月10日，王伯群主持的全国交通大会，经过八天的会议日程，顺利结束。

三、翰墨交往

王伯群与谭延闿在从政之余，都兼治书法。

谭延闿专心学颜书，仅《麻姑仙坛记》就临了200多遍，深得颜书神髓和风骨。谭写颜字，力求神形俱似，方正端朴，浑厚凝重，气格雄强。曾任大夏大学教授、著名书法史论家马宗霍在其专著《霋岳楼笔谈》这样评价谭延闿书法："组安早岁仿刘石庵，中年专意钱南园、翁松禅两家，晚参米南宫，骨力雄厚，可谓健笔。"于右任在论时人书法时，常常称赞谭是"有真本领的"。[2] 黄埔陆军军官学校、中山陵的碑文及飨堂四壁的建国大纲，端庄雄健，皆是出自谭氏手笔。

王伯群热忱书法，尤擅篆书。他数十年勤练不懈。如：1908年3月作楷书30字；1932年学莫友芝作篆书百余字；1933年仿邓石如作篆书二幅；1935年作篆书3幅约百字，略有心得，仿邓石如《阴符经》，欲方扁而未能；1939年以篆书屏条1幅、楹联一付赠殷承瓛之望；1942年作篆书1幅，赠俞飞鹏周甲寿庆；

① 《王伯群氏电告在平行动》，《中央日报》，1928年7月15日，第2版。
② 马博主编：《书法大百科第10册》，线装书局，2016年1月，第323页。

谭延闿题赠王伯群

1943年作篆书《正气歌》赠何应钦、邓汉祥；1944年作篆书数幅，作《正气歌》全文，准备赴滇赠云南省主席龙云。

勤习之余，王伯群还喜读书法书籍和探讨书法艺术。他曾抄录赵子昂在《定武兰亭跋》论书法句："书法以用笔为上，而结字亦须用工。盖结字因时相传，用笔千古不易。右军字势古法一变，其雄秀之气出于天然，故古今以为师法。齐梁间人，结字非不古，而乏俊气。此又存乎其人。然古法终不可失也。"他素读书法书籍。如，1932年1月取《艺舟双楫》阅书论篇，9月8日阅读《艺舟双楫》，1935年6月看《广艺舟双楫》执笔缀法等篇。

1930年5月，交通部统计科科长王仲武曾跟王伯群自述，其自幼学书法未得其道，至今未大成，询问有何良法？王伯群答："余亦不善尽然，颇喜研究书法，余以为学书不可限一字，须博采众长，融会贯通，自成一家，并不宜由近，而在应自上而下，即先篆后隶，再分再楷，殆取法乎上，必得乎中也。"①

谭延闿的书艺声望及其地位，使前来求书碑版墓志者户限为穿，人得其寸缣尺纸，引以为宝。王伯群喜欢收藏书画和古籍，自然也不例外。1928年4月，王伯群请谭延闿为胞弟王文华作墓志。

王伯群还经常请谭延闿为私藏书画作题款。1928年10月10日，谭延闿在《顾鹤临徐幼文山居图卷》题款曰：

---

① 《王伯群日记》，1930年5月26日。

146

鹤逸画颇自矜重，卷册尤不易得，何诗翁年八十，鹤逸画扇为寿，诗翁甚重视之。当以示余且曰，吾画特谨守绳墨，舒写意趣，至于追摹古人得其神似，不逮鹤逸也。前辈之推挹如此，今少年标榜新体，类能诋諆老生。此如华严楼阁，弹指即现，岂知九成之台须寸累积而成乎。此卷题识虽自谦抑，而浑厚有元人韵味，度幼文原制不过尔尔。伯群先生藏此，必为后世之珍无疑也。

同日，谭延闿又于王伯群私藏顾麟士《山居消夏》题款，他写道：

沈寐叟书最为康长素所推广，艺舟双楫中已称为当时第一。叟早年实学包安吴书，犹存辙迹，晚乃恣力北朝诸碑，用笔如刀，健举沈迫，殆于自运，视同时规摹凝者蔑如也。然叟论书尊碑而不卑帖，尝有化碑于帖之说。其书殆能实行其言者。吾友李梅庵曾论兰亭为伪作，以临河叙为澄，叟张目抵有几曰：君毋为此言，使习真行者无后轨辙。其持论如此，不愧为通人矣。此卷为伯群先生书几于合章于草，非唐以后人所知，尔来地不爱宝。碑碣木简时间出，古人用笔结体皆有真迹可寻，一洗百年前扪斁扪答之误，他日更见此书，必有顿还旧观之叹也。

1929年，王伯群再请谭延闿为私藏戴熙《湖山清兴册》题识。谭延闿欣然写道：

天机清妙气萧闲，画苑风流不可攀。书有东洲文柏岘，故应鼎立道咸间。修篁夹道今何在，虎踞龙拏剩老樟。忽对画图成旧感，南高峰下立斜阳。

甲子八月晦，从品卓先生借看漫题，册中有法相寺前一帧，恍然旧游也。

可惜天不假年，1930年9月20日，谭延闿病逝于南京，终年51岁。

谭延闿去世后，王伯群常以阅读谭氏的书法和收藏谭氏喜爱的《小麻姑仙坛碑》，以慰藉失去兄长般领导的伤痛。

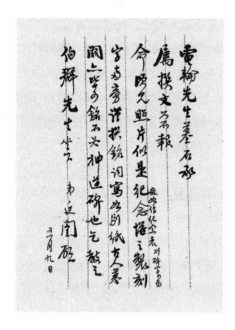

谭延闿致王伯群手迹

1935年2月25日，王伯群至商务书馆购《谭祖安先生书麻姑仙坛记》。9月29日，得孙琚之来信，称熊子涤所藏弗堂《小麻姑仙坛碑》已允出售，惟索价千金，询收购否？王复函表示，麻姑亦欲收藏，惟当此农村崩溃、经济凋落时代，碑帖书画之价只有比前为减，如价相宜，自可收之，千金之价则不欲过问，嘱孙询明确实价值告知再考虑云。

一个多月后，王伯群得孙琚之送来颜真卿的《小麻姑仙坛记》，系业师姚华旧藏物，王觉得可爱之极。他记载道："姚师校为南城原石，南宋拓本虽裂，然字细而精神挺拔，所谓圆到有余者也。可爱颜书，求之多年不得，小字帖虽见何子贞藏，张叔未跋各本，究系珂罗版不如拓本之出神。前年得一翻本书估已言可贵，不易物色，何况此为南城原石，又经姚先生精跋多语，详考数十遍，而实爱终身之物耶。"①

王伯群为之狂喜不值，摩挲既久，唯索价五百余金，殊属太贵，又值经济恐慌之际，如何能收乎，遂命留观再说而去。

入夜，王伯群再取《小麻姑仙坛记》，与何藏三册对校，又细玩姚华精跋数过。王以为如此宋拓本如不收藏，机会一过不可再来。昔年姚华劝陈国祥收买黄小松藏汉碑五种，亦是此意。王伯群"且忆匣中尚存有平票三百数十元，加以平上海银行余款，有数千元，以收藏当无不足"。王曾去信出价四百四十元，倘不收购，未免失信于碑估，遂决计收入囊中。

---

① 《王伯群日记》，1935年10月28日。

落落乾坤：王伯群与于右任

　　从可稽考的资料，王伯群最早与于右任发生联系，是作为南方代表在上海参加南北和议的谈判桌上。

　　1918年"一战"结束，巴黎和会即将召开，国际上表面出现了和平气氛，国内民众十分渴望南北统一，以苏民困，而图争取国际上之地位。在此之前，南北军阀派系之间，亦不断有谈和之声浪，但双方迄未获得较接近之机会。[1]嗣因国内外和平气氛之高涨，南北

于右任

执政首脑以及各实力派均希望借此时机提出和平口号，解决当时所存在之问题。南北两派虽然各揣算盘，但南北和议还是于1919年2月在上海正式举行。

① 叶恭绰：《一九一九年南北和议之经过及其内幕》。全国政协文史资料委员会编：《中华文史资料文库》第一卷，中国文史出版社，1996年4月，第748页。

一、南北议和初接触

于右任（1879—1964），原名伯循，陕西三原人。在南北和议会议举行前的1918年8月，于右任就任陕西靖国军总司令，成为北方地区唯一响应孙中山护法运动的军事和政治力量。

南北和谈会议总共举办8次，关于陕西问题贯穿始终。第一次和谈会议围绕陕西问题进行讨论。[①]彼时北方的陕西督军为安福系的陈树藩，正在攻打于右任的靖国军。王伯群作为南方代表之一，提出陕西停战和撤换陈树藩。第二次和谈会议决定请张瑞玑迅往陕西监视划界。在第四次会议上，王伯群等南方代表接于右任电报，得知陕西的北军仍未停战，要求撤换陈树藩，否则和议不能进行。

2月28日的第五次会议，南方唐绍仪总代表声明：关于陕西问题，尚未得北京答复。今特声明，从本日起48小时内仍未得北京政府圆满答复，惟有向外交团声明和议停顿。[②]3月2日，王伯群等南方代表为和议中断发布告全国书，宣布南方和议中断，电称："陕西停战与参战军停募两事，证明北京政府一面言和，一面主战，此非谋和无诚意，即其威信不行，有一于此，和必无幸。"[③]

南北和议虽最终以失败告终，北军对于右任的军事攻击也没有得到纾解，但却是王伯群与于右任的一次间接接触。

1922年5月，陕西靖国军解体。三个月后，于右任到上海协助孙中山进行中国国民党的改组工作。10月创建上海大学并任校长。1924年，于右任出席国民党一大并被选为中央执行委员。次年当选为广州国民政府委员。南京国民政府成立后，历任国民军联军驻陕总司令、陕西省政府主席、国民党中央执行委员会常委、国民政府监察院长等职。

由此，王伯群与于右任正式开始了密切的接触和交往。

譬如1928年2月10日，王伯群出席国民政府委员会三十七次会议，录案通知推举王伯群、于右任等为国民政府委员，指定于右任、蒋介石、谭延闿为军事

---

① 中国社会科学院近代史研究所《近代史资料》编译室主编：《一九一九年南北议和资料》，知识产权出版社，2013年1月，第146页。
② 陈柱：《中华民国史》，岳麓书社，2011年8月，第33页。
③ 陶菊隐著：《北洋军阀统治时期史话》，生活·读书·新知三联书店，1957年9月，第345页。

委员会常务委员。9月23日，于右任夫人仙逝，王伯群赴于右任苏州住宅，凭吊于夫人。1929年5月，王伯群偕于右任等国民政府委员渡江至浦口，恭迎总理灵榇。1934年，于右任为大夏大学成立十周年题赠"为万世开太平"。

二、联合劝返大夏请愿学生返沪

九一八事变发生后，中国各地掀起了声势浩大的抗日运动，其中青年学生的表现尤为令人注目。上海成立"上海各大学学生抗日救国联合会""上海中等学校学生抗日救国联合会"等校际联合性团体。为控制学生示威游行，教育部颁发指令，要求各大学"学生参加各种集会时，应由教职员负责领导"，"学生应照常努力学业，不得罢课"，"并遵守中央及政府颁定法规"。[①] 国民党上海市党部颁布《学生抗日救国会暂行组织大纲》，规定学生抗日会"本三民主义之精神"，拥护和平统一，厉行经济绝交，努力宣传工作，避免一切纠纷。[②]

然而，教育部和上海市党部的法规，没能阻止大学生的抗日示威，尤其是王伯群担任校长的大夏大学。其实，早在两年前的1929年，大夏大学先后成立了乐天文艺社、紫薇社、微曦社和流星社等学生社团，其中乐天文艺社"左倾的党员和团员以及其庞大的群众，就要占了过半数"，其余社员为"国民党的忠实同志，醒狮的徒子徒孙，无政府主义者及改组派和第三党的急先锋"。[③] 紫薇社、微曦社是"一个各党各派分子的集合体"。[④]

1931年9月22日，大夏大学与复旦大学、交通大学等30余所高校代表成立了"上海各大学学生抗日救国联合会"。[⑤] 两天后，大夏大学临时校务会议讨论九一八事变爆发后抗日救亡对策，举行全校师生国难紧急大会，成立抗日救国会。全体大会议决：一致永远抵制日货；加紧组织军事训练委员会；全校师生一律参加军事训练；通电南北息争一致对外和通电政府厉行革命外交等11条主张。9月26日，大夏大学召开全体教授会议，商讨抗日救亡办法。

---

① 《教育部电令各省市指导学生救国运动》，上海《民国日报》1931年9月25日，第3张第2版。
② 《市党部抗日方案》，《时事新报》1931年9月22日，第3张第1版。
③ 天虹：《活跃的乐天文艺社及其他》，《大夏青年》第2卷第2期，1935年4月，第30页。
④ 周斌：《九一八事变后的学生反日运动与党派政争》，《安徽史学》，2020年第6期。
⑤ 《全市大学昨成立学生抗日救国联会》，上海《民国日报》，1931年9月23日，第3张第3版。

9月28日，王伯群出席国民政府纪念周会，听取于右任、蒋介石报告。散会归途中，闻学生已往外交部请愿，将王正廷部长殴伤。次日晚，大夏学生400余人从上海乘车赴南京赴中央党部请愿。大夏学生在请愿书上提出五点要求：（一）请准备对日宣战；（二）请责成东北当局收回领土；（三）全国一致团结起来，共御外侮；（四）全国学校实施军事训练；（五）外交公开。

9月30日上午，王伯群与于右任、蒋介石接见大夏学生请愿团。

于右任首先对学生发表演讲，他说：同学此次由沪来京请愿，爱国热忱甚佩。中央对于各位请愿，完全接受，并已准备有最后决心，希望各位返沪后，转告同学，并加以解释，中央定当依照总理遗嘱，求中国之自由平等，不负全国国民之希望。[1]

蒋介石接着给大夏学生训话。他用奉化官话说：各位热心到此请愿，本人甚为高兴，现在中国虽受日本帝国主义之侵略，有各位热心爱国，国家很有希望。中央对于各位所陈意见，一定接受。青年所负的责任甚为重大，青年如能依照政府的方针，服从政府的指挥，上下一致，共赴国难，一定可以对外。现在之战争，不在陆海空军，而在青年之精神。青年爱国，国家即可得到最后胜利，希望青年们好好培养自己能力，运用自己的力量，没有相当时期，不好随便暴露。青年的力量，是要拿学问来做基础的。如果青年的学问智识受了损失，即国家力量受了损失，即以各位来京的四百余同学来计算，如每人每日缺六点钟功课，国家每日就缺少两千四百点钟的力量。一寸光阴一寸金，我以为金随时可得到，时间一过，就不能再来了，希望各位返校，转达同学，努力向学，以备对外。

大夏学生在听完蒋介石的训话后，国民党组织部副部长张道藩出来，引导学生参观中央党部，继以茶点招待。下午，大夏代表参观中山陵。晚上，王伯群专门安排火车，速送大夏学生平安返回上海。

三、于右任为孤本《夏承碑》题跋

王伯群与于右任均嗜好收藏字画、碑拓、古籍，痴迷书法。林语堂对于右任有过一个中肯的评价："当代书法家中，当推监察院长于右任的人品、书品为最好

---

[1]《大夏大学学生昨日到京请愿》，《申报》，1931年10月1日，第7版。

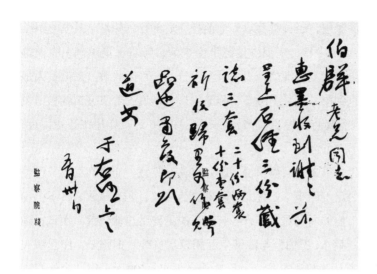

于右任致王伯群函

模范，于院长获有今日的地位，也半赖于其书法的成名。"①

1932年10月，王伯群携花重金购买的《夏承碑》看望于右任，请其为该碑拓赐跋，②于右任小心地展阅《夏承碑》，摩挲碑拓，赏玩既久。

王伯群购得《夏承碑》，经过了一番曲折的心路历程。

《夏承碑》为著名汉碑之一，全称为《汉北海淳于长夏承碑》，又名《夏仲兖碑》。东汉建宁三年立，隶书，14行，行27字。明王世贞在《弇州山人四部稿》中记载："其隶法时时有篆籀笔，与钟、梁诸公小异，而骨气洞达，精彩飞动，疑非中郎不能也。"原碑久毁。宋赵明诚《金石录》跋云："碑在洺州，元祐间，因治河堤得于土壤中。"宋洺州广平郡，故治即今河北省永年县。明成化十五年，广平知府秦民悦发现此碑仆倒于府治后堂，遂于堂之东隅建"爱古轩"以覆之。但碑之下半截110字，已为后人剜剔（见秦民悦《广平志》）。至明嘉靖二十二年，因筑城为工匠所毁。

据史料显示，存世唯一比较可信的原石拓本，为明无锡华夏（字东沙）真赏斋本，缺30字。有翁方纲长跋，世称孤本。

1931年10月24日晚，王伯群作书并读《夏承碑》，这是他第一次欣赏夏承碑

① 王世国：《当代书法评鉴》，广东岭南美术出版社，2020年11月，第2页。
② 《王伯群日记》，1932年10月24日。

文，被碑文的隶书深深吸引，越读越喜欢。他便托交通部秘书陈淮生从卖主冯若飞以4300元代购之。11月9日，王伯群接陈淮生来信，转告《夏承碑》有沈姓加价夺购。王阅罢来函，旋复陈淮生，表示可多出价一二百元收留。盖因有人加价，卖主犹豫不决。直到第二年4月10日，陈淮生来告，说冯若飞又拟托售《夏承碑》。王伯群当答，若高价则不拟收藏，因目下手中不裕。陈却在旁劝说道，机不可失，如此孤本不收可惜。

王伯群当请陈淮生先借来一阅再议价。刚好有喜好收藏、交通部秘书长许修直亦来谈此事，许为之定价四千二三百元，陈则以为多数百元亦该收之，不必拘泥，权当赌博输去。王伯群闻二君之言皆各有理，决见碑后再谈建议。次日，陈淮生冒大雨送来《夏承碑》，王伯群与陈淮生互相校玩良久。据陈云，庄思缄夫人欲卖五千元。王伯群认为机不可失，自己之前已拟出4500元，但"为保存古物，免致流出海外，计多增数百元，亦一雅事也，遂决留之。"

王伯群最后以5000元收藏《夏承碑》。这是他投入最大、收获感最强的一次消费。另一次购买达到5000元的是从受古斋书店一次订购59种古籍。

王伯群得手后，揣摩《夏承碑》，觉结体奇难，颇不易学，亦不敢学。他在购得之后，难扼内心的喜悦之情："余获此华氏孤本，而晨夕把玩，真生平快事。此种神物，愿子子孙孙永宝之，勿稍毁损或流出国外为幸。"[1]王伯群的收藏，引发了书法家、大夏文书室主任马公愚的兴趣。他跟王校长索《夏承碑》一阅。王伯群"取以阅之，逾时而去"。

1932年12月11日，于右任来到王伯群公寓，送还三部碑帖，并为《夏承碑》等题一观款。

不幸的是，《夏承碑》后来因"八一三"淞沪抗战失踪。妻子保志宁忆述道：

> 伯群先生爱读古书及碑帖字画，所藏的书，都很名贵而且多。可惜淞沪抗战以后，我等匆匆离沪，所有名贵的东西都未带出。后来虽经亲友代为搬移，现也不知流落在何处了。先生最珍藏的是国内孤本《夏承碑》，他常说此孤本为神仙物，望子孙永远保存，现更不知流落

---

[1] 《王伯群日记》，1933年1月1日。

在何处。可叹！①

王伯群有个藏书斋叫"双雨山馆"，他先后邀请书画家沈曾植、于右任和陈矩为"双雨山馆"题写斋名。王伯群经常向于右任求字。

1932年11月，王伯群从四川视察返沪，特地携带川中土产数件赠于右任，专请于写"大楹联一付、果严盦及双雨山馆两横额"。②1941年4月，王伯群赴重庆访于右任问安，以宣纸二幅求书，于右任当场书写谢玄晖诗相赠。

王伯群与于右任之间常以碑志相赠。1933年1月，王伯群"整理于右任先生所赠碑志，约魏志二十三张，隋志十三张，并请访古裱装。"1935年9月，有云南籍项姓学生以《金太公碑志》一束见与，说系王铸九所托。王伯群见内以章太炎所撰篆一文为最佳，其余有于右任书墓志铭、谭泽闿楷书墓表、李印泉分书墓铭篆书铭，盖皆佳构也。王伯群"展玩久之，神为之爽"。

1944年12月，王伯群在重庆积劳成疾，伤重不治。于右任遽闻噩耗，甚为悲痛，赶发唁电，以寄哀思："王故委员伯群家属礼鉴：伯群先生学行深纯，劳瘁党国，卓著勋猷，近来努力教育，沾披益广，老成遽谢，至为悼痛！遗嘱谆谆以胜利为念为最，尚希继志光大，免节哀思，谨唁并问礼安。"

---

① 汤涛编著：《人生事，总堪伤——海上名媛保志宁回忆录》，上海书店出版社，2018年1月，第60页。
② 《王伯群日记》，1932年11月14日。

势力之交：王伯群与杨永泰

王伯群与杨永泰早年相识是在孙中山领导的广州护法时期。王任护法政府交通部长，杨任财政部长。在此之前，杨永泰北上投奔北洋政府，任国会参议院议员，但随着曹锟贿选丑闻披露，旧国会土崩瓦解，杨永泰只得南下上海，过着寓公生活。

杨永泰在被蒋介石重用之前，王伯群接纳他为交通部参事，领取一份薪水。

一、把杨永泰引介给蒋介石

杨永泰

杨永泰（1880—1936），字畅卿，广东茂名人。早年与黄兴等组织欧事研究会，是政学会的骨干之一。南京国民政府成立，让在上海当寓公的杨永泰顿时看到新的希望，他转折找到王伯群。出于旧情，王拿出交通部参事职位，供其暂时安身。不久，王伯群与黄郛把杨永泰推荐给思贤若渴的蒋介石，并特别介绍道："海内有奇才杨畅卿先生，胸罗经纶，足以佐治，凡吾所能者，

156

畅卿无不能，畅卿所能者，有时吾还不及，国家大计，望公商之。"①蒋介石与杨永泰甚相投合，蒋指任杨为军委会总部中将参议。三年后，杨擢升军委会秘书长，一跃为蒋介石的首席智囊。

杨永泰才华横溢、满腹经纶，被蒋介石称为"当代卧龙"。

1930年杨永泰的一场空难，既让王伯群惊出一身冷汗，也令蒋介石吃惊不小。

是年12月9日，王伯群执掌的中国航空公司"上海号"飞机载着杨永泰和淞沪警备司令熊式辉等由上海飞往九江，在起飞不久，飞机意外在浦东失慎坠落。

此次飞机失事，驾驶员边福耕与美籍人贝尔不幸坠地殒命。杨永泰和熊式辉幸运躲过一劫。闻此消息，王伯群连夜赶赴上海慰问熊、杨伤情。同时召集董事会，传询公司相关人员，调查飞机失事真相。指令参照航空署规定章程抚恤驾驶员及机械助理员，决定将熊式辉等乘客的票价如数退还。

关于杨永泰乘坐的"上海号"飞机失事案，蒋介石极为关注，行政院派王伯群与宋子文、孙科等查办。令曰："中国航空公司第二号飞机上海号于本月九日在沪失慎坠下，已死伤多人，其失慎原因亟应遴派大员彻查，以谋善后。兹派宋部长子文、王部长伯群、孙部长科、黄副署长秉衡会同查办，由宋召集。除分令外，合行令仰遵照，并就彻查情形呈报查核。"调查组经过缜密而专业的调查，最后确定飞机确因风速等客观实际导致失事。

1931年底，蒋介石的第二次下野，既令王伯群困惑，也令杨永泰迷茫。商讨和分析时局成为王伯群和杨永泰的经常性活动。次年1月18日，王伯群与杨永泰痛论时局。

关于中央和地方关系，王"主张分治办法"，杨深不以为然，谓："如承认现状则又返民初割据形势，相互争夺，相互含并，政治仍扼于武力也。"他们讨论良久，殊无善法，乃约往张群处再谈。2月20日，王伯群"视其肾脏炎疾，医谓系用脑太过，与前次乘机受伤所致"。2月25日，王访杨永泰、张群"谈中日战事，并以赴洛阳问题征求意见，张极主张前往"。5月4日，再访杨永泰，"询粤

---

① 林绪武：《由政学会到新政学系：国民党体制内的资产阶级自由派研究》，天津人民出版社，2009年11月，第165页。

局此次之变背景、十九路军高级人员辞职内幕如何？杨均以未问不详悉，以意揣揣结果见告。"5月21日，杨永泰转述新任交通部长陈铭枢"处置交通不当酿出罢工等不幸事件，发现传单涉及汪精卫"。王表示致函汪精卫道明罢工缘由，"欲致汪书辩护"，杨阻止说暂勿盲动，建议当面申述，不动笔墨为妙。

王遂从杨意。

二、为王伯群解忧

1932年夏，蒋介石亲赴武汉指挥对鄂豫皖苏区第四次"围剿"。杨永泰上万言书，阐述"攘外必先安内"的理论，提出"安内"（即"剿匪"）必须"三分军事，七分政治"的主张。杨的这套策论，深得蒋的赏识，当即提拔其为鄂豫皖三省"剿匪"总司令部秘书长，随蒋抵达汉口。恰好是年9月，王伯群以"川滇黔视察专使"自重庆抵汉口，计划向蒋介石汇报此次巡察成果时，不意所乘"永年号"轮船发生轰动一时抓获走私"烟土案"事件。杨永泰闻悉此事，到宾馆会晤王伯群，安慰说"烟土"事件是小题大做，是欲罪于王伯群，背后用以令蒋介石难堪。建议王伯群赶快离开汉口为妙。

两天后，杨永泰再来传话说蒋介石对"烟土案"已经谅解。但"至于善后工作，还得有人出面承担，非如此，蒋不能应付社会与鄂人"。10月5日，王伯群接杨永泰函，说"永年烟土案社会与鄂人均甚关注，致介公无法应付，影射者仍然猖獗，非有人挺身而出承担这个责任（不可），并询有何办法善后。"[①]不过，后来事实证明，王伯群与走私"烟土案"没有任何干系，这是一件乌龙事件，也就不了了之。

1933年，王伯群奔走于北平、南京和上海。5月，杨永泰追随蒋介石到南昌，接任军委会南昌行营秘书长。在相当长的时间，蒋介石长驻南昌或庐山主持"剿共"事宜，遥控南京政务，南昌的行营秘书处成了实际上的行政院。

在南昌行营，凡国民党要人赴赣与蒋介石商议要事，以及所有国民党重要军政文电，都须经杨永泰通报或过目后，再报送蒋介石；军政要员来南昌见蒋，也须经杨批准安排。

---

① 《王伯群日记》，1932年10月5日。

12月5日，王伯群抵达南昌行营，跟杨永泰表明此次来意，重申拟与蒋介石探讨三件事：（一）大局问题。注意在政治上修明；（二）贵州问题。主张准备实力；（三）上海学界。主张从网络教职员而及于学生等等。

次日上午，杨永泰前来通告蒋介石同意下午召见。

下午4:00，王伯群往北坛行营谒见蒋介石，并将何应钦电进阅。工作汇报中，王伯群力言中央威信大失，政治大退化，故叛乱不休，主张先健全中枢以遏止将来的乱源，速平闽乱，以立大信于天下。次又谈黔事，蒋表示等"福建事变"平定后才能顾及。王伯群欲再做汇报，则时间不许可。蒋说有未了事，请与杨永泰详谈。

自蒋宅辞出后，王伯群闷闷而归。

晚，王伯群如约赴蒋介石晚宴，同席者有陈立夫、方觉慧、邵力子等。临别前，蒋一再嘱王伯群以后有事，请直接联系杨永泰。

12月7日晚，王伯群约杨永泰互谈至十二时。杨劝王伯群："常往平赣走走，勿太消极，政治社会中生活，尤其是现代，消极则愈离愈远，非所宜也。"[1]王伯群托杨有机会时注意黔政动态和上海中间阶级之罗致。杨约定以后常用密电互通消息。

王伯群此次南昌之行，完成一件私事，即风头正健的杨永泰同意担任大夏大学董事。12月13日，王伯群主持大夏大学财委会，通报确定杨永泰、杜月笙、何应钦等为新董事。有了杨永泰等政界要人，为大夏在跌宕起伏的时代平稳办学提供一定的政治保障。

三、"亲切大异曩昔"

1935年11月30日，王伯群往访何应钦，见杨永泰、陈仪、殷同生、唐有壬均在坐，商讨立即北上处置北方坑陷之时局事。自两周前，殷汝耕叛变后，北平宋哲元部也纷纷在平津宣布自治，脱离中央而独立之形势，皆为日本人在暗中策动，近渐具体化。宋哲元来电，请求并限中央于两日内筹有效方法（所谓有效方法，乃于不失中央面子之下与平津等处以自治之权），中央得此消息，以何应钦

---

① 《王伯群日记》，1933年12月7日。

与北方将士尚有好感，令其亲往挽救。前日已发表行政院驻北平办事长官名义尚未就职而事太忽严重，现恐长官名义不能为北方诸将欢迎，本日遂以军政部长名义先往，相机处理。同行者有熊式辉、陈仪、殷同生三人，陈、殷用以应付日本人，熊则用应付王揖唐之类。何应钦不欲过津与日本人正面交涉，故绕道先赴保定，然后赴北平，计划确定，遂于今晚六时出发。

杨永泰随着职务的提升，王伯群也感受到他们之间一种异样的变化，不像之前那样随心和坦诚。1935年11月，王伯群赴中山陵参加国民党五全大会开幕式，会场晤杨永泰，略为寒暄，王伯群感觉"其亲切大异曩昔"。[①] 12月16日，王伯群访杨永泰，闻杨不久将任湖北省主席兼行营秘书长，而杨予以否认。

其实，彼时湖北省主席张群调任外交部长，杨永泰不久即赴湖北继任。

翌年10月25日，杨永泰赴日本驻汉口领事馆宴会返回时，在汉口江汉关省府专用码头被中华青年抗日除奸团刺杀身亡。

---

① 《王伯群日记》，1935年12月12日。

季友伯兄：王伯群与熊式辉

　　熊式辉作为政学系的主要成员，王伯群与之更多的是工作关系的交往。

　　熊式辉（1893—1974），字天翼，江西安义人，陆军二级上将。曾任淞沪警备司令、江西省政府主席、驻美军事代表团团长、中央设计局局长、东北行辕主任等职。

　　熊式辉得到蒋介石的器重，是在蒋第一次下野时期。待蒋从日本返沪后，熊式辉亲率部队从上海护送到南京。此次护送有功，蒋以熊接替白崇禧为淞沪警备司令兼第五师师长。

　　熊式辉成为蒋介石之宠将。

　　1931年，熊式辉调任江西省政府主席。治赣十年间，实行民众"剿共"，实施保甲、保卫团、堡垒的"三保"政策，推行"收复区教育"。1934年初，为推行新的反共策略，熊式辉和杨永泰联手向蒋介石提出开展"新生活运

熊式辉

动"。熊式辉重视地方建设，惩办贪官污吏、废除苛捐杂税[1]，尤其对于高等教育颇为重视。是年夏，熊式辉陪同蒋介石畅游庐山秀峰时，蒋喟然慨叹，有在此办大学之想法。

熊马上会意，承诺由江西来主办这所大学。

两年后，蒋介石拨款100万元作为创办大学的基金。后因七七事变爆发，此计划一度被搁置。1939年，熊式辉赴重庆再将办学计划面呈蒋介石，蒋再增拨建校基金100万元。在蒋的资助下，熊邀请许德珩、罗隆基、王造时、雷洁琼等赣籍名人组织筹委会，专门向蒋汇报筹备进展。蒋对筹校工作传示四项要旨：（一）筹备时间要充分，不必过急；（二）教学设备要力求充实；（三）教授要延揽第一流专才；（四）学生素质要提高。[2]翌年8月，国民政府行政院通过决议，定校名为"国立中正大学"，直属教育部领导。

1937年9月，大夏大学与复旦大学组成"复旦大夏联合大学"迁至庐山。11月12日，王伯群与复旦代理校长钱永铭联名致函熊式辉，恳请在九江准拨千亩土地建设联大永久校址。函谓：

> 敝校以教育为国家命脉所系，不欲战事影响而中缀。间关入赣，继续开学。承贵省府爱护备至，赞助有加，热忱高谊，阖校员生同深感纫。现全体教职员已先后到齐，学生负笈来学者亦达八百人，并依原定日期开学上课。
>
> 唯处匡庐之上，赁屋而居，交通困难，屋宇湫隘，员生散居旅舍，设备深感简陋，于教学效率上将见劳力多而收获少，事属权宜，势难久远。校址勘定及校舍建筑乃刻不容缓之举，为特函请贵省府积极赞助，准予令饬九江县政府查明莲花洞附近有无官产地皮约千亩左右，地段得纯为平原者为上，倘是处并无官地，敝校拟圈购民地，其低价请由县府遵照公用征收办法办理，至希核夺见复，毋任公感。[3]

① 王成志：《北美藏中国抗日战争历史档案文献提要》，复旦大学出版社，2017年4月，第128页。

② 《蒋介石与中正大学》。政协江西省委员会学习、文史委员会主办：《江西文史资料第50辑国立中正大学》，南昌红星印刷厂，第225页。

③ 汤涛主编：《王伯群与大夏大学》，上海人民出版社，2015年8月，第114页。

这封来函，对拟要筹建大学的熊式辉来说，不啻为利好消息。11月18日，他欣然回函道："贵校公函以现拟建筑校舍嘱令九江县政府代觅相当校地以利进行等由，准此，自应照办。除令行该县长即便妥为查报再行函告外，相应复请查照为荷。"

　　由于日寇溯长江直上，九江和庐山受胁，复旦大夏联合大学只得继续西迁，分别到贵阳和重庆办学。

　　王伯群和熊式辉最终遗憾又怅然地张望，在炮火声中匆匆擦肩而过。

巧于辞令：王伯群与刘健群

刘健群

王伯群对刘健群印象的前后评价，有着天壤之别。

1932年5月，王伯群首次接待刘健群来访。此次谋面，刘给王留下了极其糟糕的印象。王"觉此人诡计多端，殊难置信"，[①]遂致函何应钦询问是否真是他的秘书。

十一年之后的1943年8月，王伯群偕刘健群赴贵阳力行中学参加黄宇人主持的青年夏令营出营典礼。王伯群先以"有恒"话题致辞。接着刘健群登台，王见刘"致词说话很巧妙"，禁不住赞叹道："此种技术予不擅长，年事已衰，不能再学为恨。"[②]

一、十三太保重要成员

刘健群和另一位贵州人邓汉祥一样，思维缜密，擅长辞令演讲和纵

---

① 《王伯群日记》，1932年5月28日。
② 《王伯群日记》，1943年8月15日。

横之道，在国民党政界颇具声光。

刘健群（1902—1972），原名怀珍，字席儒，祖籍江西吉安，生于贵州遵义。少年入贵州省立法政专科学校。就读期间，兼职为何应钦创办的《少年贵州日报》做校对，因文笔练达，后被聘为主笔。1923年毕业后，入职黔军何厚光师部军法处，因擅于辞令，做事有章法，不久被提拔为军法处长。①两年后，刘健群受革命气息的召唤，南下广州，投入黄埔军校总教官何应钦的麾下，专事机要秘书。随着国民革命军北伐胜利，何应钦擢升为国民政府军政部部长，刘健群也水涨船高，先后升任军事委员会武汉行营办公厅少将主任、南昌行营办公厅主任。

1931年九一八事变后，刘健群撰《改组国民党的刍议》万言书径呈蒋介石，指出国民党旧体制已腐朽，建言按德意法西斯方法改组国民党，仿效意大利褐衫队、德国党卫军核心组织，培育新人，巩固党的统治，重构领袖权威。刘健群的这篇策论及其见解，得到蒋介石的赏识和器重，擢任其为军事委员会政治训练处长兼中央军校政治部中将主任，前者是负责整个军队系统政治训练的重要职务。

1932年，蒋介石在日记中多次提到刘健群，对刘的评价远远高于力行社的其他成员。如3月22日"阅刘健群条陈，稳健思急，见为快乐"；6月3日"批阅刘健群条陈，甚有所见，为一难得之青年也"。②

就在这段时期，刘健群拜访王伯群，自我介绍说："经介公（蒋介石）电来担任政治工作者。"王伯群所述的政治工作者，是指蒋介石指定贺衷寒、桂永清、康泽和滕杰等黄埔军校生共同组织"中华民族复兴社"，亦称蓝衣社，蓝衣为和平、进步、服务之意。复兴社成立后，其核心组织是三民主义力行社，此系国民党核心机密特务组织，骨干分子有十三太保之称。刘健群列入十三太保之一，后为该社书记长。蒋介石对刘健群的欣赏，曾令陈立夫、贺衷寒颇显尴尬。蒋分别指着陈、贺说："你赶刘健群，相差十年；贺要赶上刘健群要相差二十年。"③

---

① 《刘健群》。佟建寅主编：《台湾历史辞典》，群众出版社，1990年12月，第209页。

② 金以林：《蒋介石的1932年》。廖大伟主编：《近代人物研究 社会网络与日常生活》，上海人民出版社，2012年8月，第171页。

③ 《刘健群事略》。政协遵义市委员会文史资料委员会编：《遵义文史资料第24辑》，1993年3月，第35页。

由此观照，刘健群的政治理论水平和执行能力之高超。

王伯群与刘健群在此次见面后，正式开始他们的之间密切交往。

刘被王接纳并拉入贵州老乡群，经常聚会或探讨未来发展机会。1935年11月，王伯群设宴款待李子厚、邱开基、贺衷寒等湘滇黔三省人士，刘健群也在被邀之列。王伯群提出"时势严重，非建设西南吾人根据不能确立，建设西南以铁路干线为要"。[①]座谈中，刘健群等与会者盼王伯群作计划，待两广负责人来京再集议办法。

1933年，热河失守，北方局势紧张，二十九军军长宋哲元等部队走向不明，蒋介石调何应钦去北平兼代委员长。鉴于北方各军未臻统一，与中央尚乏疏通，刘健群献策蒋介石，"用最小的名义，做最大的工作"，提议以军校政训班学生组织华北宣传总队，自任总队长，[②]随军委会北平行辕之成立而北上。刘以雄辩之才，纵横之力，折服秦绍文、萧振瀛、张自忠、冯自安等群英，与宋哲元订金石之交。以致后来，宋哲元对国民党中央派去的刘健群、孔祥熙和俞飞鹏三人比较合得来。但如果谈政治大计，最好还是要刘健群去。[③]

二、晚岁喜育才、菁英标大夏

随着七七事变爆发，王伯群和刘健群奔向各自的人生轨道。

刘健群被任命为大本营第六部副部长，适因体弱多病，乃辞职赴湖南长沙、常宁和云南鸡足山等地治疗和休养，两年多后才返回重庆，担任三青团中央视察室主任、副书记长诸职。

此段时期，王伯群与刘健群相见，多在国民党中央会议。譬如：1942年11月，王伯群出席国民党五届十中全会第八次大会，会上"陈天放、郑亦同、赖琏、萧铮、张厉生、段锡朋、刘健群相继起而发言，其中以刘健群、郑亦同二人为精彩"。[④]最后蒋介石作结论，指出要健全党部基层，慎选领导人员，提倡劳动服役，调整各级人事，紧缩一切党费，恢复革命精神云云。11月27日，王伯群

① 《王伯群日记》，1935年11月25日。
② 刘健群：《银河忆往》，中华书局，2016年3月，第137页。
③ 刘健群：《银河忆往》，中华书局，2016年3月，第145页。
④ 《王伯群日记》，1942年11月21日。

出席五届十中全会第十四次大会。陈果夫主席报告，会议对昨日提出成立的经济作战部，蒋介石予以否定，对于物价管制，仍用原有之动员委员会。会场中有一部分颇为失望，此时，刘健群亦其一人起立质问，主席加以解释。

1943年3月，王伯群得知刘健群陪同蒋介石到贵州视察。刘事先传话，越日方来晤叙。两天后，刘健群果然来访，他们"谈彼近况及此次来黔工作甚详。"3月19日，王伯群接待何辑五来访，备言刘健群旁若无人直怼和讽刺贵州省主席吴鼎昌。何转述道，昨天在花溪与吴鼎昌谈天，刘健群当着蒋介石面说："吴为经济到处要钱，吴甚郝然。"嗣在清华中学参观，刘当着蒋介石又言吴鼎昌无干部。蒋闻言，乃指何辑五答之曰："此人即最好的干部。"刘一再讽刺吴鼎昌而不顾场面，颇为令所有人尴尬。王伯群闻之，猜测性地解释道："健群数年来公私失败，神经不免受刺激，故出言往往有不当处。要亦不失为敢言之，糊涂者复乱以他语。"

四个月之后的7月1日，王伯群再次接待刘健群来访。刘首告此次被派之原因，次言到滇黔工作要点，仍表示不愿做官，借此而隐，任务达到即将隐休。王伯群借机询问3月份随蒋介石视察贵阳返重庆后有何感想，蒋对黔有无批评？滇局近况何如，陈诚与龙云相处得怎样？川局近日无问题乎？

刘健群愉悦地答复道："蒋对黔总觉前次王家烈时代进步，又值天朗气清时节，尤感安慰，毫无匪患即足为黔政之碍的感想。滇对中央一如往昔，陈诚尚处得不差，川局则不悉其详；对经济作战部之不成立表示遗憾，且谓设经济作战部乃解孔祥熙之危，而孔不明，反对至于不能成立，诚中国政治一大幸事，恐不久财政崩溃，孔为千古罪人。"[①]

王伯群从刘健群的答复中，基本掌握他想了解的上层信息。他们此次见面，畅谈了三小时之久刘才别去。

但有谁知道，他们这一次握别，竟然是一场永诀。

1944年12月底，刘健群为遽然离世的王伯群撰写挽词，恰当地表达他心目中王伯群的一生："晚岁喜育才济济菁英标大厦，当年谋革命巍巍勋业纪中枢。"

1947年5月，刘健群被聘为国民政府全国经济委员会委员。次年当选立法院副院长，一度代理院长职务，1950年当选为台湾"立法院"院长。

---

① 《王伯群日记》，1943年7月1日。

刘健群参与创办的复兴社解散后，并入公开的三民主义青年团，特务处则扩大为军委会调查统计局，即"军统"。这段特殊而隐秘的经历，让他讳莫如深。他曾出版《银河忆往》，但从这本薄薄的回忆录中，没有发现丁点文字涉及王伯群。倒是他在《忆少年贵州会》短文中，对王伯群兄弟有过一段记述：

> 王文华之兄王伯群，民初当选京议员，属国民党籍，对王文华的影响至巨。
>
> 当时追随国父孙中山先生的人，系毫无凭借。尤其是各省的军人，都仰仗北方政府，秉承政令，以在汉阳领取军械作为生存长大的基础。所以文人信仰国父，是缘于主义信仰；至于拥有重兵的军人，则大都倾向保守，不敢随便与国民党接近。王文华在这一方面，确是意存改革，与一般落后的军人大有分别。现在看来很应该，当初确是大不易。①

这段文字史料珍贵，特录于此，一窥刘对王伯群的本真印象。

---

① 刘健群：《忆少年贵州会》。政协贵州省委员会文史资料委员会编：《乡思·友谊·故园情 台港澳及海外文史资料专辑》，贵州人民出版社，1992年11月，第5页。

教育

在大夏大学，我找到了人生两大最爱：一个是教育事业，另一个是我的妻子。在教育和我妻子身上，体现了现代中国的特质。

——王伯群

天根默契：王伯群与王毓祥

王伯群曾说过这么一句话："中国政治，缺少坚实之干部，虽有完善之法令，未能彻底推行，致政治与人民每多发生隔阂。吾人欲冀政治之改善，必须自教育着手，使每一代青年之造就，适合国家之需要。"[①]

前一句话，可以翻译为无论何种组织，干部是第一需要。后一句话意思很明确，培植青年，为国储才，关键在于教育。大夏素有"四大元老""八大金刚"之说。大夏早中期，在领导层的管理方面，王伯群与王毓祥、欧元怀组成了一个稳定的铁三角。

一、危难之际挺身而出

王毓祥（1886—1949），字祉伟，湖南衡阳人。早年赴美留学，先后获芝加哥大学学士和纽约大学商学硕士后归国，在入大夏大学之前，为厦门大学商科主任。

王毓祥

---

① 鲁继曾：《敬悼伯群先生》，《大夏周报》，第23卷第3期，1946年12月。

王毓祥两次为大夏大学挺身而出。

一次是参与创办大夏大学。1924年5月26日，厦门大学秘书黄开宗致函时任商科主任的王毓祥、教育科主任的欧元怀等，称奉校长面嘱，准予当年8月20日解职。王、欧等三人约期并未满，学生对校方决策表示不满，遂起而抗争，酿成学潮。① 6月1日　厦门大学教职员召开特别会议，会后发生武力冲突，建筑部主任陈延廷率建筑工人二三百人包围礼堂，学生团罗士清被殴吐血，纠察部干事孙作瑾、预科代表雷荣璞（雷经天）被掳去殴致重伤，酿成"六一"流血惨案。② 7月2日，先行抵达上海的王毓祥等与厦门大学离校学生团总部学生代表决定筹备一所大学。在王伯群两千大洋的资助下，大夏大学成立并于是年9月开学。王毓祥永远记得他从王伯群手里接过支票的那一刻："当我在愚园路157号先生的公馆前，领着那张两千元的支票出来，其感奋的心情，真非语言文字所能形容。"③

1925年1月，大夏大学新聘各科主任和教师，聘王毓祥为商科主任兼会计主任及大学中文秘书。④ 2月19日，大夏改聘王毓祥为大夏大学秘书兼校务发展委员会主席。1928年3月，大夏恢复校长制，推举王伯群为校长。王毓祥在二十二年后曾忆述道：

> 民国十三年，大夏由元怀、式说诸先生及本人，应厦大一部分学生之请求创立时，上不在天，下不着地，而是挂在我们的口上！伯群先生即慨允为董事长，其老友马君武先生为校长，及至北伐成功，奠都南京，马君武先生即应广西之聘为广西大学校长。伯群先生即任本校校长。⑤

6月22日，王伯群在上海银行公会主持大夏大学校董会，王伯群报告购置梵王渡永久校址情形及建筑新校舍计划。王毓祥作为大夏主要负责人，参与筹建大

---

① 《函电》，《申报》，1924年5月28日，第6版。
② 蜀生：《厦大学潮益形扩大》，《申报》，1924年6月6日，第10版。
③ 王毓祥：《纪念伯群先生》，《大夏周报》，1947年第24卷第8期。
④ 《大夏大学近闻》，《申报》，1925年1月7日，第11版。
⑤ 王毓祥：《悼故校长伯群先生》，《大夏周报》，第23卷第3期，1946年12月。

172

夏直到大夏在中山路建设新校园，助力大夏校园建设实现质的飞跃。正如王伯群跟王毓祥解释大夏之名所说："大夏大学校名，已占两个'大'字，但夏字在古时亦可作为大字解，因此可说是'大大大学'，要使它名副其实，则对学校当尽力贡献，加以充实。"

另一次是在王伯群逝世后，组织大夏从贵阳迁到赤水，再由赤水回迁上海。大夏贵阳七年，形同草创，物质之环境备极艰苦，并时受空袭之影响。王伯群"履险如夷，辟划周详，夙兴夜寐，澹泊自怡"。此时副校长欧元怀转任贵州省教育厅长，"于大夏校务未遑多顾，而王校长心劳日甚，旧病复发，力疾视校，未稍保身。"[1] 1944年12月，益以战局失利，黔南告警，王伯群决定复迁于黔北之赤水，栉风沐雨，躬亲照料，并以身为国府委员，复奔走国事，国难校难，交相煎逼，不幸在重庆逝世。王毓祥忆述道：

> 回想黔南告急之时，学校势必迁移，而厄于经费，伯群先生于十二月六日抱病赴渝，向教育部请款补助学校，以国事校事的忧思，及沿途的劳顿，以致时间迁延，未暇入医院诊治。至十三日，病势加重，何总长应钦夫人及伴送入陆军医院，其时伯群先生自觉病势沉重，而又感于国家与学校任务之重大，故当其夫人保志宁女士去看他时，伯群先生嘱彼向医师求救，谓此时须为国家为学校尽力，绝不能死，但天夺人愿，伯群先生终以不治而长逝了。[2]

正在重庆的王毓祥旋即指导处理校长后事，并商讨母校善后计划。12月30日，王毓祥参加董事长孙科主持召开的大夏校董会，会上，公推副校长欧元怀继任校长，王毓祥任副校长，发动募集王故校长永久纪念基金1 000万元。在大夏非常时期，王毓祥协助欧元怀安全地把大夏转移到赤水，并在赤水平稳地办学近两年。然后，再间关千里，帮大夏完成了复员到上海，完整地保存大夏的学脉和文脉。

① 欧元怀：《王故校长逝世二周年悼言》，《大夏周报》，第23卷第3期，1946年12月。
② 王毓祥：《悼故校长伯群先生》，《大夏周报》，第23卷第3期，1946年12月。

二、创作大夏校歌

王毓祥本硕虽主攻商科，但由于"幼承家学，典籍无所不颖，学识渊博，今诗赋词，走笔立成"[1]。他执笔撰写了大夏大学校歌。

大夏创建之初，按照西方大学的传统，大夏制定校训、校徽和校歌。校歌即由王毓祥亲自操刀。"校歌歌词，廿余年前创校时（王毓祥先生）手泽。"[2]在1949年他辞世之时，大夏毕业生听闻噩耗，不由自主地唱起由他创作的大夏校歌。[3]

大夏校歌的曲调源自世界名曲《安妮·莱尔》（*Annie Lisle*）。这是一首由美国波士顿作曲家亨利·汤普森于1857年创作的民谣。1870年，康奈尔大学的学生阿奇博尔德·史密斯在《安妮·莱尔》旋律的基础上稍作改动，重新填词创作了康奈尔大学校歌的《远在卡尤加湖之上》（*Far above Cayuga's Water*）。[4]随后，《安妮·莱尔》的旋律被世界上100多所大学和中学校歌所采用。王毓祥根据该曲谱填写大夏歌词。[5]校歌全文如下：

> 洋洋乎美哉我大夏，缔造何光荣；同心同德，努力奋斗，建设自由城。
>
> 渊渊乎大哉我大夏，使命何隆崇；灌输新智，弘扬国粹，禹域之晨星。
>
> 郁郁乎佳哉我大夏，气象何渊洪；鼓铸文化，镕汇学术，万壑朝期宗。
>
> （副歌）

---

① 王铁生：《父亲，您在哪里？》。冯克力主编：《老照片25》，山东画报出版社，2017年8月，第299页。

② 《大夏周报》，1949年第1期。

③ 徐寿铺：《悼王副校长》，《大夏周报》，1949年第1期。

④ *Annie Lisle:* https://baike.baidu.com/item/Annie%20Lisle/5592494?fr=aladdin.

⑤ 在中国，采用《安妮·莱尔》（*Annie Lisle*）曲调的大学还有燕京大学、东吴大学、岭南大学、金陵大学等。参见马军编纂：《近代中国高校校歌选》，上海社会科学院出版社，2006年；刘文祥：《世界校歌界的"神曲"：一首曲子唱响太平洋两岸》，澎湃新闻·私家历史，2015年1月30日。

愿我同人自强不息，乾健以为神；如川之流，与日俱永，进步永无穷。[①]

　　1925年6月1日，在大夏成立一周年纪念大会上，第一个环节就是全体师生齐唱国歌与校歌。[②] 1933年6月1日，王伯群在大夏九周年纪念会上发表《国难与大学教育》一文，首次向师生提出变更今后大学教育目标的建议。[③] 1934年冬，大夏正式确定办学总纲领为实施"复兴民族教育"，并从次年春开始分次实施。[④] 1934年11月3日，王伯群在大夏十周年纪念典礼上，再次向各界来宾宣告大夏以"复兴民族为当前之教育宗旨"。[⑤] 基于王伯群关于大学教育要实施"民族复兴教育"纲要的提出与实施，王毓祥对校歌做了相应修改。[⑥]

　　大夏大夏，合作之晶，缔造何光荣；同心同德，努力苦干，众志以为城。
　　大夏大夏，学府之雄，气象何渊宏；鼓铸文华，镕汇学术，万壑朝其宗。
　　大夏大夏，革命先锋，使命何崇隆；唤起民众，复兴民族，禹域之洪钟。
　　（副歌）
　　愿我同仁自强不息，乾健以为神；明德新民止于至善，进步永无穷。

　　通过前后歌词对比，可以发现，后期校歌有以下几点变化。其一，删去每段歌词开头的文言感叹句："洋洋乎美哉""渊渊乎大哉""郁郁乎佳哉"。其二，每段首句增加大夏的自我定位："合作之晶""学府之雄""革命先锋"。其三，将大夏的使命从"灌输新智，弘扬国粹"改为"唤起民众，复兴民族"。其四，将三

---

① 《大夏一览》，1926年1月。
② 《大夏大学周年纪念纪》，《申报》，1925年6月3日，第13版。
③ 王伯群：《国难与大学教育》，《大夏周报》，第9卷第28期。
④ 《实力发动与复兴民族之要道》，《大夏周报》，第12卷第1期。
⑤ 王伯群：《十周纪念典礼开会词》，《大夏周报》，第11卷第10期。
⑥ 1949年第1期《大夏周报》为王毓祥去世纪念刊，所载校歌标明王毓祥作词。在1949年王毓祥去世之时，大夏毕业生听闻噩耗，不由自主地唱起他创作的大夏校歌。（徐寿镛：《悼王副校长》，《大夏周报》，1949年第1期）

段歌词尾句的比喻句"如川之流，与日俱永"替换为"明德新民止于至善"。

前后歌词之所以有以上变化，当和白话文的进一步普及、大学执掌者对大夏创办历史的追忆，以及对办学结果的自信、办学宗旨需适应国家所面临的"内忧外患"等均有关系。

校歌作为大学的文化符号，是师生校友了解历史传统、形成身份认同、传承学校精神的重要媒介。2022年冬，贵州贵阳有位97岁的大夏校友、著名书法家冯济泉，他在生命的最后时刻，竭尽最后的一份精气神，深情地唱着"愿我同仁自强不息，乾健以为神。明德新民止于至善，进步永无穷"，然后溘然长逝。

三、大夏文胆

1930年3月，大夏大学中山路新校舍第一座建筑群贤堂奠基。基石内置铜箱一只，内贮王伯群题"树人之基"四字等纪念物。王伯群为"建筑新校舍资助白银六万七千两，折合当时币值十一万多元。"[1]王毓祥对此做了详细记述，为之作赋：

> 校长王伯群，慨然以建筑新校舍为己任，惨淡经营，募集大宗基金，于上海苏州河北、中山路旁前后购地计百余亩，并与上海辛峰记营造公司订约，建筑三层西式大讲堂一座，苏生洋行工程师费立白、董大酉二君打样。计占地一万二千七百十五方尺，内容课室三十二所。于民国十九年三月廿五日奠基，订于同年八月一日落成。建筑费共计规银六万七千余两。兹当奠基之日，谨述大夏大学初期六年中发展经过，并为之颂曰：
>
> 育材兴学，邦国所经，国不能举，乃集于民。繄兹大夏大学，学府干城。经营惨淡，六载于今。师生邪许，搆此奂轮，勖哉来哲，式是典型。[2]

经过数个月的建设，校园初现峥嵘。5月2日，王毓祥陪同王伯群、马君武

---

① 《大事记》，《私立大夏大学一览》，1931年，第6页。

② 王祉伟：《大夏大学校舍第一座奠基记》，《大夏周报》第78期，1930年4月2日。

察看中山路新校舍，建筑工地一派欣欣向荣之景象：

> 新校舍第一座大课堂由辛峰记承造，第一男生宿舍及女生宿舍由竞新公司承造，第二男生宿舍由群益公司承造，照合同订定，均将于八月底落成。……三家工匠千余人，中山道上，运转材料，途为之塞。除本校监工人王君常川驻在该地监视工程，苏生洋行费力伯、董大酉两工程师常到监督。[①]

王毓祥对新校舍建设充满热情和期待。他协助王伯群拟定校舍名称。因为王伯群的名字中有个"群"，以及厦门大学有座"群贤楼"，新校舍按照"群策群力，群英荟萃"依次定名。大课堂题名"群贤堂"，第一男生宿舍题名"群策斋"，第二男生宿舍题名"群力斋"，女生宿舍题名"群英斋"。

> 本校自脱离厦门大学来沪草创之始，赤手空拳，毫无把握。幸赖师生合作，贤达赞助，尤仗王伯群校长荟集群贤，悉心擘画，造就群英，群策群力，发扬光大，新校舍之告成，可谓胥受此合群努力奋斗之赐！[②]

> 大夏的几百亩地，有赖王校长之领导募捐而来。我们所建的三大宿舍，由于厦门大学有群贤楼的缘故，因此我们的第一座大课堂与办公厅，赐名为群贤堂，宿舍三座亦名群策群力群英三斋，均以群字冠额，饮水思源，用意有在。[③]

1937年4月14日，王伯群闻蒋介石兄蒋锡侯去世，遂与张群、邵力子、何应钦等乘坐宁绍公司"新宁绍"轮赴宁波奉化溪口家祠致祭。于4月16日由宁波返沪后，偕何应钦夫妇出席大夏大学横跨丽娃河东西两岸的丽虹桥落成典礼。何应钦题写桥名，王文湘剪彩。桥上挂旗结彩，爆竹喧天，大夏新村村友、本校男女

---

① 《新校舍建筑情形》，《大夏周报》第82期，1930年5月7日。

② 《新建筑题名》，《大夏周报》第83期，1930年5月14日。

③ 王毓祥：《悼故校长伯群先生》，《大夏周报》，第23卷第3期，1946年12月。

1946年，王毓祥（前排中）与欧元怀、鲁继曾等大夏五老合影

同学及附近居民前往观礼者，不下千余人，颇极一时之盛云。①

王毓祥为大桥作铭并镌刻桥上曰："丽娃江上，不霁何虹。舰桓凝凤，夭娇犹龙。地利为纬，人和为经。二难济美，成此梁津。于万斯禩，蔚作里仁。"他还专作《记丽虹桥并铭》一文。

> 沪西梵王渡西苏州河北，有积水一潴，长约半英里，清漪绿波，光可鉴影，俗呼为老吴淞江。相传古时苏州河曾取涂于此。陵谷变迁，河流南徙，昔日长川，今成断港。最近二十年来西人建庐其旁，为盛夏游泳之所，又称为丽娃栗妲江，则沿西文译音而来，史犹至短也。……为便利交通起见，乃于老吴淞江上建筑钢筋水泥桥梁一座，并命名为丽虹桥，盖取唐人"双桥落彩虹"之意也。②

四个月之后，上海爆发八一三淞沪抗战。王伯群在南京与复旦大学联合组建"复旦大夏联合大学"筹备西迁。10月28日，王伯群与复旦代校长钱永铭委派王

---

① 《丽虹桥落成，本月十六日举行典礼》，《大夏周报》第13卷第22期，1937年4月23日。
② 王祉伟：《记丽虹桥并铭》，《大夏周报》第13卷第8期，1936年11月15日。

毓祥和复旦的端木恺为联合大学驻京办事处代表，办公地址为王伯群位于南京青岛路青岛新村37号别墅。

四、合力纾解大夏首次学潮

1933年秋冬，大夏大学遭遇建校以来的第一次学潮。

10月31日，王毓祥报告大夏大学校内学生被人煽惑，有不稳之象，请王伯群筹防患未然之策。

11月10日，再王伯群又听欧元怀、傅式说报告说，大夏学潮愈见紧张，不出礼拜，即有暴动，请王伯群筹划预防之策。王伯群当即指令学校方面宜严厉处置，以遏乱源，一面同意爱校学生起而自卫其权益，一面由欧往访上海市社会局局长吴醒亚、教育局长潘公展，探听风潮发源是否有政治背景。是日下午，王伯群在校长办公室分别召集学生训话。首先召集20名爱护学校学生代表训话。接着召集30名学生自治会执监委员在课堂类训话。他一再强调，大夏大学以师生合作之精神，作苦教苦干苦读的工作，十年如一，绝无内部发生裂痕之事。希望学生勿误听谣言，如有少数分子捣乱破坏学校，绝不宽纵，并请与会学生转告全体同学，努力学业，辨别是非，主持正义。晚上，再次主持大夏校务会议，专门讨论应付学潮方案。

11月11日凌晨，王伯群见欧元怀携一把标语来告，昨日深夜在学校发现"打倒欧元怀、王毓祥、傅式说、吴浩然"、"打倒商学院长，打倒鲁继曾，实行罢课"、"打倒欧元怀走狗倪文亚"等标语。王伯群闻后，遂立即决定：一方面和傅式说去访吴醒亚与潘公展，一方面借庆祝总理纪念，放假两日，以便准备应付方法。上午，接待群育委员会主席雷国能率学潮头目郑杰来访，王伯群耐心开导郑同学，冀其觉悟，勿为他人利用，妨害多数同学学业，更不可诬陷师长。郑却怙恶不改，声言已认为要办之事则只好办，成败利钝，牺牲生命在所不辞。王伯群观其态度倔硬，似受后台控制，以其执迷不悟，只好放其返校。接着，王伯群主持大夏校务会议，决定（一）布告全体学生，说明不良分子捣乱，多数学生勿为所蒙蔽利用；（二）由马公愚速缮4份，签字后再印500份分散各学生；（三）开除诬陷师长、鼓动学潮首领郑杰。

次日，王伯群得王毓祥等报告，说已与上海市公安局接洽妥当，不必利用护校学生之武力。得学生报告，学校内昨日学生见布告后很安定，学生会中鼓动风潮者其气已馁。王伯群见起事的学生稍显安定，便决定在青年会与王毓祥和毕业生等师生聚餐，餐前特别解释此次聚餐的意义说：今日聚餐，一则祝中山先生诞辰；再则谢诸同学开学以来学习劳苦；三则报告近日校中风潮，希望同事发表意见。王毓祥及毕业学生代表等相继发言，表示拥护学校。晚，王伯群接待邰爽秋来访，邰表示不赞成处分学生，认为此次风潮完全是政治问题，非单纯教育问题，建议以婉转之方法解决之，不能短刀直入，短刀直入必失败。王伯群觉得有理，处分一人于风潮不关痛痒，恐适中幕后者奸计，当即召马公愚秘书收回布告。

11月13日上午，王伯群接待吴醒亚来访，听其介绍三个方面情况：（一）在沪青年运动及经过，大夏学生派别比他校为多，活动比他校为力，故对大夏要特别注意；（二）大夏学生如郑杰，认为欧元怀与王伯群宗旨不同，处分校事往往压迫本党而袒护他派，直指欧为国家主义派，遂决反对之；（三）自前日与欧、傅会晤后，曾令郑杰与一部分学生来，令其不可妄动。吴最后提议，倘此刻开除学生，唯青年与上海党部关系密切，若事态扩大，恐生出更多麻烦。

王伯群闻罢，解释道，上海教育界除青年运动外，尚有高级的教职界，欧元怀与他派往来较密切，而学生不知内情，遂发生若干纠纷，认为教育家不宜轻于开除学生，入社会则害社会，入他校则害他校，应反复琢磨，使之成器，否则学风日下。王伯群与吴讨论后，决定不开除一人，免引发纠纷，另筹根本救济校难之策。下午，王伯群主持大夏大学校务会议，讨论应付学潮，通报不开除个人，详筹整个救难方策。11月14日，王伯群与王毓祥等商讨，决定将群育、体育两委员会合并改组，拟用常务委员制，以期用体育方法达训育之目的。

经过王伯群与王毓祥等联手处置，平稳纾解此次学生学潮。

五、再次破解大夏学潮危机

1934年夏天，大夏大学发生学生殴打校工等系列事件。此事件的背后，实乃上海国民党党部幕后教唆青年学生闹事，以达到控制和吞并大夏之目的。幸经王伯群与王毓祥等联手处置，才保住的大夏没有被侵吞和控制。

7月9日上午，王伯群听王瑾怡、高芝生来报告本日有大夏学生为奸人利用，示威、滋闹、乱打小工情形严重。下午，大夏学生代表彭述信、卫鼎彝、唐仲侯、宋达邦、丘科昭、刘燃章等七人，前来请求校方收回此次因械斗被开除各学生成命。王伯群以学风太坏整顿为要，拒绝学生要求，且谆谆告诫学生会代表，勿要为无理法之学生张目。见反映意见无效，学生代表又直接上书大夏校务会议，提出六项要求限期学校答复。王伯群在自宅召开大夏校务会议，除报告学校风潮外，命王毓祥等去找杜月笙寻求帮助。

7月10日，大夏学生会代表又来申诉，若所请六条如无相当解决，则川桂两省学生逼学生会至急，恐事体扩大，请求校长想一公平办法处理之。王伯群见学生无理，便训令道："以一大事件非有人负责不可，如该会与两省同乡另指得负责之人，则已开除之三人可以平反，否则只有稍屈该三生矣。"接着又劝告道："如两省学生有善法可以解决，我亦愿闻之，或以书面来，我视其悔祸程度提请校董会解决亦可。最不幸者，一波未平一波又起，第二次之打校工更不能不严办，现为慎重免冤起见，正派人详细调查中，倘能自首则可从宽发落。"

为阻止学潮进一步扩大，王伯群在寻求杜月笙帮助外，还积极寻求中央方面的协助。7月12日，王伯群嘱马公愚代拟大夏近期学潮事致杨永泰一详信，托其就近将本市主持青年运动者的不当呈报蒋介石，请维持学校正义。同时拟一布告，宣示对第二次殴打校工案的意旨和处理办法。

7月17日，王毓祥和欧元怀汇报访问吴醒亚情况。吴转告大夏校工已起诉，何应钦、杨永泰两校董或直接或间接有信来，强调是学校自己将事扩大。王伯群闻言，认为社会局有推卸责任之嫌，遂决定亲访上海市长吴铁城。吴铁城在听罢事情的来龙去脉后，答复将妥为处置市党部和大夏之关系，勿令大夏校纪荡尽。吴当和事佬，希望学校与市党部之间冰释前嫌，此次学潮决不令其扩大。

王伯群欣慰道，既然市长负责处理一切，皆可迁就。他乘机邀请吴铁城为大夏大学校董，吴先谦辞，但最后还是爽快应允。

7月18日，王毓祥、欧元怀汇报与吴醒亚、吴开先等谈话情形。当知道此次学潮果然是市党部幕后教唆时，王伯群怒曰："党部要员纵容青年为恶，而以调和居奇，贼夫人子以图己利，此亡国民之怪状，不料竟发生国民党中央，死不瞑目矣。"

7月19日，王毓祥前来汇报吴开先接洽处理大夏学生风潮情形。两人商定：（一）肇事被开除之学生三名已毕业者，具悔过书来，给予凭照；（二）未毕业具悔过书来，收回试读，以观后效，乃能自首悔过不减轻处分；（三）第二批殴打校工之学生，由吴开先、潘公展、吴醒亚三来函担保，其以后确守校规并亲具悔过书后，可劝令校工撤回起诉；（四）校内已毕业者给文凭，未毕业者准备续学；（五）决议明日下午三时由王毓祥和欧元怀前往商决。次日，吴开先开具个人担保，保证以后学生在校遵守校规，学生亲诣王伯群校长处道歉悔过。

在平息第一次校内学生闹事之后，新的一波校园地下活动又蠢蠢欲动，风潮暗涌。

1935年4月，大夏学生胡颖等两生汇报在校三年，近有人以国家主义派相诬陷，寻求应付方法。次日，王毓祥汇报本日与吴开先晤商学生会组织方法，报告上海市党部暗中组织学生挑唆同学之间的关系，以后恐甚多事，提醒王伯群须严密组织以应付之。5月1日，王伯群与王毓祥商谈学生自治会事，王毓祥报告一部分学生毅力热忱，拥护学校，宜有以奖励之，拟今晚八时令其派代表来见，王伯群允之。5月2日，王伯群再听王毓祥汇报与吴开先晤商改组学生自治会办法，有尚可人意处，即：（一）吴等自承过去青年运动失败；（二）吴等表示绝无侵略大夏大学之野心；（三）吴等注意优秀学生；（四）基上三点，有与学校合作之可能。经过二王联手处置，总算再次把大夏学潮隐患扼杀于萌芽之中。

六、常驻陪都为大夏争利益

王毓祥作为大夏大学驻京办代表，随同国民政府由南京而武汉而重庆。

在重庆期间，其工作职责接洽联系教育部、联络校友，以及筹措办学经费等事务。

1939年初，大夏大学决定申请教育部请改国立大学，议决由王毓祥、王裕凯先行向教育部接洽。6月15日，王毓祥汇报说已晤教育部部长陈立夫，陈主张大夏沪校贵阳两校均改国立，已具呈行政院议决，如有问题盼速挽救。王伯群即电欧元怀，表示赞成两校均改保留大夏大学校名，并嘱王毓祥谒何应钦施于援手。

王伯群与王毓祥在大夏大学国立事情上，就要不要更改校名，意见不一。12月5日，王伯群征询王毓祥对教育部要求大夏改为贵州大学有何意见？王毓祥答："不坚持校名，只为沪校争加补助。"王伯群告以欧元怀及多数毕业生主张保留大夏校名，王毓祥又可否不定。王伯群见他主意不定，只好"以大家一致主张不可两歧，使外人轻视以警之"。1942年3月5日，王伯群接王毓祥函，告已与教育部中人谈得两结果：（一）部中可承认实习学校之学分；（二）内迁者可入东南联大云。王伯群认为王毓祥"于大夏二字之保存，不与部争，殊为可怪"[①]。

在大夏国立事件上，王伯群对王毓祥不甚尽职工作，怀有抱怨。为解决经费问题，大夏大学校友总会发动各地校友，为母校募集百万基金运动。推王伯群为募捐运动会会长，欧元怀、王毓祥为副会长。募捐启事曰：

> 本校于十八年前创立沪渎，赁庑设教，备极艰辛，乃历蒙各界人士热心扶持，输财相助，本校规模日益恢廓。……惜国难旋作，仓促西迁，原有基业，泰半摧毁。而内地物价昂涨，经济益形竭蹶。……相与集议，发起百万基金募捐运动，拟以筹集之资金，移作生产之事业，于以培养校本辅成作育，继长增高，永垂不朽，敬仰台端扶教兴学，夙具盛心，对于本校前途，尤切关注。恳祈慨解义囊，襄兹盛举。[②]

募捐启事发布后，王伯群嘱监察院审计部主任周蜀云校友转告重庆校友："须有人挺身而出，努力爱校，则大夏大学前途或可光明，否则破坏者不择手段，如汪精卫之反颜事仇，为虎作伥，视大夏大学为彼进身之工具，则大夏大学前途即不堪设想。"并嘱她代劝王毓祥来贵阳一行，看清大夏大学现局，勿为心胸褊狭、意志乖诘者利用，清理校债，保存校产，勿使寡廉鲜耻之辈掠夺以去。

大夏在王伯群等师生校友的共同努力下，最终保持校名，并争取教育部历年的多种资助。

王毓祥对学生素具关怀。大夏大学西迁时，部分师生途径长沙时，湘籍学生陈旭麓通过湘乡同学引介，结识王毓祥。王见陈才华横溢，遂介绍他到贵阳大夏大学读书。1938年，陈旭麓录取为大夏文学院中文系学生。由于陈旭麓仅上过孔道国学专科学校，没有读过新式学校，在大夏读了一年以后，教育部在一次检查中，查出他没有正式中学毕业文凭，遂令大夏将其退学。学校顾其学习勤奋，并未没有开除他，而是跟他出主意："你已学的成绩完全不作数，再从一年级读起，

---

① 《王伯群日记》，1942年3月5日。
② 《大夏大学百万基金募捐启》，《大夏周报》第18卷第8期，1942年6月1日。

183

以同等学力报部。"①陈于是从中文系转入历史社会系，再从一年级读起。1942年毕业后，被聘为贵阳大夏附中历史教员。

1943年5月1日，王毓祥致函王伯群，希望通融办理大夏校友田德明毕业证明书。函曰：有大夏文学院同学田德明，现任财政部稽核，照其从政资历可获简任之铨叙，惟因艰于家计，尚缺少数学分未修，致未取得正式毕业文凭，因之地位发生动摇，希望校中通融给予毕业证明。数日后，王伯群函复王毓祥，告知教育部的管理严格，无法为田德明出具毕业证明书。他复函道：

> 田生德明需要证件，于情固应通融，惟今教育部对于学生学籍法令昭彰，管制严密，而大夏大学以处境之艰危，欲与国立院校相竞存，亦不得不整饬纪纲，严格执行，不敢稍逾畦径，自干不合，一生学籍，部中存案，历历可稽，实难苟为出入也。尚请转谕田生，共谅为幸。②

王伯群在信函结尾，询问王毓祥"大夏十九周年校庆期近，吾兄离校多年，悬系自切，其能拨冗旬日，策驾归来，共假樽酒，以谋庆祝否耶？"从可稽考的史料中，在立法院作为驻会委员的王毓祥没有回到贵阳参加大夏十九周年庆典。直到一年之后在重庆寒冷的冬季，王伯群与王毓祥再次相见，不过已是阴阳两隔。王毓祥在瑟瑟寒冷的嘉陵江边，悲痛地为兄长般的校长王伯群呈送了一首挽诗：

> 风云同舟二十年，艰难奋斗仰先鞭。
> 回思领导提携雅，公谊私情两泫然。

---

① 陈旭麓：《陈旭麓文集5浮想偶存》，上海教育出版社，2018年11月，第327页。
② 汤涛主编：《王伯群与大夏大学》，上海人民出版社，2015年8月，第261页。

先忠后奸：王伯群与傅式说

王伯群对傅式说的评价可谓一言难尽。

傅式说可谓先忠后奸。作为大夏大学创办人之一，傅式说早年是知名学者、进步教授，对大夏有其功劳。但后来他为一己私利，追求高官厚爵，投靠汪伪政府，给自己也给大夏带来无妄之灾，被永远钉在历史耻辱柱上。

傅式说

一、协助主理大夏财政

傅式说（1891 —1947），字筑隐，浙江乐清人。曾留学东京帝国大学。厦门大学创办时，被聘为厦大教授兼注册主任、学生指导委员长。1924年6月，厦大学潮，他和欧元怀等在上海联合着手筹办大夏大学。次年1月，被大夏聘为总务主任。1927年3月，大夏大学由行政委员会恢复校长制，推举王伯群为校长。

傅式说因"精于财务勾稽"。[1] 1929年2月，王伯群聘其为会计处主

---

[1] 《祉伟先生永生》，《大夏大学》，第26卷第1期，1949年11月6日。

任兼校财政委员会主席。

1931年，大夏大学由于建设新校园投资过大，造成借贷还款比例失调，作为校财政委员会主任的傅式说也颇为焦虑。是年11月，王伯群同傅式说和欧元怀商谈大夏大学近况，感叹对付学生已疲于奔命，近日校中状况与吾人初志相反，为之奈何。王伯群亦深感办大学颇费精神与金钱，部分教职员和学生为金钱驱使而作政客的傀儡，殊为不值，需促筹挽救之策，否则对不起学生父兄。傅式说点头称是。

1932年11月，因财政压力，傅式说与欧元怀、王毓祥以辞职为由给王伯群施加压力，王伯群答应竭力奔走而外，以家用5 000元交学校拿去应急。三年后，欧元怀亲口表示欲辞大夏大学副校长职，并推举傅式说自代。王伯群耐心劝告说，傅未必肯继任，现在大夏正拟改革之际，纷纷求退亦不相宜，如何方妥，应再考虑，小范围内之三四人须先得谅解，如纯为个人计，则自己早已不顾一切而南行矣。傅式说闻罢，力辞自己不能代副校长职。

12月1日，王伯群与傅式说、欧元怀、王毓祥讨论大夏大学维持现状和将来发展计划。傅建议，鉴于国民党的权威足以影响学校之枯荣，拟鼓励大夏同事多从事政治活动，计划将之前向来不偏不倚的方针略加改变。王伯群是老革命家，对政党有自己清醒而深刻的认识。他不甚赞同加入党派，指出大夏能于最短时间发展到这个程度，第一，即不偏不党不受政变之累所致，倘党的色彩太浓，如大陆大学、中国公学之类早受打击；第二，大夏在政治未上轨道时，仍应我行我素，以待时机。最后得知大夏本学期至少需要3万元才能渡过难关。王伯群答以一星期为限，筹以应之。在王伯群的极力筹募下，大夏大学财政困难暂时得以解决。

然而，一波未平，一波又起。学校内部出现学生闹事暗潮。1933年1月

王伯群为大夏大学八婺学会题词

12日，王伯群与傅式说、欧元怀商校中几件要事：（一）开除辞退闹事学生事；（二）募捐通知董事及各教职员事；（三）王伯群提出辞董事长、聘军事教官等事。一周后，傅式说偕欧元怀来告陈济棠捐助大夏大学1万元已到。王伯群再次表示，拟推何应钦为大夏大学董事长。傅、欧均表异议，认为王伯群与何应钦二而一、一而二，以人论等均赞成，就事论则多一事不如少一事，当此风雨飘摇之际，奋斗不可少松，任一职与两职同样努力，建议王伯群校长再予考虑。王伯群觉两人意见不无价值，当再筹思。同时提出有政治结社的必要，但应以救国复民为目的，维护大夏乃救国家兴民族之一方法也，如此则社员不限于大夏，大夏政治人才太少，应留心罗致之。是年9月，王伯群对大夏领导层再做调整，确定新学期各委员会委员名单。校务会议主席为王伯群，任命傅式说为财政及校务发展委员会主席。

二、亲日派初露端倪

自九一八事变之后，国内局势日益危机。时序至1933年，国际社会正值高天滚滚寒流急。西方国家仍处于经济、政治危机中，社会矛盾日益激化，亟须外侵以转移矛盾；野心勃勃的日本开始扩大对中国的侵略，攻入山海关，觊觎华北。

傅式说毕业于日本帝国大学，时有日本交情不浅的同学、外务省科长奉政府派来沪调查，透露日本对中国态度。他跟王伯群转述数点：（一）日本于亲日亲美态度不明，十分焦虑，闻庐山会议当局，主亲美者二三人，亲日者无之，中立者最多数；（二）果中国不切实与日本合作，则日本必设法延长中国内乱，使中国无统一之协定，盖恐中国统一后与日本为敌；（三）因之闽省事件，日本不能说无关系，然亦不能说不助蒋；（四）现在日本以援助中国之议业已停止，并反对欧美以经济援助，故如美棉麦借款，日本多方破坏之；（五）庚款亦决定用作宣传日本文化于欧美之用，现已设有日本文化国际宣传委员会；（六）使华北成为伪满洲国，竭力促存黄郛之地位而利用之；（七）上海市民以金钱购飞机名为国防之用，实则助长内乱，如言国防直当于儿戏耳，焉有国防计划日日在口上宣传耶；（八）日本之急务，乃在与英美争海上霸权，绝非对中国。对中国早已绰有余力，不必再准备，然中国若亲美，则日本虽欲不侵略亦不可能矣云云。

王伯群听后，把相关情况转告正在北平的何应钦，以供参考之用。

日本在北方的步步入侵，加激了国内矛盾，同时也激发大夏大学内部此起彼伏的学潮。

1935年5月，王伯群听高岳生报告学生风潮。（一）本校学生会初无外人野心参加，不过少数学生欲出风头而已，嗣因引起各方注意，遂有上海市党部之干涉，实则市党部诸子对吾校尚无进取之意，因取去亦办不了，中国公学、暨南大学是其例也；（二）吴醒亚之青年运动总未办好，已觉快心，现吴开先自告奋勇，然最近之将来，亦决至为校方为难。王伯群闻罢，给高建议道："凡事宜积极，消极则费力大而成功小，指导青年亦然，故对本校学生今后用积极的态度与方法，希望同人本此意义，研究中心思想与理论（在三民主义范围中），以为训练青年之资料。"[1]

当天下午，王伯群与傅式说、欧元怀商校事：（一）财政问题。希望由大夏大学新村项下挹注5月份经常费，由图书馆项下挹注6月份经常费，由下期收入挹注7月份。此种办法实出于万不获已；（二）学生会事。提示欧傅应以最和平之法处理，勿引起斗争为第一要义。6月6日，王伯群主持大夏财委会，着力讨论下年度预算。会议决定"开源节流，量入为出"八字原则，开源只募捐一法，自当努力，然形势不好，为效甚小。节流则减一切开支，以教职薪为大宗，决定折扣、减月、减度三种，交傅式说清算后，再提会讨论。6月17日，王伯群归宅见傅式说已派人在家守候，王伯群遂从私人存款中给1 000元应急，并函告傅式说，因股票等无法抵押，而公债出售损失太大，欲与同人一商后再决定筹资办法。

7月13日，受傅式说之约，王伯群同赴日本大使有吉明宅晚宴。因闻专为自己设宴，别未请他人，故决意趋赴。同席除林筑之外，还有石射总领事等九人，席间杂谈，终席未及政治。通过此次赴宴事件，傅式说亲日面目初露端倪，王伯群始知傅式说跟日本关系匪浅。

三、汉奸卖国，死不足惜

1937年八一三淞沪抗战后，大夏大学虽然主体迁至贵州，但还留有傅式说、

---

[1] 《王伯群日记》，1935年5月6日。

鲁继增、吴浩然等部分教授留守上海，在王伯群和大夏大学的记录里，上海留守学校归属"沪校"。

大夏大学沪校管理层在面子上大家客客气气，但实则内部矛盾丛生。1939年6月29日，王伯群分别阅吴浩然、傅式说、鲁继曾和孙亢曾函电后，对沪校深表担忧。从函电中，王伯群知傅对鲁意见颇深，吴则始终好人一个，鲁则稍自私自利，海上同人似亦不十分推重，故上海大夏仍乏核心领导。盖沪校出现个人之见的矛盾，以及傅式说个人的政治追求，当汪精卫于1939年4月由日本特务秘密护送进入上海，次年3月30日在南京正式成立傀儡政权。傅式说被汪精卫招纳，先后出任伪国民政府交通部部长、浙江省主席、清乡委员会驻浙江办事处主任、建设部部长等职。

傅式说的背叛，引发大夏大学师生极度愤慨，也令学生感到羞耻。

1940年4月，大夏沪校成立护校委员会并发表宣言，阐述该会组织的局势背景，坦言爱国护校的职志，向校方提出公开表明态度，驱逐傅式说等汉奸教授以及汪派师生等数项要求。宣言曰："自汪家傀儡粉墨登台，傅式说甘为爪牙任'伪交通部长'后，外界对我大夏大学本已啧有烦言。""本会自始至终，悉以拥护抗战到底保护大夏大学为职志，且一贯本同舟共济之精神。""我等愿以诚恳坦白之态度向校方提出以下数项"，其中第二条是："驱逐汪派师生，已附逆之傅式说、严恩祚、张素民、卜愈等，与最近离校之汉奸教授，及隐藏校长之汪派师生，将名单公布，并一律立即解职或开除。"①

对于王伯群而言，傅式说逆反常理，投靠汪伪政府，作为同僚，深以为耻，作为大夏教授，让大夏蒙羞，且引发蒋介石及教育部对大夏国立百般阻拦和反对。但对于傅式说的个人选择，王伯群又无可奈何。

王伯群曾致函大夏沪校校务会议，专门谈到此中的遭遇。他说：

> 处此情形之下，弟等再四筹维，实觉除仍请将本校改设国立之外，
> 无法长此支持。经迭在校务会议提出，询谋佥同，并推派夏元瑮、徐汉
> 豪二先生为教授代表，去渝洽请亲谒陈部长。……惟据夏先生报告，以

---

① 《大夏大学护校宣言》，《职业生活》，第2卷第25—26期，1940年。

部方为沪校与宗寅①兄等一层关系，终怀成见，而本校毕业生之现任事部中者亦不免同此见解，致对两校态度竟生轩轾。即今经费支配未能平衡，亦因为部方之主张暂时终难调整，自移动汇兑固属困难，部方人员调查所及更属不便，凡此委曲情实，幸请鉴谅。②

傅式说的变节，令蒋介石耿耿于怀。1943年3月22日，蒋介石在贵阳黔灵山召见王伯群。在询问大夏近况时，直接问上海大夏大学何人负责？王伯群答"以鲁继曾，并谓傅式说脱离归伪已久"。蒋当时没有特别表示。但回重庆后，仍指令陈立夫把大夏合并改名为贵州大学。傅式说投靠汪伪，尤其是还担任伪浙江省主席一节，的确教蒋介石愤恨在心。盖蒋把对傅式说的痛恨，迁怒于大夏大学。

1944年2月，王伯群赴城南新村访朋友康时振，坐中闻傅式说在杭州遇刺身死。王闻后欣慰异常，道："如果属实，亦咎由自取也。为汉奸卖国求荣者又死一个，亦足以寒贼之胆。"

---

① 注：傅式说，字筑隐，为避讳，"宗寅"为筑隐之谐音。
② 汤涛主编：《王伯群与大夏大学》，上海人民出版社，2015年8月，第138页。

戚谊知交：王伯群与何纵炎

可以这么说：没有王伯群，就可能没有大夏大学。

可以这么讲：没有何纵炎的牵线搭桥，同样可能没有大夏大学。

何纵炎自大夏大学创建，到他退居台湾，在二十多年的时间里，以大夏校友和校董的身份，一直热心学校事务，忠心耿耿，忠贞不渝。

1926年2月16日，王伯群（左一）与何纵炎（左二）赴杭州为王文华扫墓后，参观西泠印社

一、劝募王伯群捐资办大夏

何纵炎（1901—1985），原名何应炳，以字行，贵州兴义人，何应钦的五弟。1922年贵阳南明中学毕业后，考入厦门大学。1924年6月，厦门大学爆发学潮，何纵炎作为离校学生团总部学生代表北赴上海，与留沪教师欧元怀、王毓祥等决议筹备新的大学。

可要筹办一所大学谈何容易？首先是缺资金。

何纵炎与王伯群是姻亲，三嫂王文湘是王伯群的三妹。他神情郁闷到王伯群家倾诉，告知自己刚从福建返沪，正愁筹办新校费事。王伯群惊问其故？何把这次由厦门来沪的原委完完整整地缕述一番。他说，厦大1923年冬季，因个别教授教学质量差，学生向学校提出改革要求，学校当局处理不当，并殴辱学生，激起全校学生及教师们的义愤。事态愈演愈烈，延至今年5月，学校当局又无理解聘尚未满期的欧元怀等教授，认为他们同情学生滋事。于是，部分教授愤而辞职，330多名学生有组织地离校到上海。①

王伯群闻罢，爽朗地送给何纵炎1 000元做备用。7月2日，何纵炎在大夏大学筹备会上，报告由前贵州省长王伯群处借钱款，足敷日内筹办之用。报载：

> 二日……下午邀留沪四先生至钜兴里本部开会……正值开会之际，何纵炎君趋车至，报告昨晚由前贵州省长王伯群先生处借得大洋一千元，足敷日内筹办大学之用，并谓王先生素具培植青年宏愿，将来当肯尽力襄助本校云。②

8月1日，经何纵炎引介，王伯群接待欧元怀等教授前来筹募，除先前借给大夏筹备处1 000元外，王伯群还专门捐赠银圆2 000元。何纵炎二十二年后在王故校长逝世二周年纪念暨大夏思群堂落成典礼上，对此事仍记忆犹新。他说：

---

① 王守文：《王伯群创办大夏大学始末》。政协黔西南州委员会文史资料研究委员会编：《黔西南州文史资料选辑》（第五辑），1985年，第150页。
② 毓：《总部到沪后纪事》，（续前），《血泪》，第7期，1924年7月12日。

民国十三年，我在厦门大学求学，为激于义愤，因闹风潮，为一般人认为"坏蛋"，但那次风潮的意义可征诸校史，那时我们和几位老师初至上海想另办大学时，一无把握。本人与伯群先生因有戚谊，当时他见我愁眉不展，追究原因，乃据实以告，并请求帮忙。当时伯群先生慨然应允，并谓在贵州时亦有创办大学之意，并出二千元，大夏自此建立起来的。[①]

关于大夏筹备过程和王伯群捐资 2 000 元，大夏大学原秘书王守文对此事记录得更为详细，他写道，厦大离校学生到上海后，因人多无学校可以容纳，他们推举何纵炎等代表请求来沪的原厦大欧元怀、王毓祥、傅式说、余泽兰等9位教授为他们筹组新校，解决失学问题。欧元怀等多方奔走，终以经费难于筹措，面对数百名中途失学的学生，感到爱莫能助而十分焦急。王伯群听了上述情况，对厦大来沪教授及学生深表同情，慷慨捐出银币 2 000 元，托欧元怀等租屋暂作校舍，迅速安置学生，以免流散、荒废学业。[②]

在王伯群，以及欧元怀、王毓祥、何纵炎等师生的合作下，大夏大学在上海正式创办。学校定校名为"大夏大学"，以志"大夏为厦大之沿革，而去其他地方性之'厦'，为华夏之'夏'，表示大中华民国的学府，故校徽六角代表六月，红色代表牺牲之革命精神，白色象征洁白无瑕，蓝色象征晴天，所以六月一日为本校校庆日"[③]。王伯群被推选为大夏首任董事长，聘马君武为校长。

二、由大夏校友而校董

何纵炎从大夏大学毕业后，南下广州参加国民革命军北伐，历任东路军经理科长、处长等职，随军转战福建、浙江。南京国民政府成立后，何纵炎放弃原有的职位，只身赴美国俄亥俄州立大学攻读经济学。1932年学成归国，任职王伯群执掌的交通部邮政储金汇业局储金处处长。

---

① 《王故校长逝世二周年纪念暨思群堂落成典礼讲词汇录》，《大夏周报》，1947年第23卷第4期。
② 王守文：《王伯群创办大夏大学始末》，政协黔西南州委员会文史资料研究委员会编：《黔西南州文史资料选辑》（第五辑），1985年，第151页。
③ 欧元怀：《大夏大学校史》，《大夏周报》，第25卷第2期，1948年11月7日，第4—5页。

何纵炎回国的20世纪30年代初，是大夏遭遇财政压力和校外政治渗透最严重的时期。

1933年7月，正在北平公务的王伯群接何纵炎来信，函中"详述大夏危险，嘱非借重有力者恐难维持"。8月19日，从北平返沪的王伯群征询何纵炎对大夏治理意见，何把自己的体察转告说，"近日大夏同人渐渐因财政困难有解体之迹象"，提醒校长以全力办大夏。

王伯群闻后心情颇为沉重，他跟何坦述道："余半年以来，本是如此主义，惜财政一端，则非目前个人能力所能负担，募捐则十分不易，如不能筹得巨款以资清尝积债，是同人各为生活所迫，必自行向各方活动，大夏不能不因之变更旧日之局面。"[①]每当大夏财政困难时，王伯群除自掏家用存款外，首先想到的是妹夫何应钦。他叮嘱何纵炎北上时将此意详告何应钦，以便共同想办法维持。同时商讨如何从邮政储金汇业局借贷，缓解大夏财政危机。何纵炎得令后，与欧元怀商妥，将自己存上海银行的二万数千元借给大夏。

是年秋，教育部发布《修改私立大学校董会规程》，规定私立大学均应完善董事会，成员不得超过11人。12月25日，王伯群主持大夏董事会，根据教育部规程进行改组，并修正校董会章程，选举王志莘、何应钦、杜月笙、马君武、杨永泰等10人为校董，王伯群为董事长。何纵炎与吴稚晖、汪精卫、邵力子、胡文虎、陈光甫、张嘉璈、黄绍竑、叶楚伧、荣宗敬、虞洽卿、刘文辉、钱永铭等一批政商精英为名誉校董。

由于何应钦校董军事傍午，何纵炎经常代表三哥出席大夏校董会。1934年4月，王伯群在愚园路公馆主持大夏校董会，何纵炎代何应钦，与王志莘、杜月笙等校董与会，讨论：（一）公推王伯群校董为董事长；（二）根据校董会章程第八条，推定本届各校董任期，其中何应钦、杜月笙、王志莘各二年；欧元怀、傅式说、王毓祥校董各四年；杨永泰、张竹平校董各六年；（三）继续扩充理工设备计划；（四）筹设奖励学术研究基金；（五）积极请中央及地方当局补助；（六）从本年秋季起，创办实验小学以利教育学院学生实习。

作为校友和名誉校董，何纵炎热心大夏校友工作。1935年6月，他协助王伯群邀请在南京工作的骆美奂、何纵炎、邰华、袁野秋等100余名校友商讨成

---

① 《王伯群日记》，1933年8月19日。

立江苏校友会，当场选出骆美奂任江苏队总队长，何纵炎、袁野秋、黄炎、邰华、黄允中任副队长，联络负责江苏校友。大夏西迁到贵州后，何纵炎担任邮政储金汇业局贵州分局经理，兼任全国节约建国储蓄运动委员会贵州分会干事、贵阳银行同业公会理事长等职。因为近水楼台，何纵炎继续垂注大夏，每次必定参加学校校友会、校庆等活动，以示支持。1940年4月，王伯群在护国路自宅主持大夏第二十二次校务会议，议决筹备庆祝校庆，并推定何纵炎、吴泽霖等组织校庆筹备委员会。在大夏建校十九周年纪念大会上，何纵炎代表校董致辞。他向全体师生校友激励道，吾大夏同

1933年，何纵炎（左）与四哥何辑五在南京合影

仁，宜各竭尽所能，团结一致，以昭告于社会。以大夏过去之精神，虽在极颠连困苦之中，犹能打开出路，况现在领导吾人者，皆能有崇高德行勋业彪炳之人士，只需吾人赴以毅力，持之坚贞，则过去之历史当更能发扬光大，而百年大计之基础，自可奠安之磐石也。①

三、于颠连中热心大夏校务

大夏大学西迁贵州后，学校财政更为艰难，王伯群朝夕为大夏打算，"筹措经费，收付账目，小钱大用，人不云其吝。"何纵炎动情地回忆道王伯群彼时办学之艰之力。他说，校长"曾将自己产业抵押以解学校之困，并以全付精力保存学校'自强不息'之精神，为本校改国立一事，为保存校名争取立校精神，此种

---

① 何纵炎：《大夏大学十九周年纪念感言》，《大夏周报》，第19卷第9期，1943年。

苦功，已为校友所共见"。①

正如何纵炎所言，"校长不但为政治家、教育家，也是经济大家。"何纵炎也尽己之力，扶持大夏。为解决学校财政之困窘，王伯群广泛联络贵州金融人士筹募借贷经费，作为金融界人士，何纵炎积极协力和配合。1942年6月，王伯群主持宴请金融界大佬，计到章伯可、赵雨圃、程觉民、薛迪锦、刘天宏（中央信托局襄理）、邓愚山（美丰分经理）、邵仲和（金城支行经理）、聂虞赓（聚兴诚襄理）、谢通芳（广东省行经理）、周其恒（亚西实业银行经理）等，何纵炎参与联络和周旋。宴会上，王伯群与银行人士谈大夏募捐之原因，请金融界援助之理由，是晚，大夏从各银行借贷200万元以纾财政之困。

滇南边区总司令部总司令卢汉的母亲大寿，原云贵监察区监察使任可澄特地为她作寿序。卢汉久慕王伯群书法，故托著名盐商刘玩泉跟王伯群求字。王伯群见长篇寿序，始觉书写太繁重，予以婉辞。何纵炎受卢汉之托，也专程拜访并极力促成王伯群，说到时请卢汉为大夏捐款。王伯群见何说卢汉有捐资的意向，遂首次鬻字为大夏筹资。

在民国政要当中，谭延闿以颜楷著称，于右任以草书闻名，而王伯群的篆书颇具声誉。在以后的十余天，王伯群每天辛苦撰篆。9月24日，"在家准备为卢永衡之母篆寿屏，因若干字尚不知如何篆法，一一检察之，至夜深始就寝。"9月25日，"午后，为卢氏写寿屏成第一条。"9月26日，"午前，为卢氏篆寿屏第二、三条。"9月27日，"午前，篆寿屏第四、五条。"9月28日，"午前，篆寿屏第六条"。午后，篆寿屏第七条，落一字勉为补之，原文为"虽居黔里不忘滇游"，因将"里"字篆掐遂改为"虽居黔不忘滇之游"。9月29日，"午前，篆寿屏第八幅。因左足尚痛，又两夜未得佳眠，精神不济致有误处三，殊愧也。"9月30日，"午前，勉作篆一幅。"

此次为卢汉撰篆屏，王伯群前后写了十数天，直到10月3日才算全部完工。"寿屏色红伤目，绢粗费力伤笔墨，故全篆十三条，破十余日之光阴。"王伯群撰毕，至感疲困不堪，发誓以后决不再承篆也。王伯群多次找到何纵炎，谈作寿屏之苦楚，希望卢汉为大夏多募基金。何连连应诺一定从中力推。

由于他们之间私交甚笃，何纵炎也经常借用王伯群的身份帮助友人。一次，

① 《王故校长逝世二周年纪念暨思群堂落成典礼讲词汇录》，《大夏周报》，第23卷第4期，1947年。

何纵炎得画家关山月之请托，欲借王伯群名分推荐画展，王自然允之，还特地去为关山月画展捧场。抗战中期，家国纷忧，经济困顿，王伯群在五十八岁生日时，决定避寿，免铺张浪费。但何纵炎等友朋来，强约生日赴花溪庆贺。盛情难却，他是日记叙云："以在家总不免烦扰，于人于己均不利，今年决避往他方，然避至何地始能免己不烦，而人不扰，如约赴花溪，以领盛情雅意云。"[①]

何纵炎对大夏校友会事务颇为热心，他参加王伯群主持大夏校友会会员大会，讨论提案和修订章程。何纵炎与王伯群、欧元怀、窦觉苍等15人当选为校友会理事，积极筹募大夏基金。他还对大夏教师极为关注，当闻孙亢曾教授欲辞职时，多次邀集校友赴其家中婉劝，孙才继续接受延聘，服务大夏。

1944年12月，王伯群逝世的消息传到贵阳，大夏及贵阳校友总会理监事惊闻噩耗后，假白沙教育厂召开紧急会议，推孙亢曾、何纵炎分别代表学校及校友会赴重庆协办后事，并向校董事会报告校务。次年5月1日，何纵炎参加董事长孙科在重庆交通银行召开的校董会，商讨募集王故校长纪念基金，决定将花溪大夏全部校产拨作伯群中学作永久校址之用。

1949年何纵炎升任邮政总局副局长兼邮政储金汇业局局长，旋即前往台湾。退休后，他创办亚东工业专科学校（今亚东技术学院）并就任校长。何纵炎前半生钟情大夏大学，在他人生最后的金色阶段专情于高等教育，这盖与王伯群20多年的熏陶和影响不无关系。

---

① 《王伯群日记》，1942年8月20日。

协济艰难：王伯群与许世英

1944年12月，当许世英遽闻王伯群在重庆去世的消息时，他心情黯然地给这位小自己十二岁的知交撰写了一幅挽词：

跻公辅位懋佐命勋楷则著中枢台省
惕坚冰临思时雨化荣哀极大夏门墙

王伯群与许世英有着近二十年的密切交往，他们于1927年前后汇聚南京，彼时正值"政治南下，军事北伐"，许世英曾是北洋政府的大官僚，自北京南下；王伯群则以北伐东路军总参议身份从南方向南京挺进。

一、为王伯群证婚

许世英（1873—1964），字俊人（静仁），安徽东至人。曾任北洋政府交通部总长、司法部总长、国务总理等职。从可稽查的史料记载，王伯群与许世英正式场合见面是在王伯群当选交通部长、轮船招商局监督的最初

许世英

198

期间。

1927年11月，王伯群在上海南洋西餐馆公宴许世英、李石曾、张继等各界名流与新闻界人士。此次招待会，主要是报告执掌交通部以来的治理成果，以及未来对交通和招商局改革推进计划，以冀获得社会各界支持。①由此之后，王伯群与许世英多次被同一委员会任命，譬如在国民政府委员会第九十二次会议上，他们被推选为中国国货银行筹备委员；1929年同被国民政府特命为赈灾委员会常务委员，许被指定为主席。由于多次共职，王伯群与许世英的接触日益频繁。斯年，全国各地出现不同程度的旱灾、水灾和蝗灾。王伯群与许世英等联名致电申报馆，发布消息，以资得到社会各界的支持："本会……想念灾区辽阔，灾情惨重，念疮痍之满目，益悱恻于中肠，责重材轻，虽时虞陨越，敬乞时赐箴言，以匡不逮，感甚幸甚。"②

是年4月3日，王伯群与许世英等再次联名发布《国民政府赈灾委员会募赈启事》，敬请海内外人士鼎力相助。《启事》先报告全国各地灾害情况："据报去年灾区至二十二行省之广，灾民在五千万人以上，其最甚者，为陕甘晋绥等省，终岁不雨，赤地千里。所资以为食者，草根树皮油渣石粉；所恃以为住者，破宇颓垣荒郊古穴。衣不蔽体，行无健腰，鬻子卖妻，县有人市之设，败尸朽骨野多兽食之余，他如豫鲁察冀桂浙粤皖湘鄂苏赣黔滇蜀闽热吉等省，或逢水旱蝗雹之交乘，或遇军事匪患之迭至，灾情惨重近亦罕有。"《启事》最后云："我国民政府关念民瘼……敬乞海内外仁人善士，大发慈悲，本己饥己溺之怀宏，群策群力之愿，或以金钱相助，或以语言文字宣传，傥承多赐几文钱，即多活几人之生命，抑或多颁一赈品，即多积一代之阴功，普救众生，造福无量。"③

在赈委会的感召下，灾区人民得到社会各界人士不同程度的捐资和襄助。

1931年6月，在前妻亡故三年后，王伯群续弦大夏毕业生保志宁。6月18日，王保在康脑脱路（今康定路）徐园举行结婚典礼。王伯群特地邀请许世英和上海市长张群为证婚人。许世英代表嘉宾致辞，他说道："今日伯群先生与志宁女士举行婚礼，伯群先生宣劳党国，执掌交通，故余有一譬喻，今日之婚礼，如新

① 《交长王伯群昨宴各界》，《申报》，1927年11月6日，第15版。
② 《公电》，《申报》，1929年3月22日，第2版。
③ 《国民政府赈灾委员会募赈启事》，《申报》，1928年4月3日，第2版。

造巨轮之行下水礼，又如邮政局寄第一次包裹，举行开包礼，又如电报局开幕之行开基礼，深望保女士辅佐王君，使交通事业日益发达。"[1]许氏幽默而有趣的致辞，令会场嘉宾鼓掌捧腹。

二、大夏附中设"世英堂"

1936年，中日关系日趋紧张。2月26日，日本军部少壮派军人发动武装政变，要求成立"军人政府"，建立军事独裁。事变发生后不久，军人叛乱被昭和天皇镇压，广田弘毅趁机上位，担任日本首相兼外相，任命有田八郎为驻华大使。国民政府为改善中日关系，把驻日大使蒋作宾调回，改许世英接任。

国民政府之所以调换驻日大使，是基于许世英与日本首相和驻华大使素有旧谊。早年许世英曾在东北任奉天高等审判厅厅丞，其间结识了日本驻沈阳领事馆的领事广田弘毅和副领事有田八郎。他们常在一起饮酒作诗，交往甚密。[2]不过，当许世英抵达日本与广田首相等会见时，彼此除寒暄叙旧之外，并未发挥实质性的外交影响力。两年之后的1938年初，蒋介石召回许世英，宣布与日断交。许世英返抵重庆后，重掌国民政府赈济委员会。是年底受派为中央救灾准备金保管委员会委员长。

由于王伯群与许世英密切关系，当大夏大学经济日窘时，王伯群经常寻求许世英赈济会的资助。为赢得许的支持，王伯群还托军政部长何应钦从中力促。1941年4月，王代何作致许函，请"援助大夏，勿使竭蹶"。7月24日，许世英给大夏汇赈款6万元。

4月25日，王伯群亲赴重庆赈济会访许世英，请他给予大夏附中深度资助。这一次，王伯群共提出五大要求，许世英都乐哈哈地予以答应。一则，探问给贵阳大夏附中拨款何时可领，许"当承告须五月底方可予"，并允5月4日先拨2万，余4万则汇往贵阳；二则，为大夏重庆附中救济6万元，许允酌给；三则，聘请许世英为大夏校董，"蒙概允，将回筑办理"[3]，11月，王伯群给许亲送大夏

---

① 《王保婚礼志盛》，《申报》，1931年6月19日，第15版。

② 《许世英》。张召奎、刘铨、陈金沙：《政界人物》，中国文史出版社，1991年11月，第115页。

③ 《王伯群日记》，1941年4月25日。

大学校董聘书；四则征求许的意见，拟以其名"世英"二字命名贵阳大夏附中之堂，许亦谦而乐之；五则请增拨大夏附中建筑费，许亦均表同意。

许世英自受聘大夏校董之后，对大夏国立也予以相当关心。12月10日王伯群接教育部长陈立夫复信，通告大夏欲改国立须经过校董会讨论同意。王决定在何应钦公馆召集在渝校董开会，以完成请改国立的法律手续。次日，王伯群亲赴半边街请许世英赴何宅出席大夏请改国立董事会。12月12日许世英与孙科、梁寒操、张嘉璈、钱永铭、杜月笙、何应钦等8位校董一致赞成请政府援复旦大学例改为"国立大夏大学"，并托许世英、张嘉璈、何应钦于行政会议时主张不变更校名。

1942年3月，王伯群携木耳、清茶酬谢访许世英，并汇报大夏改名国立之经过，请其明日到校董会公决救济办法。当又闻许世英"拟补发大夏中学救济费八万元"，心情大为快慰，感叹道："如此则中学困难今年可以解除。"第二日，王伯群在重庆上清寺孔祥熙公馆主持大夏校董会，许世英、孔祥熙、钱永铭等11校董出席。① 此次校董会，为大夏争取到教育部一笔不菲的经费补贴。

11月2日，王伯群闻参政会对赈济委员会不满，"主张取消且已有决议"，许世英愤而辞职。王伯群除动员民生主义经济学社的同仁前往慰问并商讨对策。自己亲赴向家湾安慰许世英，"当见许伏案作小楷，抄陶诗，不知何用。壁间见阎锡山、蒋介石近赠寿文。"王伯群以"道高一尺、魔高一丈慰其被参政员罗衡提案弹之慊"。② 12月12日，许世英再允补助贵阳大夏附中9.6万元。

王伯群经常以老友身份看望许世英。1943年1月，王伯群"赠以白木耳一匣、奶粉二磅半"，许歉然受之并询及大夏经费事，王将去年"请款二十四万之代电当面交许，许亦即批决发"。1月28日，王再请许特别相助贵阳大夏附中1942年度所请每月补助2万，并催汇去年度7.2万元。许均慨允。

1943年11月20日，王伯群致函许世英，请周济大夏重庆附中。函谓：

静仁先生前辈勋右：
    都门拜别，不胜依依。遥维政躬康胜，仁慈普济为颂无量。敝校

---

① 《民国三十一年三月十七日开会记录》，《校董会等会议记录簿》，第37—44页，华东师范大学档案馆藏，档号：81-1-58。

② 《王伯群日记》，1942年11月22日。

附中，战区学生处境窘迫而校中经费维艰，未能一一以济。向蒙贵会赐助，群情感奋，目下物价益觉飞涨，其困苦之状更倍于昔，故特电达贵会，伏乞仁怀广济，甘露宏施，则莘莘学子戴大德于无涯矣。

后学　伯群[①]

王伯群的求助，得到许世英的热情回应。1944年5月19日，王伯群赴重庆叩访许世英，谈及大学附中补助费，许慨允相援，并鼓励王伯群勉力维护大夏发展大局。王闻罢，内心对老朋友感念不已。

---

① 汤涛主编：《王伯群与大夏大学》，上海人民出版社，2015年8月，第194页。

惺惺相惜：王伯群与蔡元培

南京国民政府奠定南京后，王伯群和蔡元培作为革命先驱，均被授予国民政府要职。1928年8月，国民党二届五中全会决议由"军政时期"转为"训政时期"，实行"一党专政，以党治国"。同年10月南京国民政府公布《国民政府组织法》，规定"中华民国之治权"，实现"五院制"，蔡元培任监察院院长；行政院设十部，王伯群被任命为交通部部长。

蔡元培

蔡元培（1868—1940），字鹤卿，号孑民，浙江绍兴人。国民政府当年褒扬蔡元培："先后任教育总长、北京大学校长及大学院院长，推行主义，启导新规，士气昌明，万流景仰。近长中央研究院，提倡文化事业，绩效弥彰。"① "生平致力于教育文化事业，于国家贡献伟大，贻泽至深。"②

---

① 《府令褒扬蔡元培》，《中央日报（重庆）》，1940年3月17日，第2版。
② 王云五、罗家伦等著：《民国三大校长》，岳麓书社，2015年6月，第128页。

王伯群与蔡元培由于多年的同僚关系，在合作和往来之间，建立了深厚的公谊和私交。

一、指定为国民政府常委会出席人

1931年6月，国民党中央政治会议第二十七次会议决定，王伯群与蔡元培、张学良、朱培德、何应钦、孔祥熙、王正廷等十一人为国民政府常委会出席人。

其实早在三年前，他们作为国民政府委员和中央政治会议委员，就一起参与了国民党中央及政府各大事务的管理和决策。1928年1月，王伯群与蔡元培、何应钦等得云南代表李雁宾函报，云南自去年2月改革以来，方期奉行三民主义，努力革命工作，效忠党国，不意胡若愚排除异己，私图于6月14日兴兵搆乱，大肆抢掠，又复勾引客军，糜烂桑梓，因之群情愤激，一致敦促龙云负责戡乱。迄今半载，已将胡部完全击溃，驱逐客军出境，恢复地方秩序，惟省政府尚未正式成立，施政无由。拟请中央明令委任人员，赳日组织省政府，以专职责，俾地方政治早趋正轨，以慰人民喁喁之望，而抒政府南顾之忧。王伯群和蔡元培经过调查认为，所称尚属实情，便共同拟定云南省政府委员名单议案，提交国民政府三十三次委员会议讨论通过，"任命龙云、范石生、胡瑛、金汉鼎、陈钧、张维翰、马骢、丁兆冠、张邦翰九人为委员，并任命龙云为主席，陈钧兼财政厅长，丁兆冠兼民政厅长。"[①]

1931年九一八事变后，外侮日亟，由于蒋介石不抵抗政策，学生游行风起云涌。三天后，王伯群出席总理纪念周会，听邵元冲报告日本以横暴手段强占我辽沈，屠戮我人民，违背公法，惨蔑人道。他是日记载云："余愤日人之横击，国势之不振，又因己病，灵病相间而来，精神不快，心绪不宁。"[②] 9月28日，王伯群参加国民政府纪念周会，在返回交通部路上，闻学生已往外交部请愿，将王正廷部长殴伤。两天后，王伯群陪同于右任、蒋介石分别接见大夏大学学生请愿团。事后，安排火车速送大夏学生回校。[③] 11月25日早晨，王伯群自南京抵达上海北

① 《滇省政府委员发表之经过》，《申报》，1928年1月27日，第9版。

② 《王伯群日记》，1931年9月21日。

③ 《大夏大学学生昨日到京请愿》，《申报》，1931年10月1日，第7版。

站时，因昨夜上海八九千大中学生赴南京请愿，致车不能按时开行。

面对纷涌的学生游行潮，11月27日晚，王伯群出席戴季陶主持的国民党执监委员会议，讨论二案：（一）蒋介石不宜直接接见民众团体，须组成一委员会以应付之。推荐于右任为委员长，张治中、朱家骅为副长；（二）责成教育部召集在京教育界要人组成一会，以直接指导学生团体。12月9日，王伯群再次出席中央政治会议，蒋介石提议两事：（一）国难会议组织大纲决议原则通过办法，派人筹备一切；（二）学生借外交问题渐有出轨举动，形势严重异常，应设法对付，免幼稚青年因爱国而亡国云云。会上，戴季陶复议说青年已发疯，整个的教育问题值得注意，然无论治标治本，总不开枪，宁牺牲一二警察亦所不惜。[①]各委员均赞同戴意，决定组织特种教育委员会，推蔡元培为委员长，委员十余人。数日后，上海各大学五百余学生示威团抵南京北站，蔡元培致电王伯群等大学校长，望劝阻学生赴京。两天后，王伯群访蔡元培商讨运送学生平息学潮办法，闻"因被学生殴伤，蔡入医院疗养去"。12月18日晚，王伯群赴蔡府慰问，并参加蔡与林森、吴铁城、陈铭枢等为广东新来政府要人洗尘宴。

二、先后任交通大学校长

1927年，王伯群将南洋大学更名为交通部第一交通大学，并任命符鼎升代理校长。由于学校经费不敷使用，捉襟见肘，符鼎升决定大幅度增收学费，取消免费生制度。岂料他的"一增一减"措施，引发学生的强烈不满。9月开学，交大便爆发"驱符降费"学潮。[②]次年2月，符鼎升被迫挂印悄然离校。

翌年1月，王伯群以"交通大学是工业界重要大学，关系国家前途者甚巨，主持者非耆德硕学之士，必不足以孚众望"为由，在国民政府第三十五次会议上，提议"请任命蔡元培为交通部直辖第一交通大学校长"。会议决议照准所请。

2月3日，王伯群签发任命蔡元培为第一交通大学校长的训令：

---

① 《王伯群日记》，1931年12月9日。

② 盛懿、孙萍、欧七斤编著：《三个世纪的跨越：从南洋公学到上海交通大学》，上海交通大学出版社，2006年3月，第112页。

令代理第一交通大学校校长符鼎升

为令遵事本月二日准

国民政府秘书处函开现奉

国民政府令开任命蔡元培为国民政府交通部直辖第一交通大学校长此令

等因奉此，除填发任命状并公布外，相应录令函达查照等因，准此合行

令仰该代校长俟蔡校长到校时，即便遵照交代呈报。此令。①

2月20日，王伯群参加蔡元培就任交大校长仪式。在就职演说中，蔡元培坦诚道明了自己准允所请就任校长原因，他说："顾及欧美各校，其校长不必具有专门之学术，且大学校长多为名誉的，故敢应王部长所请而来。"②

蔡元培前后担任交大校长四个月。

在此四个月期间，蔡元培主要进行三项改革。一是，改革学校行政机构，决定添设注册处、教务处以及训育委员会等三个机构，并且调整学校原有的机构布局；二是，增加经费，解决教师欠薪问题。比如交通部每月支持一万增加到一万五，教师欠薪七五折改为八折发给；三是，改科设系。改科设系与科系并存使交大教学体制规范化，课程设置系统化，推动基础课程水平的提高，使学业管理的班级制逐渐转向学分制。③

由于蔡元培一心想效仿法国实现他教育独立思想的大学院制。6月14日，蔡于国民政府第七十二次会议上提请辞去交大校长兼职。6月21日，国民政府令准蔡元培辞职，王伯群继任。令文曰：

兼国民政府交通部直辖第一交通大学校长蔡元培呈请辞职，蔡元培准免第一交通大学校长兼职。此令。

又令：

---

① 《交通大学校史》撰写组：《交通大学校史资料选编》第二卷，西安交通大学出版社，1986年5月，第2页。

② 上海交通大学校史编纂委员会编：《上海交通大学纪事1896—2005》上，上海交通大学出版社，2006年3月，第190页。

③ 盛懿、孙萍、欧七斤编著：《三个世纪的跨越：从南洋公学到上海交通大学》，上海交通大学出版社，2006年3月，第114页。

任命王伯群兼国民政府交通部直辖第一交通大学校长。此令。[1]

7月1日，蔡元培偕王伯群出席交大校长就任典礼。蔡在主持中称交通部长兼任校长有"三利"：一是能知道国家需要何种人才而培养；二是经费容易筹措；三是人才可以做到学以致用。话音刚落，获得与会师生热烈掌声。

关于王伯群就职校长经过，程志政在《记第一交通大学之空前两大盛典》中做了详细忆述。兹摘录如下：

> 前日（一日）下午二时，王校长特由京莅校，行就职宣誓典礼，同日并举行直隶国民政府后之第一次毕业式，师生来宾之莅止者，可千余人。礼仪之隆，情况之盛，实开该校从来未有之新纪录。
>
> ……
>
> 王伯群之宣誓式。二时由海军总司令部军乐队奏乐开会，雅乐玲琮中，见蔡元培、王伯群等缓步而入。就职时，王校长偕蔡先生登台，王左蔡右，面总理遗像北向，王即高举右手，朗诵誓词，盖蔡氏奉国民政府及中央党部前来监誓，亦可见国家对该校重视之一斑矣。[2]

王伯群统筹交通部资源，为交通大学谋求发展。7月6日，王伯群在交通部召开全国交通会议新闻发布会上，就如何罗致人才时指出，国内各交通大学毕业学生，出洋留学，国家补助经费，平均每人需占数千元，储才当求实用，在国家考试制度未施行前，设甄录委员会，请中央党部国民政府均推委员加入，俾此项专门人才，得尽量甄纳。

王伯群在就任交大校长期间，着手进行数项突破性的改革。

其一，对交通部部属大学进行改组。将沪、唐、平三校合并，组成交通大学，定名"交通部直辖交通大学"。全校分设三地，上海的第一交通大学改称为交通大学机械工程学院、电机工程学院和交通管理学院，唐山的第二交通大学改

---

[1] 中华民国史事纪要编辑委员会编：《中华民国史事纪要初稿中华民国十七年（1928年一至六月份）》，1978年7月，第1122页。

[2] 程志政：《记第一交通大学之空前两大盛典》，《申报》，1928年7月3日，第21版。

称为交通大学土木工程学院，北平的第三交通大学改称为交通大学交通管理学院分院，以上海各学院为本部。[①]

其二，增加办学经费。交大经费从以前的每月15 000元增至20 000元。从该年9月起，教职工始发全薪。[②]

其三，强化制度建设。一是，在交通部颁布的《交通大学规章》中，确定"本大学以培养交通及工业专门人材谋实现三民主义为宗旨"；二是，主持颁布《交通部直辖交通大学组织大纲》，大纲共八条，其中规定在交通部长之下设置校务监督员，对学校各部门的工作进行全面监督。学校设校长一人总理校务，秘书长一人负责秘书处事务，机关各部、馆设主任一人掌管该部、馆事宜。每学院设院长一人负责该院事宜，全校设校务会议，由校长召集，参加人员为校长、秘书长、各主任、各学院院长及教授代表、学生代表各三人。

其四，重视体育活动。王伯群对学生体育运动进行严格的管理和要求，主持制定《交通大学体育规章汇览》，分总纲、体育课程、体育奖励办法、校际各队职员获选规则及应尽职务、课外普及运动暂行规则、各项管理规则等六方面七十三条。

王伯群对交通大学近乎突破性的改革，引发北平交大校友的误解、不满甚至抗议。在是年8月中旬全国交通大会上，通过北平交通大学归并上海交通大学后，北平交大旅沪同学会代表谒见王伯群，表明北平交大不会南迁。"自全交会议通过北交大归并上海一案后，引起该校全体之反对，同时上海交大亦以表宣言，驳斥提案人之谬误。"王伯群热情地接见抗议代表，耐心且开诚布公解释道："北平交大因限于校址，为图扩充起见，暂时南迁，并非取消。外交致多误会，将来仍当三院分设，上海办机械，唐山办工程，北平办管理。现交通部为慎重起见，特设审查委员会，关于北交大暂时要否南迁，尚在计虑，并接收各方之建议。"[③]

1928年10月，国民政府决计秉承孙中山"交通为实业之母，铁道又为交通

---

① 《交通大学校史》撰写组编：《交通大学校史资料选编》第二卷，西安交通大学出版社，1986年5月，第3页。

② 陈华新主编：《百年树人——上海交通大学历任校长传略》，上海交通大学出版社，1997年9月，第104页。

③ 《北平交大归并问题王伯群部长之谈话》，《中央日报》，1928年8月28日，第2版。

之母"①之"遗教",设立铁道部,任命孙科为铁道部长。

铁道部成立后,王伯群除把交通部涉及铁道的相关业务分拆给孙科外,他还主动把交通大学移交给铁道部,他表示:"职部交通大学系分设上海、唐山、北平三校,该校等组织虽有不同,要皆以造就铁路人才为主,历年办理迄未变更。"他提出,"欧美、日本各国留学、实习学生向来多注重铁路方面,既铁路行政事宜既奉令移交铁道部管理,职部交通大学及留学各事拟请一并移交铁道部管理办理,以专责成而明系统。"②11月,王伯群辞交通大学校长职,由孙科接任。

王伯群与蔡元培尽管不再担任交通大学校长,但仍一如既往关心交通大学的进步发展。

1934年,王伯群、蔡元培等联合发起《为添建交通大学图书馆书库的募捐启事》。启事曰:"蒙盛氏昆仲移赠之愚斋藏书一万六千四百余卷,苟非另建书库,则于储藏阅览两端实至困难。""惟校内经费有限,而部库也不充裕,所需费用约二万元未能筹措。"③在他们的劝勉倡议下,交大图书馆书库得到社会各界和商绅之襄助。

王伯群之于交通大学的贡献,即使过了13年之后,使交大仍然记得这位校长。

1941年5月,王伯群接交通大学唐山工程学院茅以升院长的邀请函,盛邀他出席三十六周年校庆纪念大会。5月14日,王伯群偕大夏大学教授夏元瑮和原广州总统府陆军中将杨秋帆同车共赴贵州平越。抵平越城外时,茅以升率同教职员多人拦道相迎。

1931年,王伯群为上海交通大学题词

① 《孙中山全集》(第2卷),第382—383页。

② 《中华民国国民政府行政院令第84号》,《铁道公报》1928年第1期,第28页。

③ 《交通大学校史》撰写组编:《交通大学校史资料选编》第二卷,西安交通大学出版社,1986年5月,第11页。

次日，王伯群在纪念典礼上登台演说，在致贺后，说可庆之点有三：一曰抗战以还，大学被蹂躏，而倒闭者不少，交大唐院卒能内迁，日益发展内容，充实规大；二曰交大教授有继续在校服务三十余年者，以交大为终身事业；三曰交大毕业生对抗战有极大贡献。最后，王伯群提出三点希望：一是希望能再发扬光大，认定铁路建设为一切建设之母而努力；二是希望以西北、西南铁道为中心工作；三是希望注意政治。①

王伯群执掌的大夏大学与交大唐院还有一段学科因缘。1941年9月，教育部指令大夏大学进行院系调整，其中理学院土木工程系裁撤，学生并入至交大唐院，一律借读到四年毕业。毕业时仍由大夏发给毕业证书。

三、推荐熊十力到大夏大学任教

王伯群与蔡元培都是教育家，他们对各类人才格外关心。蔡举贤不避亲，多次给王伯群推荐人才。

一次是给王伯群推荐航空法专家林我将（字时彦）。

1931年8月，蔡元培致函王伯群，推荐专家林我将到交通部就职。时交通部下辖中国航空公司和欧亚航空公司，王伯群分别兼任理事长。蔡在函中对林我将的情况做简略介绍：

> 林君我将，曾在美国支加哥航空研究院研究，回国不久。鉴于我国航空事业正在扩展，而航空法尚未规定。亟应设立航空法研究所，利用各国业经研究有得之各种材料，以促进国内航空事业，且助国际航空之发展。听其绪论，至为扼要。执事提倡航空，不遗余力，倘能在贵部专设机关，从事研究，将来收效，必不在小。兹因林君晋谒，特为介绍，还希面询其详，酌予相当奖掖。

王伯群接蔡元培的推荐函后，专门召见林我将，在详细了解相关背景后，拟推荐到中国航空公司。次年7月，林参与筹备中国航空协会，王伯群为之捐款以

---

① 《王伯群日记》，1941年5月15日。

示支持。1933年元旦,中国航空协会正式成立,在理事会上,林我将与王晓籁、史量才、王正廷被推举为常务理事,并指定为秘书长。作为航空法制专门委员,林我将积极倡导航空救国会筹办航空厂。[1]同时,他还力倡发展航空教育,开办飞行班。[2]

1933年1月,蔡元培再次致函王伯群,此次是推荐北京大学教授熊十力到大夏大学任教。函谓:

> 伯群先生校长大鉴:
>
> 黄冈熊十力先生精研宋明理学,对于道德政治甚多卓见,又由是而研究印度哲学,进支那内学院治"惟识论"数年,不满于旧说,著《新唯识论》,现已付印(中华书局),其他言论略见于其门弟子所辑之《尊闻录》中。良为好学深思之士,曾屡在北京大学讲印度哲学,每星期两点钟,酬报百元。因北平严寒,于熊先生甚不相宜,欲改就上海讲学,如贵校能按照北大条件请熊先生为讲师,于学生之思想及行为上必有好影响,专此介绍。并祝教祺,敬候示复。
>
> 蔡元培敬启
> 一月二十日[3]

对于蔡元培推荐哲学家熊十力教授,王伯群自然不敢怠慢。在与大夏副校长欧元怀详细征询教务课程后,确定大夏课程已安排结束,暂时不需延请。同时认为两个钟头一百元报酬,一个月至少需要四百元课时费,对大夏也是不小的财务压力。数日后,王伯群复函蔡元培,歉意表示一时无法接纳熊十力来大夏任教。他复函道:

> 子民先生台鉴:
>
> 顷奉大函,敬悉一是。熊先生学术造诣夙所钦佩,惟敝校下学期所

---

① 《航空救国会筹办航空厂,林我将晋京请示,将提三全会讨论》,《时报》1932年12月19日,第6版。

② 《林我将谈发展航空教育》,《时事新报(上海)》,1933年5月5日,第4版。

③ 汤涛主编:《王伯群与大夏大学》,上海人民出版社,2015年8月,第201页。

有学程早已订定，限于经济未能增开，尚希鉴原为幸。专此奉复，顺颂
台祺。

王伯群

廿二年一月廿四日

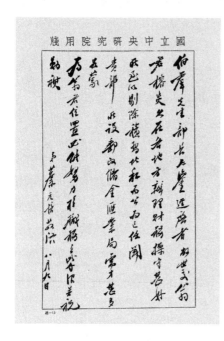

蔡元培致王伯群函

蔡元培早年在北京大学推行系列改革，主张"思想自由，兼容并包"，实行"教授治校"制度，提倡学术民主，支持新文化运动，成为数代人的精神偶像。他提出"大学为纯粹研究学问之机关，不可视为养成资格之所，亦不可视为贩卖知识之所。学者当有研究学问之兴趣，尤当养成学问家之人格"之观点，也成为近代大学的圭臬。

蔡元培在中国教育界拥有巨大的声誉，王伯群自然不会放弃眼前的机会，他经常邀请蔡元培来大夏出席各种活动，指导学校办学，为师生传经送宝。

1928年4月，蔡元培受邀出席大夏校长就职典礼和春季师生恳亲会。王伯群在就职典礼上略谓大夏"有特别精神与光荣历史，就是第一是创造精神，第二师生合作，第三大夏大学同人能刻苦自治，可以为社会表率，养成良好之社会风俗，以很少经费办极大事业"①。大夏的办学成效深得蔡元培的赞许，蔡在致辞中说：兄弟到场，第一是道喜。大夏以极少钱收极大效果，诚为国立各大学之模范。大夏在经济恐慌期间，毅然设最费钱之理科，办学宗旨自与其他私校不可同日语。所谓教育，殊含研究性质，学校乃教员与学生获得研究机会。讲至此，蔡伸手指着桌上的茶杯道："奈今日教员一如茶杯，盛载几许茶水。学生如空杯，教

---

① 《大夏校长就职补志》，《申报》，1928年5月2日，第11版。

员不过灌注若干茶水于空杯而已，可不哀哉。惟大夏独不然，能救时弊，倡师生合作，更值得兄弟来道喜。"①5月17日，蔡元培主持召开全国教育会议，王伯群也自然前往捧场。

在大夏大学六周纪念暨毕业典礼时，王伯群再次邀请蔡元培出席纪念活动，全校两千余师生云集在群贤堂前的大草坪。蔡元培在致辞中给予大夏极高的评价，他说："私立大学办理进步速者，推大夏大学为独步；而推行导师制，尤为开国内各大学风气之先，盖导师制在欧美各国，极为教育家所重视。"②

1932年冬，王伯群闻教育部将改革高等教育，拟停办文法学院。这对像大夏、复旦、光华等文理为主的大学来说，无疑为损兵折将。上海大学联合会即派代表赴南京请愿，王伯群在蔡元培等协助沟通下，国民党三中全会未将该案列入讨论，而交由中央政治会商议，最后议决是限制文法学院，即限制大学以后不再添设，而非停办文法学院。

蔡元培曾受邀到大夏做《民族复兴与学生自治》演讲。③他在演讲中指出，我们不能自认为是劣等的民族，或只认为是民族的退化，所以要复兴。欲复兴民族，他提出三点要求：第一，强健体格；第二，提升知识及能力；第三，提高品行的修养。他指出："大夏大学早已采取了牛津、剑桥的导师制，更有做榜样的资格。故复兴民族，应由你们做起。"接着鼓励道："我现在要劝诸位自己先做起来，学生自治会，就是促进个人自己努力的机关。"④蔡元培在演讲中，特别主张美誉代替宗教，希望人人都有一种自然而然的善意。

1934年10月，王伯群母亲去世，他首先想到的是请蔡元培点主。不巧，蔡此时正在青岛休养，称"病不克来"。⑤王伯群乃亲书一函托何应钦转请戴季陶点主。六年之后，蔡元培因胃溃疡不治在香港病逝，瘗骨于香港仔华人永久坟场。又四年，王伯群也因胃溃疡遽逝于重庆，瘗骨于嘉陵江北的猫儿石久安公墓。青山有幸埋忠骨，两盏照耀民国高等教育的明灯，在狼烟乱世，熄灭了，永远地熄灭了。

---

① 《大夏校长就职追记》，《申报》，1928年5月10日，第17版。

② 高平叔撰著：《蔡元培年谱长编第3卷》，人民教育出版社，1999年3月，第434页。

③ 《学生自治会举办民族复兴讲座，蔡院长讲民族复兴与学生自治》，《大夏周报》，1935年第11卷第30期，第828—829页。

④ 《复兴民族与学生》，《大夏八婺学会会刊》，1936年6月。

⑤ 《王伯群日记》，1934年1月13日。

金融硕勋：王伯群与钱永铭

1905年，王伯群是贵州公派留学生中唯一选择经济学专业的学生。扎实的专业背景，让他日后拥有超强的筹资理财、金融运作和财政治理能力。返国后，王伯群积极投入经济和金融实践活动。

一是，投资实业和贸易。创办贵州裕黔公司，从事茶丝、开发铜仁矿产等，发行裕黔公司钱票。创办群益社，主办全省矿务。[①]担任中美火油公司董事、岸边、仁边销区官盐委托运销总处董事长；二是，联合创办银行。与吴宗濂、蒋尊簋等发起成立上海岭南银行，[②]担任浙江实业银行董事、建国银行董事和聚康银行董事长；三是，投资上海银行、国华银行、广东银行，以及上海电车、业广公司、祥新面粉厂等股票；四是，投资报业，参与投资《时事新报》并担任副董事长，入股《晶报》等报纸并担任董事；五是，投巨资创办私立大夏大学，维持二十七年；六是，主理政府财政。协助贵州省长刘显世治理财政和解决军饷危机，历任江苏省财委兼上海财委委员、国民政府内外债整理会委员、中国国货银行筹备委员、全国经济委员会委员等。1930年创立交通部上海邮政储金汇业总局，业务几于中央、中国等四大国有银行齐肩。

---

① 贵阳市志编纂委员会编：《贵阳市志党派群团志》，贵州人民出版社，1998年，第32页。
② 《新组银行之消息》，《申报》，1923年4月9日。

由此，他与彼时一批金融家和财政家，如钱永铭、陈光甫、张嘉璈、李铭、宋子文、孔祥熙、吴蕴斋、王志莘、徐新六、胡孟嘉、徐寄顾等建立了广泛而密切的联系，尤其是他与钱永铭交往与合作，前后贯通近二十年。

一、联手维护国家电政主权

钱永铭（1885—1958），字新之，浙江吴兴人。早年肄业北洋大学，留学日本神户商学校。历任盐业银行、金城银行等四行储蓄会副主任和四行联合准备库主任、上海银行公会会长、南京国民政府财政部次长、中央银行理事、浙江省政府委员兼财政厅厅长等。后辞官转任中兴煤矿公司总经理、中兴轮船公司董事长、交通银行董事长等职。

钱永铭

1927年3月，国民革命军总司令蒋介石抵沪后，约见擅理财政的王伯群请其襄助自己筹募军费。同时授意上海商业储蓄银行总经理陈光甫等组织江苏兼上海财政委员会（简称"苏沪财委会"），指定筹款1 000万元。①随即，蒋以总司令部名义发布成立苏沪财委会，整理江苏省及上海一切财政事宜。②王伯群与钱永铭、陈光甫、虞洽卿等工商金融界巨头当选为委员。

4月下旬，王伯群与钱永铭等先后参加苏沪财委会第二、三、四次会议。4月22日讨论钱永铭提议江海关二五附税库券发行额增至2 000万元的提案。次日听取蒋介石通过俞飞鹏提议把发行额增至3 000万元的意见。后，王伯群、钱永铭等委员一致赞同"二千万元之原案"③。至4月底，王、钱等委员为蒋筹款

① 陈光甫1927年4月23日致蒋介石函，《档案与历史》1987年第1期，第67页。
② 总司令蒋中正：《国民革命军总司令部布告》，《申报》，1927年4月27日，第3版。
③ 《江苏兼上海财政委员会第2、3、4次会议记录》1927年4月22、23、24日，《中华民国史档案资料汇编第5辑第1编，财政经济（一）》，第4—8页。

王伯群致钱永铭函部分（1、2）

一千万元。①

　　自1927年5月，王伯群担任交通部长以来，致力于收回外国租界电政主权。6月25日，王伯群致函钱永铭就收回租界电话主权相互协助，反对华洋公司股权售于外商。

　　王伯群指出，查交涉收回上海租界电话主权一案，交通部已会同外交部及华人团体办理在案，现在华洋公司悍然不顾，竟定于27日开特别股东会，准备实行售给外商，且造作种种说词，以图蛊惑股东及用户而遂其欲。租界电话关系主权，一经失却须忍受外人把持至40年之久，甚或万劫不复。至于商民权利，尤为党国所最重视。王伯群在函中转告，交通部原定方案是对华洋公司旧有华股，本拟于接收后准照市价兑易现金，或折合更换新股票作为商股；对于旧有洋股，则将特准华商收回，或由政府收买；对于将来营业价目，纯图维持事业之繁荣，

<hr>

① 吴景平：《江苏兼上海财政委员会述论》，《近代史研究》，2000年第1期。

与商股之利益，迥非外商之仅求营利者可比。王伯群在函中强调："今时机紧迫一发千钧，诸公夙负时望，用特电恳，迅即联合一致，将此中利害，对执有股票各华商，详细解说，促其于开股东会时，全体出席，共起反对售给外商，并盼于民众方面广为宣传，以期达到收回目的而挽主权。"

钱永铭在接电后，是日下午复电表示拥护政府主张："接奉电示，关系华洋电话公司擅售与外国商人及租界当局，擅许新公司公用事业特许权关系，国家主权至巨，凡属华人均极反对。"钱表态说，对本月27日该公司股东特别会议，决一致抗不出席，以示积极反对。专候政府严重交涉，以达收回目的。

二、联合组建抗战时期第一所联大

1937年八一三淞沪抗战爆发。强寇压境，国难严重，王伯群与复旦大学代理校长钱永铭商定组建"复旦大夏联合大学"。"联大以教育为国家命脉所系，不欲战事影响而中辍。间关入赣，继续开学。"[1] 9月20日，王、钱一同会晤教育部长王世杰，决定设复旦大夏第一联大于庐山，第二联大于贵阳，于10月底在庐山开学。

10月22日，王伯群与钱永铭呈报王世杰，请求刊发复旦大夏大学第一联合大学校印。呈文表示窃本校在江西庐山择定校舍筹备就绪，现定11月1日开学，8日上课。并刊学校钤记一颗，文曰"复旦大夏大学第一联合大学钤记"。又校长小章一颗，文曰"复旦大夏大学第一联合大学校长之图章"，即日启用。[2]

教育部之所以允准联大成立，意图是联大西迁后，拟借其内迁分别解决赣黔两省无完全大学的空白，故对联大多为支持。但当教育部见联大对时局持观望态度时，初表不满，迁校经费迟未下拨。[3]王伯群颇为着急，他致函钱永铭商讨应对之策。他分析说："教部重在赣黔设永久性之联大，以备将来改为国立（黔请设国立大学已在中政会通过），借此不费而塞责。今见赣校设在庐山，黔校并未筹及，遂大为不满。以弟揣度，欲教部践履开办费十万（合九十月应领者在内），

---

① 汤涛主编：《王伯群与大夏大学》，上海人民出版社，2015年8月，第114页。

② 欧元怀：《大夏大学的西迁与复员》，《中华教育界》，复刊第1卷第12期，1947年12月。

③ 杨家润：《复旦大夏联合大学始末》，《档案与史学》2000年第2期。

217

经常费照定额七折之诺言，势必一面承认庐山，为应急的开学，以后再物色相当地址为永久之图，同时对黔校亦须积极进行。"①钱接函后，赞同筹备黔校当可速为进行。

联大在庐山一切基础性的工作就绪后，王伯群自南京乘"龙圣轮"抵九江上庐山，偕钱永铭主持联合大学行政委员会会议，决定请欧元怀、章友三、鲁继曾、谌志远、邵家麟、王裕凯等赴黔筹备第二联大。为确定办事处合法地位，王、钱联合呈报王世杰，请求设立驻京办事处，并以王伯群南京青岛路私宅作为办事处之用。呈报云："窃本校现在南京设立驻京办事处，聘王毓祥、端木恺为本校代表，地址在南京青岛路青岛新村三十七号。"

为彻底打消教育部的顾虑，王伯群与钱永铭一方面联名致函江西省主席熊式辉，恳请准拨永久校地，以便在江西扎根。函谓："准予令饬九江县政府查明莲花洞附近有无官产地皮约千亩左右，地段得纯为平原者为上，倘是处并无官地，敝校拟圈购民地，其低价请由县府遵照公用征收办法办理。"②

另一方面，王伯群积极筹划迁校贵州的准备。首先，他与钱永铭就拨拆船事联名致委员长行营电，请求援助："敝校第二联大设贵阳，有院长邵家麟等七人运图书仪器一百六十五箱，将由宜至渝，转道赴黔。敬恳贵处惠赐赞助，迅拨差船运输到渝。"其次，他与钱永铭联名致函贵州教育厅厅长张志韩，恳请解决讲武堂若干问题："前承省政府拨给讲武堂为敝校校址。"③有数事请教育厅赐予赞助：一是，请转呈省政府派员会同对讲武堂训练应用器具造册；二是，请转呈省政府转函航空学校将材料迁移于贵山书院或其他场所；三是，请设法转移第九十九师第一营第一连部队；四是，请教育厅核定保送中小学教职员至学校进修学生名单，以便登记分班。

诸多事务妥善处理后，次年1月18日，王、钱再次联名致函张志韩厅长，声请高中生免试入学办法规定，强调三点：凡本届高中会考及格学生志愿升入第二联大肄业者，得向省教育所登记请求保送；由教育厅汇齐登记人数连同各该生本届会考各科分数于本月22日以前送交本校；由联大招生委员会审查成绩以实去

① 《王伯群就联大统一对外口径事致钱永铭函》（1937年10月6日）。中国社会科学院近代史研究所近代史资料编辑部编：《近代史资料》总117号，中国社会科学出版社，2008年，第209—210页。
② 汤涛主编：《王伯群与大夏大学》，上海人民出版社，2015年8月，第114页。
③ 汤涛主编：《王伯群与大夏大学》，上海人民出版社，2015年8月，第276页。

取，其经准予免试入学学生名单及入学手续均在本城各日报公告。

为尽快解决第二联大师生员工西迁贵阳的困难，王、钱联名致电蒋介石，请派专轮协助迁校。电文谓：

南京军事委员会蒋委员长钧鉴：

　　本校奉教育部令，于必要时迁并贵阳第二联大。唯交通梗阻，教职员学生数百人难于成行，图书仪器运输维艰。伏恳令饬主管机关速派专轮开来九江，运送入渝，转道赴黔，无任拜祷。

复旦大夏第一联合大学校长

钱永铭　王伯群　叩[①]

11月20日，国民政府发表移驻重庆宣言，宣誓："国民政府兹为适应战况，统筹全局，长期抗战起见，本日移驻重庆，此后将以最广大之规模，从事更持久之战斗，以中华人民之众，土地之广，人人本必死之决心，继续抗战，必能达到维护国家民族生存独立之目的。"十一天后，国民政府开始在重庆办公。

自上海沦陷后，南京告急，日寇军舰溯长江西上，九江庐山危急。教育部令第一联大于必要时迁并贵阳第二联大。[②]当第一联大辗转至重庆时，由于贵阳讲武堂无法接纳更多的师生，复旦大学决定在重庆办学。

1938年2月3日，王伯群与钱永铭、吴南轩联名呈报新任教育部长陈立夫，请求在重庆北碚觅地建校曰："昨在北碚看得嘉陵江东岸，即北碚对岸，东阳坝平地千亩，最为适宜。交通方便，环境佳良，附近有民居可临时应用。"[③]复旦保证将建造房屋，布置设备，本年暑期内便可稍具规模。故联名呈请准依《土地征用法》征用东阳坝土地，以便经营而期久远。

大夏、复旦大学分别在贵阳和重庆落根办学后，两校认为合作使命基本完成。钱永铭呈报教育部，请求联大第一、第二部分别立校。报告提出："爰经本校详加讨论，定于二十六年度第二学期，即以在重庆之第一部改为复旦大学，在贵

① 程晓藕等：《抗战时期复旦大学校史史料选编》，复旦大学出版社，2008年，第9页。

②《复旦大夏联校将迁贵阳》，《申报》，1937年12月1日，第2版。

③ 汤涛主编：《王伯群与大夏大学》，上海人民出版社，2015年8月，第116页。

阳之第二部改为大夏大学。"①

与此同时，王伯群与钱永铭联名呈报四川省政府，请求省政府备案联大分立办。由此两校彼此互送原有员生，至3月下旬，在重庆百余师生分别乘车或步行来贵阳。②4月，大夏大学和复旦大学分别正式恢复原名，王伯群与钱永铭两人完成两校西迁使命。

三、为大夏贷款及筹资

1927年10月，王伯群主持大夏大学第二十七次校务会议。决议此后周期集会拟邀请钱永铭、陈光甫、张嘉璈等金融界著名校董到大夏演讲。王伯群此举，一是开阔师生视野，二是借此让金融界人士进一步了解大夏发展盛况，对大夏未来充满信心。

两年后，由于胶州路大夏学生已达1 200余人，特别是理科实验室和图书阅览室过于狭小，"胶州路校舍，摩肩叠迹，深感不敷"。王伯群决定募集巨款向上海市房地局定购中山路新校址。是年6月，王伯群假钱永铭担任会长的上海银行公会主持召开校董会，重点报告大夏中北路校区建筑规划，首期需款40万元，议决该款由校董会、校长等分担筹集，暑期内将新教室先行兴工建筑。③

1930年3月，在王伯群筹谋协调下，向钱永铭担任董事的四行储蓄会、金城银行、上海商业储蓄银行等联合借贷，由各银行组织银团。大夏经过数年的建设，一跃成为沪上最大的校园之一。1936年王伯群决定发行大夏建设债券，动员钱永铭、孙科、吴铁城、杜月笙、王志莘等校董联名代表董事会，相互担保。

大夏经过全体师生七八年的努力奋斗，"夏屋渠渠，一切设备，咸具规模，所有资产，数逾百万"。然而，"同人决不以此自满。况如图书馆、科学馆、体育馆、大礼堂等，为大学教育所必须者，均因限于经济，尚因陋就简，未能单独建筑，于学术讲习，既多不便，于心身训练，尤觉未周。"1932年12月19日，钱永

---

① 汤涛主编：《王伯群与大夏大学》，上海人民出版社，2015年8月，第244页。

② 欧元怀：《抗战期间大夏大学的苦斗》，《教育杂志》第29卷第4号，1938年4月。

③ 《各校行毕业礼·大夏大学》，《申报》，1929年6月25日，第11版。

铭与吴稚晖、荣宗敬等大夏校董联名发布大夏第二期建筑募捐公告："此期建筑，全部之预算定为五十三万"，"尤望海内贤豪，本爱护大夏大学之素怀，慨解义囊，共襄盛举。"①

王伯群与钱永铭交往甚久，他们经常组织和参加私人聚会。1927年6月，王伯群赴胡筠庄宅参加钱永铭设宴，"席间有家庭音乐队奏西乐器"。②1931年6月，钱永铭在徐园参加王保结婚典礼。1938年12

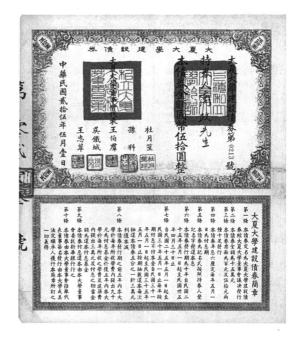

1936年5月，大夏大学发行建设债券

月底，王伯群接王正廷由香港来电，言钱永铭月底到港，不知能否请赴港一叙？王当复电云："以下月在渝开五中全会，请新之下月中旬在渝晤叙。"1941年2月，接钱永铭函，告3月中旬将往渝，盼前往会晤。1942年5月，钱永铭致电祝贺王伯群被财政部派为交通银行驻监察人。王一面致谢钱的好意，一面致函孔祥熙，婉拒担任交通银行监察，理由一为体素屡弱，衰病日增，二为年来大夏受物价高涨影响，常在艰危困窘之中，难于兼顾他事。"谨此急切陈词，交通银行常驻监察人一职请另派贤能，庶免贻误。"当他托钱永铭把辞交通银行监察函交孔祥熙时，钱转告曰："银行不久改组，可不必辞。"

1943年，大夏大学财政日益困窘。王伯群决定向中央银行、中国银行、交通银行和农民银行等四大行借款200万元以渡难关。2月23日，他访交通银行贵州分行经理邹安众，咨询大夏向四行借款有否可能，邹答复都有可能。接着，王伯群再访中国银行贵州分行经理赵雨甫，赵说仅在贵阳分行办理借款，在手续上恐

① 《本大学第二期建筑募捐缘起》，《大夏周报》第9卷第14期，1932年12月26日。
② 《王伯群日记》，1927年6月14日。

四总行难以通过，建议两个方法：一是先与四行总行负责人先确定；二是如由永岸或仁岸盐业公司出面代大夏借，则不必报总行，即报总行也易通过。最后，王伯群再访农民银行贵阳经理薛蓉城，薛之顾虑与赵雨甫相同。

综合与中央、中国、交通和农民银行等四行经理咨询结果，王伯群觉得除交行外，其他三家银行均有不同程度的碍难，除非再与永岸刘熙乙总经理商谈，如能由永岸代借固佳，否则恐难望成功。两天后，王伯群赴仁岸公司，与刘玩泉、刘熙乙谈大夏向四行借款事，刘熙乙提议把股票作抵之办法，如贷款200万元，则先借400万股票作抵押，如此对大夏较为有利。

为能借出款项，王伯群想到钱永铭。他致函钱，请疏通中央、中国、交通和农民银行负责人，为大夏顺利借款。数天后，中国银行贵阳分行襄理王戊辰持赵雨圃函来访。告知各行总行由理事长钱永铭已疏通就绪，手续仍由大夏备一公函送贵阳四联分处即可。同时，王伯群接交通银行经理邹郑叔电话，言奉董事长钱永铭已疏通就绪，嘱备公函即可办理。

王伯群闻罢，为之狂喜。

王伯群特地设宴邀请赵雨甫、邹安众、薛蓉城，商谈大夏大学向该三行借款事。当场，交通银行允借80万，中国银行允借60万，农业银行允借40万，共为180万元。王伯群希望中国银行再增20万，凑足200万元，赵雨甫允办。大夏大学总算凭借此款，渡过难关。

7月22日，王伯群接邹郑叔电话，告钱永铭不久生辰（旧历7月20日），欲得贵阳画家桂百铸一画为寿，托为致之。王伯群旋访桂百铸，桂开口便是生活不易，当视报酬之多寡为优劣。王答："以酬不计，当使满意，画亦宜教人满意方善。"[1]

钱永铭不仅在借款方面予以帮助，还协助王伯群向川省金融界和实业界劝捐。

1944年3月，王伯群函钱永铭和杜月笙，请代向迁川各公司银行捐募基金。5月26日王伯群趁出席国民党五届十二中全会第七次会议之机，凭钱永铭的情面，请来了两桌金融界人士。钱永铭起呈介绍嘉宾后，王伯群报告大夏经济拮据，有不能维持之况，来者均表同情。此次募捐，总共为大夏募集基金110万元，极大地缓解了大夏因通货膨胀导致的财政困难。

---

[1] 《王伯群日记》，1943年7月22日。

敬而远之：王伯群与吴鼎昌

1938年2月，当王伯群挈妇将雏自香港而越南而昆明而贵阳的路途中，收到贵州省主席吴鼎昌欢迎回黔贺电。人们有理由相信，当王伯群统率的大夏大学600余师生西迁贵州，成为贵州首家本科院校时，吴鼎昌一定如获至宝。然而，美好的情景并未如人们所想象的那样出现。在7年多时间里，王伯群与吴鼎昌之间，虽非方枘圆凿，冰炭不相容，但也有以邻为壑之谓。

一、《大公报》的报道

王伯群与吴鼎昌（1884—1950，字达铨，）最早作为对手，当在1919年2月在上海举行的南北和议时期。

王伯群以南方代表出席。吴鼎昌因得到皖系、安福系及徐世昌的认可，被推选为北方代表。他们分别作为南方和北方代表团的决策者之一，多方周旋并争取南北双方妥协，努力推进和议的筹备和谈判。

三个月的南北谈判破裂后，王伯

吴鼎昌

群和吴鼎昌各奔前程。王继续追随孙中山从事民主革命，而吴则投身金融，担任盐业、金城等四行储蓄会主任，成为金融集团的首脑。同时，吴与张季鸾、胡政之等接办《大公报》，自任社长，实现他"右手执笔，左手执斗"人生愿望。

1931年，王伯群结发妻子去世三年后，在母亲的一再催促下，续弦大夏大学毕业生保志宁。6月18日，他们在上海徐园举办结婚典礼。

对于这场婚礼，上海《申报》等主流媒体均有报道，但报道内容多为现场记述。如《申报》报道云："交通部长王伯群与大夏大学毕业生保志宁女士，昨日下午五时在康脑脱路徐园举行结婚典礼……四时三十五分，新人新娘在军乐声中步入礼堂，王氏服蓝袍玄色马褂，保女士服白缎绣花礼服、披长纱，仪态万方，端庄秀丽，笑容可掬。"[1]

6月19日，吴鼎昌执掌的《大公报》，却以揭露式的火爆标题报道这场婚礼。

王保之婚
蒋宋之婚无此旖旎
王赠保嫁妆费十万元，新屋瓷砖价值五十万

这篇复合型标题报道让王伯群从新婚的兴奋中一下子沉郁起来。新闻除简述现场婚礼外，核心披露："闻王赠保嫁妆费十万元，保初欲出洋求学，后结婚，现婚后再出洋。""王在愚园路建筑新屋，其轩敞，瓷砖由泰山砖瓦厂定造，值逾五十万。"[2]

由《大公报》肇起的揭露式的负面报道，教一向谨慎、谦恭的王伯群不胜其烦，但久居官场的王伯群自然深谙宽恕之道。

尽管《大公报》失实报道给王伯群带来精神困惑和名誉损害，亦给蒋介石的南京政府与汪精卫、孙科等粤派的广州政府争斗平添了一层混乱。但他并未痛恨吴鼎昌，也未与之结怨。1932年1月，王伯群专托交通部电政司司长钟秉锋会晤吴鼎昌代为致意，"《大公报》狂吠之处，自己已忘怀，嘱吴勿介怀，并不可轻听

① 《王保婚礼志盛》，《申报》，1931年6月19日，第15版。
② 《王保之婚　蒋宋之婚无此旖旎》，天津《大公报》，1931年6月19日，第6版。

谣传及挑拨之言。"①是年3月，王伯群赴北平见张学良之时，趁赴金城银行总经理周作民设宴之机，以恩师姚华的《弗堂类稿》托交通部次长韦以黻转赠给吴鼎昌，代致问候，以示同好。

二、吴氏对大夏大学不曾资助

王伯群不计前嫌，主动示好吴鼎昌。但没有史料证明吴鼎昌回礼致歉，冰释前嫌。不过，从吴鼎昌对大夏大学的态度，可见其内心仍存芥蒂。

王伯群和吴鼎昌在贵州的不期而遇，他们也许都不曾想到。

贵州是王伯群的桑梓之地，也是王伯群的福地。他与胞弟王文华组织护国运动，声震海内外，历任黔中道尹、任贵州省长（未到任）等职。1932年，蒋介石希望王伯群回任省主席，但由于诸多原因，王伯群一直未曾如愿。1937年八一三淞沪抗战，王伯群率先把大夏大学西迁回贵州，在贵州教育厅长张志韩的安排下，是年底以贵州讲武堂为校址，在贵阳前后办学达七年之久。

贵州之于四川人吴鼎昌虽是场意外，但也是福地。1937年12月16日，行政院召开院务会议，决定改组贵州省政府，任命吴鼎昌为省政府主席。吴鼎昌接到任命后，还是有点惊诧，因为他已于"十二月二十日搭轮西上，在行前数小时始知已裁定命予赴黔"。②由文职出身的吴鼎昌担任省主席，并兼任滇黔绥署副主任、陆军上将，总揽贵州军政大权，在彼时算是特例，因为其他各省主席均为军人主政。

大夏大学到贵阳后，不像在工商繁荣的上海办学那般顺利。

首先是校址不稳定。大夏抵达贵阳的第二年，王伯群得到一个信息，吴鼎昌认为大夏独占讲武堂，提出要大夏搬离。王的好友、贵州省党部主任王漱芳转述省政府有大夏迁校提议，他建议王伯群："大夏应早有准备，否则临时张皇反多不便。"

王伯群闻之，颇为不解：大夏"迁校则不能上课，学生固损大无算，教育前途亦不堪设想，空非长期抗战时期所宜，如云防备空袭，则晚间上课，昼间避

---

① 《王伯群日记》，1932年1月24日。

② 吴鼎昌：《花溪闲笔》初编，贵州印刷所刊行，民国二十九年十二月出版，第3页。

开，未为不可，故大夏大学唯有镇定处之，不愿事先逃避"。他接着历述大夏对贵州的贡献，"以大夏大学移黔开办，为黔造就人才，开启文化，贡献颇大，计若无大夏大学来黔，黔省至少有三百学生不能升学。"①

其次是办学经费左支右绌。为筹措大夏办学经费，王伯群广开财路，一是争取教育部财政资助；二是跟华问渠、戴蕴珊、伍效高、帅灿章、邓若符等实业家和盐商劝募；三是举办盐务专修班等各类培训；四是与刘玩泉、刘熙乙等投资创办银行和投资盐务公司。即使如此多渠道筹资，仍不能满足大夏经费所需。王伯群希望得到省政府资助，但吴鼎昌未予理睬。王伯群告诉王漱芳，大夏曾函省府求补助学费12万元，而吴鼎昌视大夏大学如蛇蝎一般不予，殊为大可怪之至，"以一省主席而自私自利如此，尤为可怪。"

尽管被吴拒绝，王伯群为保存大夏文脉，他仍寄望于省政府施以援手。他拟通过大夏副校长、省教育厅长欧元怀沟通省府补助问题。欧元怀转告说，他曾多次上报吴鼎昌，但"似未允，并表示数日内再促之"。不久之后，王伯群又跟欧元怀告大夏近况之艰，问省政府是否能补助？欧"略言与吴谈话经过，似无希望"。②大夏作为贵州历史上第一所大学，在贵州前后办学近九年，为贵州培养1 500余名本土人才，同时以教育学院为基础成立贵州师范大学，大夏附中（伯群中学）并入贵阳一中成为该校重要基础，花溪2 000亩校园并入贵州大学。吴鼎昌对大夏始终未曾施于援手，对高等教育如此缺乏同情，也属罕见。

吴鼎昌尝有"政治资本有三个法宝：一是银行；二是报纸；三是学校，缺一不可"之名言。难道是自我标榜？吴鼎昌冷眼旁观，难道只是与王伯群的私怨？或者只因贵州经济贫困，吴无以资助？笔者从《吴鼎昌与贵州》一书中，发现其中的端倪，揣测其中的深意。抗战爆发后，先后有大夏大学、浙江大学等9所学校入迁贵州。"吴鼎昌明知这些大学迟早会离开贵州，便抓住这个时机，利用这批来黔高校的师资、设备、专业、技术、经验等条件，积极与教育部领导联系，筹备创建贵州省高等教育的工作。"③

这是吴鼎昌谋划本省高等教育的高瞻远瞩，还是心胸狭隘进行本土化的保

---

① 《王伯群日记》，1938年12月11日。

② 《王伯群日记》，1941年3月2日。

③ 何长凤：《吴鼎昌与贵州》，贵州人民出版社，2010年11月，第51页。

护？令人迷惑。因为同为上海的光华大学西迁至成都、复旦大学搬迁到重庆所遇情况与此大相径庭，四川地方政府对这些外来高校均给予不同程度的扶持和资助。

三、王伯群议政引发吴氏怨恨

由于王伯群的特殊资历、地位和性格，他对贵州地方事务多有意见和表态，再加上跟王伯群走得很近的省党部主任王漱芳、省教育厅长张志韩、省国民参政会参政员马宗荣等黔籍知名人物，素以性格刚直著称，经常对吴鼎昌治理下的贵州多有异词。有段时间流传王伯群鼓动"黔人治黔"，挑动黔人反对外籍人士，欲自己代替吴鼎昌做省长的传闻。

王伯群的妻侄周元椿自重庆返回贵阳，他转述重庆政府要人得吴鼎昌报告，告状说黔人尚继续挑外，如王漱芳率党部人员到省参议会的各质问与提案都是证例，幕后领导者直指王伯群。

王伯群闻罢，内心虽有愤恨，但还是耐心解释其中的过程。他说："若准肆行贪污，榨取盗窃，掠夺种种罪恐不自觉，而不准天地间有是理乎？如是而可忍，则又何必抗日，日本人之侵略亦不过如是而已。能为吴鼎昌等之顺民，则可以为日本人之顺民，况吴辈亲日派素以归顺日本而自重，后挟日本人之力而夺取政权者。若辈直接为日本人之顺民，欲黔人间接为日本人之顺民为双料之顺民，万不可能。"

王伯群虽然内心对吴鼎昌多有不满，但以其声望和修养，对政府的腐败无能不作为即使怒目切齿，也不会怒形于色。他只得在日记中表达个人情感："黔人素重正义，重革命，万万不甘受此屈辱，此为天地之正气，岂余能指使者耶。人类有良知，能以判别公理是非，岂一二人如此胡为胡行，可以掩盖天佣人之耳目耶，该达铨与其狐群狗党可以休矣。"①

王伯群与吴鼎昌之间关系何以紧张至此？吴对王何以有如此成见？

王伯群好友、原广州总统府陆军中将杨秋帆道出了其中的症结：他们之间的宿怨，恰如吴鼎昌所言："伯群对我不满，系因在交通部时代《大公报》曾加以攻

---

① 《王伯群日记》，1939年6月21日。

击渠上海住宅耗费五十万之类，实则此为编辑人之责，我不知也。"

王、吴之间的恩怨又回到文章开头。

王伯群闻罢，淡然略述当年事情的原委，以及自己如何主动示好吴鼎昌的情形。他说："《大公报》之事，余早于忘怀，即当时也知为通讯记者与编辑人所为，未罪达铨也。"王伯群实情相告杨秋帆道："吾之不满为二十七八年各县吏治太坏，贪污者多，吴不稍审，余举王同荣、刘旭光向吴尽忠告，吴反倒到渝向张群、何应钦谓余为领导黔人排外，不为是非，不察情。实则何告知我吴之态度后，1940年回黔，余即不问黔事，现在刘旭光畏罪潜逃，王同荣贪污案发给拘，可证余当时忠告不诬。吴擅宣传余领导黔人排外为别有作用，彰彰明矣。今吴撤换，孙希文而整顿吏治或小有觉悟。"

杨秋帆作为双方好友，一直想调和王、吴之间的关系。这当然也是王伯群之所愿。

1940年3月2日，杨秋帆转告自己与吴鼎昌晤谈，希望双方冰释前嫌。

王伯群幽幽道："虽言愿合作，然尚无事实表现。"是年4月，吴鼎昌排斥省教育厅长张志韩，欲调换大夏大学副校长欧元怀。吴鼎昌与何应钦商讨，何再与王伯群反馈吴的建议。王认为吴鼎昌聘欧元怀为教育厅长，无非两种情况：一是善意，则为减除大夏与贵州省府隔膜及整顿本省教育；二为若恶意，则釜底抽薪，肢解大夏管理团队。但王伯群仍从大局出发，乃复何应钦，绝对赞成欧元怀就任厅长，服务全省教育事业。

欧元怀的加盟，让吴鼎昌如虎添翼，但对于王伯群而言，大夏所有的筹资、领导和管理工作都堆压在了他一个人身上。

四、王吴之间的有限接触

王伯群一直谨慎地处理自己与吴鼎昌的关系。从他们有限的接触中，感受到他们之间力图保持礼貌式的距离和张力。

1941年元旦，王伯群受邀赴省政府参加吴鼎昌主政三周年午宴。在正式宴会前，贵阳市长何辑五致开会词，歌功颂德，无微不至。平刚致辞则奖惩兼顾，寓讽于劝。何欲请王伯群发言，王表示："无良好贡献，却之。"最后吴鼎昌做答词，略谓过去之事是非不问，今后则从新做起，似有已经往如昨日种种死，今后则今日种种生之意。词毕立餐，王伯群"进汤一杯，面包二片，遂先行归家"①。

是年7月30日，王伯群闻吴鼎昌三女儿结婚，遂备一礼帐赠之。"吴将帐内上下款收去，帐及帐中四大金字俱退回。"王伯群觉此亦一退礼法。9月2日，何应钦自重庆视察贵州，王伯群偕保志宁赴吴鼎昌夫妇设宴，他与吴"未谈何有关之问题"。次日中午，王伯群设宴回赠吴鼎昌、何应钦、何辑五伉俪。11月17日，王伯群往贵州参政会听何应钦报告军事、郭泰祺报告外交。在会场遇马宗荣，闻马对吴鼎昌颇有怒词，王稍作安慰，并暗责马的幼稚与浅薄。

1942年10月，王伯群赴贵阳招待所参加贵州省党部委员傅启学、李居平等7人公宴，与吴鼎昌对面坐，听其略谈此次出巡北路各县情形。吴劝王伯群开酒禁，王以恐过量，却之。王伯群赴贵州省教育厅，跟欧元怀反映贵州："中等教育太坏，故农工先修班以十七分为及格，殊可痛。"欧有所感，拟向吴鼎昌辞去一切兼职，专门整顿教育，王伯群"亦赞同此举"。

贵州怡兴昌银号总经理戴蕴珊，曾被省政府指定为筹建贵州银行委员，后与省府意见分歧，得罪了吴鼎昌，官厅以戴囤积粮食的罪名予以逮捕。杨秋帆急急地找到王伯群寻求解救戴的办法。王提出两种解决思路：一是以此事须先嘱杜协民询吴鼎昌意见，然后进言，否则意见太相左反不妙。平情而论，戴个性太不慷慨，致乡人及商界同行嫉妒之者多，故官厅乘虚而入，所谓物必自腐而后虫生，惟今之计，总以吃一点小亏，始能了结；二是请贵阳市长何辑五从中转圜。后戴蕴珊由亲家赖永初等按此思路操作，不久保外就医获释。

1943年3月16日，蒋介石抵贵州视察。王伯群拟赴贵州临时省参议会谒蒋，但后思有吴鼎昌在场不便说话，如参加又不能不说话，故中止而到校。3月22日，王伯群受邀赴蒋介石茶会，蒋询各位来宾意见。王伯群记述很有意味，从字里行间隐藏着对吴鼎昌的轻慢：何季纲举孟子"以逸道使民，虽劳不怨，以生道杀民，虽死不怨"二语作隐刺黔政意。任可澄"委婉达到民负担重、官责任轻，讥政治之无成绩，不能配合军事外交后，又言造林必先保林，否则随造随毁终无达目的之时"②。王伯群见话渐支离，乃言木炭汽车大行，亦毁林之一因。王

① 《王伯群日记》，1941年1月1日。
② 《王伯群日记》，1943年3月22日。

伯群谈到的木炭汽车，是吴鼎昌手下的贵州企业公司从美国购买的大型卡车七十多辆，改装成中国机械制造厂研制生产的木炭代油炉，"不用一滴油，行驶在渝、昆、衡、柳等处"，担负西南交通运输的主要任务。[①]贵州素产山丝，因木炭汽车兴而山丝大量减少。

吴鼎昌曾对人道："一个人要立大业，须以魁星为楷模，右手执笔，表示有文字力量；左手执斗，表示有财力，其实魁星本人却是穿的一副武装。"[②]他主政贵州七年，总是穿一套佩带上将领章的呢制服。下班回到家里就换上长袍，穿一双双梁的便鞋。由此也一窥吴鼎昌独特性格中的一面。1944年11月，日寇兵临黔南独山，贵阳危急，黔桂边区总司令汤恩伯抵达贵阳，迭次召集地方有关人员会议，会上对吴鼎昌毫不客气批判，多次让吴下不了台。吴原是政学系主要成员，在戎马倥偬的局势下，当然无法来应付兵荒马乱的危局，最后不得不电请辞职。[③]

王伯群与黄郛、杨永泰、张群、钱永铭等政学系关系素来尚善，但独与吴鼎昌敬而远之。本文述论王伯群与吴鼎昌这段独特的交往和关系，诚可多一个角度对民国要人的历史认识和深入理解，亦望史家多予关注和研究。

---

① 何长凤：《吴鼎昌与贵州》，贵州人民出版社，2010年11月，第124页。

② 尚传道：《对吴鼎昌主黔七年的回忆》．《贵州文史资料选辑》第31辑，贵州人民出版社1992年9月，第68页。

③ 宋思一：《黔南事变前后》．贵州省政协文史与学习委员会编：《贵州文史资料选粹政治军事篇下》，贵州人民出版社，2011年12月，第646页。

繁华沧桑：王伯群公馆的宿世今生

如今愚园路上的上海市长宁区少年宫，前身为王伯群私宅。关于这座哥特式建筑风格的私人公馆，近百年来有过各种扑朔迷离的传说。本文试着做一次历史性的考察，解密公馆背后建造的初衷、过程以及其经历的人世繁华与沧桑。

一、公馆造价21万余两

1927年5月，王伯群执掌的国民政府交通部成立之初，暂租于慈悲社办公。1929年12月，国民政府首都建设委员会编制完成《首都计划》，交通部在规划建设之列。1930年初，交通部长王伯群以建筑邮电部大厦的名义筹建交通部大楼。经过激烈竞标，上海协隆洋行成功中标，由俄国建筑师耶朗主持设计，辛峰记营造厂承建。[①] 5月18日，王伯群与"协隆建筑工程师商交通部大楼建设，延数小时之久，决定建筑全用本国造钢窗，苏州出品筒瓦（琉璃瓦），地下用铁筋水泥棒，外墙用泰山面砖，木料用柳安，几项大致造价约七十万两以上云"。[②] 交通部大楼7月正式开工，原计划十个月内完成，但是由于地基变更，以

---

① 《交部新厦建筑之经过》，《时事新报（上海）》，1934年12月27日第4版。
② 《王伯群日记》，1930年5月18日。

及1931年夏季洪灾和"一·二八"淞沪事变的影响,建造工程受阻。后王伯群于1931年底辞职时,交通部大楼只是做了个基本规划,继任部长朱家骅接续督工建设直至1934年年底才竣工。

1929年,王伯群决定在上海购置愚园路1136弄31号地块,兴建住宅。在搬进这座公馆之前,王伯群及其家族30余人聚居在静安寺路、麦特赫斯脱路张园的华严里(今泰兴路56弄),他在华严里拥有16幢住宅。[①]

王伯群之所以要在愚园路购地建住宅,除了华严里拥挤外,盖还有几大原因:其一,早在1919年他代表南方政府参加南北议和时,就住在愚园路数个月,对该地段比较熟悉;其二,1929年他决定在苏州河畔的中山路购地建设大夏大学新校址,愚园路与学校离得近;其三,彼时愚园路、新华路等为代表的上海西区为越界筑路区,地价较公共租界便宜。

出于人员相对熟悉和方便,王伯群公馆委托协隆洋行设计、辛峰记营造厂承建。协隆在沪上颇具声誉,长宁区的西园大厦、黄浦区的圣尼古拉丝教堂、徐汇区东正教圣母大堂、静安区大华饭店舞厅等均由该建筑所操刀设计。同时经过竞标,辛峰记中标大夏大学群贤堂项目。经王伯群引介,辛峰记还承建何应钦南京斗鸡闸公馆和堂弟王文彦住宅等。

愚园路公馆的建设可谓好事多磨,横生枝节。

首先,公馆竣工时间拖延了近三年。

根据王伯群与协隆和辛峰记合同约定,公馆建设周期为一年,即于1930年底竣工并交付使用。在建设过程中,王经常利用返沪机会督促工程进度。是年5月17日,他往愚园路新屋视查。次日,与辛峰记"谈愚园路住宅建设事,至夜深始散"。6月12日午间,他"往愚园路新居处全部一视",发现"工程殊无进步"。

1931年6月,王伯群与保志宁结婚,意外引发一场南北媒体对其建造公馆的攻击。6月19日《大公报》以《王保之婚,蒋宋之婚无此旖旎》为题进行报道,转而夸张报道:"王在愚园路建筑新屋,其轩敞,瓷砖由泰山砖瓦厂定造,值逾五十万。"[②]接着上海的《生活周刊》刊发《久惹是非之王保婚礼》文章,指出保志宁嫁王伯群

① 《关于王保志宁女士要求归还房产的情况》,沪华师委统字(85)第001号。
② 《蒋宋之婚无此旖旎王赠保嫁妆费十万元新屋磁砖值逾五十万》,天津《大公报》,1931年6月19日,第6版。

之前提出三个条件，其中一条是"为其购置一幢花园别墅"。①

辛峰记老板找到王伯群，说《生活周刊》所载新闻有损其信誉，准备致函该刊予以更正。王赞同其将愚园路房子5.8万两的造价合同订立年月与交通部不相涉点进行揭出。同时，王伯群还将愚园路造屋合同寄刘书蕃，备监察院委员调查。媒体的节外生枝教王伯群颇为始料不及，但更为令他不愉快的是公馆建设时间一拖再拖。10月19日，他召集协隆与辛峰记负责人，谈建设住宅事，王伯群"严责之，限两月全部完工"②。

1931年6月，王伯群与保志宁结婚照

1932年1月，刚从南京辞职返沪的王伯群往愚园路新屋查看，见工程相差太多，一个月内尚不能居住，为之恨极。他即召辛峰记来，催其速完成住宅建设。

由于原定搬迁计划改期，王伯群母亲和妻儿只好在附近的忆定盘路（今江苏路）民宅租住。10月5日，代表国民政府自四川视察返沪的王伯群，亲赴协隆公司见负责人，催速为完成住宅建设，协隆却把责任全部推在承建商辛峰记身上。王认为其毫不负责任，只好警告云："将另觅工头，不欲再与辛工作也。"10月8日，王伯群又与辛峰记和协隆商谈，催促新屋快点完工。11月1日，王伯群再催辛峰记，必须于一月内将愚园路住宅完工，否则将另觅工人速成。辛允一月内赶工完成。

然而，辛峰记和协隆公司再次食言。1933年2月，辛峰记和协隆两家公司信誓旦旦保证住宅4月底一定完工。3月3日，王伯群往新屋察看，见辛峰记工程尚无动静，他只得折回家作函谴责，并声限三日，三日不动工，则另雇工完成，一

① 《久惹是非之王保婚礼》，《生活周刊》，1931年6月27日。
② 《王伯群日记》，1931年10月19日。

切损失保留索赔之权。四天后，辛峰记负责人前来说明自己非故意推迟工程，实因天寒冰冻不能作水泥工程。3月15日，协隆约王伯群往新宅察看工程后，又归罪辛峰记迟延，请王警告其限三日开工，否则另觅工人完成。直到10月1日，因妻儿的现租房已退租，王伯群一早亲自督促工程，命令二三日内必须完工。斯时，大姐王文碧选定搬家的黄道吉日。10月3日这一天，王伯群率全家搬迁入住新建公馆。

第二，造价超过合同预算一倍。

根据王伯群与协隆合同约定，"造房价五万八千元，地皮十余万元。"[1]王伯群化名王致良进行宅基地登记，查阅《上海土地所有权登记声请书》（土地所有权状法字三二六一号，长宁区第八号）载：

声请人：王致良今遵章向上海市地政局声请第一次土地所有权登记
填具声请书如左
地籍：法华区二图宇字圩二号五十三坵
地目：宅
坐落：愚园路一一三六号
面积：十亩七分九厘

从登记证和合同价显示，1929年王伯群路公馆土地价格约1万元一亩。

王伯群与协隆造房原定合约价格5.8万元，但由于拖延了近三年，实际造价远远超过预算。王伯群对每次支付钱款都做有记载。如：1932年10月8日支付"辛峰记造价七千两正"。翌年8月28日，与辛峰记决算造价，"付与末期六千九百八十二两，洋九千七百六十元。又有加账一单，拟待与协隆接洽后再决算"[2]。10月29日付辛峰记住宅造价二千。12月19日辛峰记索去造屋加价2 000元。

1934年2月5日晚，辛峰记来索造价，王伯群给2 000元。其尚不满意，候至十二时不走。王遂电话约杨志雄，请其约当时签约见证人来开导之。他是日记载云："溯与该记订合约之初，有延期一日罚银二十五两之例。现据工程师报，共迟

① 《王伯群日记》，1933年8月24日。
② 《王伯群日记》，1933年8月28日。

延日期三十个月，共九百天之多，应罚二万二千余两。而截至现下为止，不过欠伊七千元耳，而工程尚有未完之处，该记穷极无耶，令人可恨。"①5月3日与协隆结算打样费，计新屋造价总数11万余两，并嘱渠另介绍工人来修八角屋顶和凉台水泥磨光地。

直到1935年，王伯群还有部分尾款需要支付。1月20日，辛峰记来索造价尾数，王允明后日筹与之，未完工程亦责其速完。3月14日，协隆工程师之子来访，言乃父已死。王闻罢感叹道："老协隆年方五十余岁，精神矍铄，不能长寿或亦年来生意不佳，精神痛苦之故耶。"

二、公馆花园种花植木

王伯群妻子保志宁，对愚园路公馆花园情有独钟。即使迁居美国远在纽约，仍在魂牵梦绕。她曾深情的回忆梦幻般的花园：

> 愚园路住宅中花园很大，树林花草，各种俱全，皆由伯群先生亲自指挥黄氏花园代为布置种植的。有樱花数棵及红枫树皆为日本科；又有一大养金鱼池，并有一大花房，内有暖气设备，为冬日护花之用，四周皆为玻璃，极适用而美观。花园风景美丽，实为一暇闲休息之佳地。先生每日政余宾退，常携带泽儿在花园游乐，并自己修剪花草，也可借此运动。我等在此美丽的住宅中，生活更觉美，快乐美满。②

王伯群在建筑设计和园林景观规划上具有极高的修养。自公馆基本建成后，他亲自规划设计园林景观，种花植树，前后延续了四五年，而花木主要由沪上著名园艺家黄岳渊提供。

1932年5月8日，王伯群约见黄岳渊"在愚园路屋内一谈，并将花园内应种植树木花草决定大概"。黄时任上海市花树同业公会理事长，著有《花经》，主理

---

① 《王伯群日记》，1934年2月5日。
② 汤涛编著：《人生事，总堪伤——海上名媛保志宁回忆录》，上海书店出版社，2018年1月，第60—61页。

1933年10月竣工的王伯群住宅

过宋子文、王禹卿等政要富商的宅邸花园。王在见黄之前，二妹夫赵守恒提醒黄姓种植价值似昂，宜先与之说定，免后日纠纷。10月8日王伯群嘱赵守恒约黄岳渊长子黄德邻"来谈种花木事，并付款洋一千元。又为之作一函介绍于大夏"①。12月11日支付黄岳渊花木费1 500元。四天后，王伯群至愚园新宅一视工程，见"花园工程则大体完竣"。翌年3月3日，王伯群往住宅中察看黄德邻种树情况。3月6日支付黄德邻住宅种植花木价洋1 000元。5月3日邀黄德邻往德国人艾克甫家移植3株雪松。12月27日与黄德邻商新宅种树事，订购梅花2株，搬种花木若干。

公馆花园大规模种花植木是在1934年。这一年王伯群除参加国民党中央四中全会外，基本在沪主持大夏大学，他经常赴真如黄家花园挑选花木。4月9日，偕赵守恒赴真如黄岳渊花园游，"见松柏古茂，花草鲜丽，俗气尽脱，无异登仙茅屋，数椽清洁，出雅屋后，绿竹成林，池水一湾，尤为可爱。黄岳渊不在家，其子黄德邻导游，并一一指示花木名目，外又杀鸡为餐，把酒为寿，半日之乐，真有为两月来梦庄不得，归家已两时，而家人尚相待午餐。"②次日，黄岳渊"送来五针松一株，小者二盆，又普通松庄一盆，黄杨若干"。5月2日偕保志宁"往

---

① 《王伯群日记》，1932年10月8日。
② 《王伯群日记》，1934年4月9日。

黄岳渊花园一游，岳渊父子雅好宾客，留中饭后，又购花木数株而回"。5月6日与黄德邻决算近日送来花木，"针松一株五十元、又五针两盆三十元、黑松一盆十元、铁树两盆二十八元、黄杨一百三十、七株青杨、一百六十九株黄青二共合洋一百七十二元，杜鹃四盆十元一批，共三百元"。1935年9月17日、19日，王伯群先后两次偕妻儿往真如黄家花园一游，"看龙柏、雪松二种"。翌年8月29日，王伯群偕于右任、蔡元培访黄家花园，蔡元培记载云："黄岳渊君招饮于真如植园，座有于右任、王伯群、罗纬、郭琦原等二十余人。"①

公馆花园的花木除了从黄家花园购买外，还从虹桥虞宝和花园购买。1934年4月10日晚，虞宝和花园主人来议售花木，"计垂绿海棠四株四十元，茶花一株五元，五针松二株二百元，骨裹红梅一株十元，金柏二盆十六元，松一株五元，石条、北平石凳二张六十四元，共议定为三百四十。"4月20日王伯群亲往虞宝和花厂，"购小洋枫四株，紫荆花二株，山茶花二株，小桃花二株，杜鹃花十株。尚有大五针松二株，索价六百元，细叶者庄洋枫索价六十元，嫌贵未成交。"次日上午，虞宝和花厂把购买的花木送到，"有大红枫两株，鲜艳非常，较之紫红有天渊之差，可爱之极。"5月6日、7日，王伯群偕保志宁接连两次赴虞宝和花厂选购花木，"计青皮松二株一百元、十尺高雪松四株共一百五十元。"5月8日上午，在园内指挥种植花木，"付虞大洋三百元正。本日送来者青皮松二株，雪松二株，共二百五十元。日前，送来紫荆二株，洋槐四株，茶花二株，杜鹃十四株，花桃二株，共五十元正。"5月29日王伯群指挥工人造松风亭。次年3月19日，王伯群"购种黄杨树五百枝，去洋三十元"。9月19日往虞宝和花园"购盘槐二株，约二十元"。

公馆花园的花木除购买外，还有同僚友朋赠送的，如大夏教授吴浩然送来紫玉兰2株，即命种之。

因花园设计打理，王伯群与黄岳渊结下深厚的友谊。因王伯群长子王祖泽一岁半夭折，有朋友建议次子王国维拜个干爹，以保平安。1934年12月，在王国维七个月大的时候，保志宁送至黄岳渊家，拜黄为干爹，并取黄德邻之"德"字辈，改名为王德辅。是日"黄宅颇喜慰，因此大宴宾朋"②。次年5月5日，王德辅周岁日，黄德邻奉父之命，前来给王德辅送周岁礼物，以志贺喜。

① 高平叔撰著：《蔡元培年谱长编第4卷》，人民教育出版社，1999年3月，第332页。
② 《王伯群日记》，1934年12月4日。

从王伯群住宅二楼瞭
望花园

三、作为大夏校务会议中心

愚园路公馆建成后,王伯群夫妇孩子、王母、姐姐王文碧及其收养的两个孩子,胞弟王文华妻妾及其孩子,以及佣人、司机等20余人居住在这所公馆。

这所公馆既是家的港湾,同时还是大夏校务会议中心。王伯群专门在公馆辟有空间作为大夏校务、大夏财委会、大夏校董会、大夏学会理事会、大夏导师会等共享会议室。

自1933年10月王伯群搬入公馆到1937年八一三淞沪抗战,每周的大夏校务会议等重要都在这里召开。譬如,1933年11月7日,王伯群在公馆主持大夏第一五一次校务会议,讨论应付学潮,主张不开除个人,详筹整个救难方策;决议群育委员会改称生活指导委员会,下分群育、体育、卫生及军事训练四部。11月20日,主持召开大夏大学校务临时会议,通过群育委员会、体育委员会合并为学生生活指导委员会,并确定该会人选;通过邰爽秋提议的大夏大学民众教育实验区组织与办法。12月25日,主持大夏校务会议。校董会根据《修正私立学校规程》进行改组,并修正校董会章程。

大夏大学校董会由一批政商两界精英组成,具有"投资—保护型"功能。1934年4月22日,王伯群在公馆主持大夏校董会,张竹平、王志莘、何应钦、杨永泰、杜月笙等与会。议决:公推王伯群校董为董事长。根据校董会章程第八条，抽定本届各校董任期，抽定结果：何应钦、杜月笙、王志莘三校董各二年；欧元怀、傅式说、王毓祥三校董各四年；杨永泰、张竹平二校董各六年。公决董事长任期为当然六年。7月15日晚，王伯群在公馆主持大夏校董会，会议先报告此一学期经过、大事，及下学期一切计划；会议增聘吴铁城、江问渔为校董。翌年2月，王伯群在公馆主持大夏校董会，决议通过以黄埔烈士命名图书馆；续募图书馆建筑，通过推吴铁城、何应钦、杜月笙、杨永泰等分别劝募；聘褚民谊为校董，居正则先托人征求同意后再聘请。1936年4月11日，在公馆主持大夏校董会会议。孙科、居正、褚民谊等出席。欧元怀诸董事对最近大夏行政情形、财政状况和中学部发展概况做详细报告。

大夏财委会是大学财政决策机构，从每次在公馆召开的会议中透露的信息，发现私立大学维持之大为不易。譬如：1933年11月，王伯群在公馆主持大夏财委会，"计本学期因购地特支七千元，故预算只欠一万元者又超出几倍。会议决定收学费以补一半，其余半数非由王伯群挪借；商中学建筑办法，决定请柳朗生计划并测绘计图进行。"① 1934年3月7日，主持大夏财委会，"知本学期至少恐须短缺四万元"。4月25日，主持大夏财委会，讨论中学建筑事，王伯群"答应筹备一万元，并嘱以中学地皮抵一万六千元，下学期开学时抽学费一万五千元即可成事"。6月27日晚八时，讨论本学期只得向各银行透支或短借以渡难关。12月27日晚，在大夏财委会上，彼此均感到烦闷异常，"盖近日学生被捕，不过凭少数学生之诬告挟嫌而兴大狱，各报既不敢登载，各校又不敢公然发一言"。② 1935年2月14日，主持大夏财委会，议决本学期起，职员一律穿着制服，式样采中山装，衣价由薪水扣付。

为完善大学治理结构及体系，王伯群决定成立大夏大学学会。在公馆的预备会上，王伯群提议先拟定会员生活公约，以资共同遵守。1934年4月16日，在公馆主持大夏学会首次理事会议。数天后，在公馆主持大夏学会第二次理事会，王毓祥、张耀翔、王裕凯、高芝生等十余师生与会，议决常务理事会人选、总会组织、各种章程及细则起草人员。4月30日，主持大夏学会第一次常务理事会，审定各部会办事细则、分会组织通则和推定各部职员。

---

① 《王伯群日记》，1933年11月22日。
② 《王伯群日记》，1934年12月27日。

大夏大学是中国高校最早推行导师制的大学。现代意义的大学导师制肇始于19世纪中后期的牛津大学，是导师对本科生学习、生活方面施以个别指导的一种教育制度。20世纪20年代，通过横向移植西方大学制度而迅速发展起来的中国高等教育弊病丛生，大夏随着学生人数的剧增，学校规模的扩大，西式学校制度的弊端渐次显现。1928年，为革除教育弊病，提高办学质量，大夏开始施行导师制。王伯群对导师制工作极为重视，每学期必亲自主持导师会，宴请全体导师。1935年5月3日，王伯群在公馆设宴招待20余位导师。他在致辞中云：本学期学生经各位导师指导，静的方面，读书已有长足的进步，惟动的方面，则为目下所必须指导者，即如何方能使学生历练，成为干才，以供出校后行动之用，是则今日有烦诸君者也。1936年11月5日，在公馆主持大夏全体导师会议时又指出：本校推行导师制，请诸位担任导师，就是想接种诸位平日与学生接触机会多，认识并挑选优秀分子，特别加以指导，以期优秀者能发挥其个性，成为挽救国家与复兴民族之健全分子。导师制为大夏培养了诸如郭大力、吴亮平、周扬、陈伯吹、王元化、胡增玉、叶公琦、胡和生等一大批杰出人才。

2015年10月，《王伯群与大夏大学》新书发布会在王伯群住宅举行

四、往来皆达官显宦

在愚园路这座公馆，王伯群接待上至国家主席林森、监察院院长于右任、军政部长何应钦、财政部长宋子文、实业部长孔祥熙、上海市长吴铁成、四川省长刘湘、贵州省长吴忠信、日本驻中国大使有吉明等政要，下至张啸林、杜月笙、黄金荣等上海闻人，以及贵州、两广和西南地区李宗仁、龙云代表等各色人等。

刚搬进公馆不久，王伯群就接待宋子文的多次来访。10月26日，宋因与蒋介石、汪精卫财政政策相左，决意辞财政部长，特来与王伯群倾诉。[①]11月15日，王伯群在公馆宴请宋子文、金仲荪、章士钊、程砚秋、张啸林、杜月笙、吴铁城等。期间，宋问政府大局如何？王答："以咸为公抱不平，亦为国家惜损失也。"次年4月6日，王伯群长子因病夭亡，宋子文特地来唁慰，并申述达观顺变，待时之必要，王陪同宋游园半时，然后在书斋中杂谈。

1934年10月，王伯群母亲不幸离世，在公馆举行悼念公祭。国民政府林森主席前来行礼。"林先来行礼毕，学生方行礼，童子军渐分，且有哀歌。"于右任、宋子文、孔祥熙先后来吊唁。吴铁成代表蒋介石、褚民谊代表汪精卫、许修直代表黄郛、中央委员吴稚晖、薛笃弼、张知本、李烈钧，刘文岛、杨虎、潘公展、日本驻中国大使有吉明等中外来宾数百人出席吊唁。次日，王伯群的母亲出殡，"一切准备完善，乃启灵发引呜"，杜月笙、张啸林、王晓籁、张竹平、杨虎等担任出殡前导。

杜月笙等上海闻人也是公馆的常客。1934年2月2日中午，王伯群设宴款待杜月笙、杨永泰、王志莘等，三时方散。8月11日傍晚，黄金荣闻王伯群母病，前来介绍一朱姓中医上门问诊。11月6日，王伯群在公馆宴请南洋实业家、大夏校董胡文虎，杜月笙、吴铁城、张竹平等陪同，宾主尽欢而散后，杜月笙陪胡参观大夏大学。

俞飞鹏曾是王伯群属下，担任交通部次长。1934年5月9日，俞来公馆谈出洋考察交通的主旨及方法。翌年3月3日，俞飞鹏、韦以黻初由海外归来过访王伯群，略谈欧美发达近况。5月10日晚，在公馆设宴为俞飞鹏出访送行。

---

① 《王伯群日记》，1933年10月26日。

国民党宣传部长刘芦隐是胡汉民派系人物，1935年1月，经宋述樵引介专门来公馆拜访王伯群谈政治合作。刘"杂言现政腐败之根须，说吾人处此环境之下，惟有作将来之预备之一法，胡之所希望者，亦在此云，逾时方别去"。[1]王认为胡"乃坚信主义之一人，如主义相同，不合而自合，主义稍异，则徒口舌，表示无益也"。

王伯群与李烈钧早在护国战争时就已相知相识，是30多年的革命战友。李经常来公馆闲谈，4月16日，"协和夫妇来访，谈青岛名胜甲于全国，邀余往游。"4月19日，王伯群在公馆接待将赴黔就省府主席的吴忠信来访问政。王告"交通为先，欲谓交通，首在睦邻。吴领悟。询上海住址，言即返苏"。6月5日，接待行政院驻北平政务整理委员会委员长黄郛伉俪来访，"谈对日外交颇久，均感根本政府不定政策，支节应付一定失败。"

王伯群曾留学日本中央大学，有一批日本友朋。7月6日晚，王伯群在公馆设席宴请日本有吉明大使，谢去岁先母弃养时亲来祭吊之厚意。同席者还有堀内有野、芦山田四书记官等。至酒酣时，有吉明忽评论国民党要人胡汉民有强项气，然仪表不伟壮，汪精卫仪表非凡，皮肤细白，看之如三十许人，尤以岸动柔媚，较梅兰芳更细腻可爱，真特别人才也。王"闻之不禁深耻，以一国之行政首长，博如此批评，可耻孰甚焉"。席后，王对有吉明道："日本与中国应谋人民之亲善，但求两国之政府当局接近利益也。"[2]有吉明点头称是。

五、一场节外生枝的官司

1935年7月16日，王伯群突然接到上海第一特区法院送来的一纸传票。传票说利兴洋行勒破莱臣委托葛肇基律师，起诉辛峰记营造厂为第一被告，王伯群为第二被告，讨索愚园路公馆的人造石工价。王伯群接该传票后，颇感意外，遂电召大夏大学法学教授黄炎律师咨询并商讨对策，黄教授建议对管辖权提出异议。

关于公馆人造石工价，《申报》曾做过详细的披露。

原来，王伯群委托辛峰记营造厂承建住宅，其中人造石部分工程由辛峰记

---

① 《王伯群日记》，1935年1月15日。

② 《王伯群日记》，1935年7月6日。

分包给利兴洋行勒破莱臣承办。至1932年12月工程完工，工价"计洋二千三百九十二元五角八分半"。但由于工程质量问题和工期一拖再拖，王伯群不甚满意，催促辛峰记与其做好沟通，否则不允付款。

利兴洋行勒破莱臣认为迄今该款尚未照付，迭次催索辛峰记无果，遂延请律师具状上海第一特区法院民庭，要求判令偿还原告工程款及常年二分之迟延利息，且负担诉讼费用。此案开庭后，王伯群律师对该案提出管辖问题，谓王之住所系属越界筑路，应由上海地方法院管辖。而原告律师以王之住处虽为越界筑路，而辛峰记则在公共租界，故法院实有管辖权，沈推事乃论改期再讯。①

十天后，正在青岛避暑的王伯群接黄炎教授快信，言勒破莱臣定8月15日开审，而对方律师托人来央他和解。王伯群本也不想因此小事而大动干戈，遂复函同意，但同时提出三个条件：一是对方登报道歉；二是人造石工程若不进行改良，扣款自行修理；三是辛峰记要妥当处理，杜绝后患。

8月18日，王伯群再接黄炎来信，称勒破莱臣案又经一审，已将管辖问题决定移送上海地方法院。至于调解情形，对方虽允登报，而索款太多。王伯群请黄教授告知对方，最高不能超过1 500元。王伯群自青岛返抵上海，听黄炎谈讼案经过后，仍坚持对方必须登报道歉才支付余款。

利兴洋行勒破莱臣决最后决定撤案，登报向王伯群发布《郑重道歉启事》。启事曰：

> 缘敝行前向辛峰记营造厂转包愚园路王致良堂住宅人造石，工程完工后，经查出工程陋劣，不符合同规定。王伯群先生遂将应付工价扣付后因误会致误诉。王伯群先生现已查明，惟王伯群先生因念敝行需款孔殷，就扣付款项内直接给付敝行国币一千五百元，除在上海地方法院当庭和解外，特此登报向王伯群先生道歉，敬希公鉴。
>
> 利兴洋行谨启，代理律师葛肇基②

见利兴洋行道歉后，王伯群即行支付工价，快速了结此等烦忧小案。

---

① 《王伯群兴建住宅 短欠造价涉讼》，《申报》，1935年7月31日，第12版。
② 《利兴洋行勒破来臣向王伯群先生郑重道歉启事》，《新闻报》，1936年2月1日，第7版。

六、从王公馆到"汪公馆"

1937年卢沟桥事变爆发。7月15日，王伯群受邀赴庐山参加蒋介石谈话会。[①]为支持长期抗战，教育应在战争中发展，大学教育不能冒炮火之险，以断送国家之元气，王伯群转往南京，除参与国务会议外，就是力排众议，筹商与复旦组成"复旦大夏联合大学"进行西迁。[②]

随着八一三淞沪抗战爆发，日寇遣大批飞机轰炸沪宁、沪杭铁路，[③]车船皆不能通行。王伯群与保志宁分居两地，为保护妻儿的安全，设法从英国总领事购买到香港的船票，8月25日妻儿乘"皇后"轮仓皇离沪赴港。8月下旬，大夏大学开始将图书仪器转移至王伯群公馆，同时在此设立复旦大夏联合大学筹备处。10月23日，王伯群自南京乘"龙圣轮"抵九江上庐山，与复旦代校长钱永铭主持联合大学行政委员会议，次日从九江乘船赴武汉搭乘欧亚航空飞抵香港与妻儿相聚。

由此，在隆隆的炮火声中，王伯群匆忙地把公馆委托国华银行代管。他还来不及一声款款道别，一眼深情回眸，便与公馆竟成永别。

1939年2月，远在贵阳的王伯群闻上海愚园路公馆被日本武装宪兵黏贴封条，禁止任何人出入。大夏教授傅式说斯时已投靠汪伪政府，其为表功，把经常与王伯群和同僚一起开会的公馆推介给汪精卫，同样担任过大夏校董的汪精卫一眼便看上了这座外表坚硬、质量上乘的公馆。[④]7月9日，汪精卫在公馆前发表《我对于中日关系之根本观念及前进目标》的广播讲话，社会一片哗然。8月2日，王伯群得留守沪上的大夏教授吴浩然快函，告愚园路住宅已加修一碉堡，作汪精卫伪南京国民政府驻沪办公联络处，日伪武装军警日夜守卫。

王伯群明白，王公馆变成了"汪公馆"。

在公馆周围，麇集了陈璧君、周佛海、李士群、褚民谊、梅思平、陈春圃、罗君强等一批汉奸特务，成为汪伪集团在上海的巢穴。汪精卫抵沪时以此为行

---

① 欧元怀：《大夏大学的西迁与复员》，《中华教育界》，复刊第1卷第12期，1947年12月。
② 汤涛主编：《欧元怀校长与大夏大学》，上海人民出版社，2017年9月，第171页。
③ 姚崧龄编著：《张公权先生年谱初稿》，社会科学文献出版社，2014年10月，第176页。
④ 黄鹤逸：《汪精卫第1卷：公开投敌》，北岳文艺出版社，1994年10月，第612页。

宫，愚园路一带戒备森严，重要路口筑垒设防，装甲车昼夜游弋。

王伯群读罢来函，家仇国恨涌上心头。对于愚园路公馆，他虽有点后悔"前年未当与一外商，当价既可买港币盈余厚利，屋宇亦可保存，真失策也"。但转而又想，"既然祖国大好河山及种种国宝均弃如敝履，个人私产尚何足惜耶。故两年来，于京沪两地之损失，殊泰然也。"[①]

8月底，汪精卫在沪西极司菲尔路（今万航渡路）76号召开伪国民党"六全大会"后，随即于9月5日在王伯群公馆召开伪国民党"六届一中"全会，正式成立汪伪国民党中央党部，强调"反共睦邻"的基本政策。

王伯群公馆无意中成为影响近代中国历史发展进程的策源地。

1944年冬，王伯群不幸于重庆逝世。次年抗战胜利后，王伯群公馆被国民政府以"敌嫌财产"代为接收。1946年初，妻子保志宁自重庆飞抵上海，"与军政当局商洽，并承市政府协助收回营业。内中所有家具陈设所剩无几，该屋建筑非常坚固，故八年来除了花房及厨房须修理外，皆未受损坏。"由于王伯群临终时向何应钦夫妇托孤，保志宁及5个孩子一直跟随何氏夫妇身边生活。在此期间，保志宁先后把公馆租赁给黄慕兰夫妇和英国大使馆新闻处，且留一部分自用。公馆一段时间成为郭沫若、田汉、欧阳山尊、翦伯赞等大夏校友，以及周信芳、洪深、梅兰芳、郑振铎、陈白尘等进步知识分子和社会名流的雅集之所。

1948年，刚从中国驻联合国安理会军事参谋团团长转任国防部长的何应钦见状，在惊叹国民党竟溃败如此之速时，他叮嘱保志宁随自己登机退居台湾。保在匆促之下，把公馆委托其堂弟保志仁代为看管，"随身只带了简单的行装，一切较贵重的物件，皆未能带走，失而复得之京沪房产又将再受损失之苦。"[②]

上海解放后，公馆被华东军政委员会接收，作为中共长宁区委和区文化局办公之所。1960年，公馆改为长宁区少年宫，成为培养下一代的摇篮。1981年，当旅居美国的保志宁万里归沪，再次站在魂牵梦萦、日夜思念的公馆前，徘徊在既熟悉又陌生的偌大花园，望着一群可爱的孩童像蝴蝶般欢乐地追逐时，恍惚看

① 《王伯群日记》，1939年8月20日。

② 汤涛编著：《人生事，总堪伤——海上名媛保志宁回忆录》，上海书店出版社，2018年1月，第171页。

1960年，王伯群住宅
改为长宁区少年宫

到当年自己依偎在丈夫身旁，怜爱的目光随着孩子们在花园里嬉戏奔跑。她既感欣慰，又泪眼婆娑，与公馆相伴的美好往事，如同梦境一般，真实可触，又缥缈无边。

跋

可以说，这本《尊前谈笑：王伯群及其友朋》是2021年出版的《乱世清流：王伯群及其时代》之续篇。

王伯群生于晚清，在其六十年的生涯岁月中，从韶华以迄花甲，历经中日甲午战争、戊戌变法、辛亥革命、洪宪帝制、护国战争、护法运动、南北议和、五四运动、国共合作、国民革命军北伐、国民政府定都南京、九一八事变、淞沪会战、七七事变、太平洋战争等国内外重大事件。

凡此乱世潜流及社会变迁，对于王伯群莫不产生影响。经过初步统计，王伯群一生交往的人物，仅有名有姓的就有七百余人。随着新史料的发掘，笔者决定围绕王伯群的朋友圈，再写一本王伯群的交往史。本书计分三卷，分别为"革命""交通"和"教育"三大领域的人物合作交往和履足差肩。

本书的部分章节曾以单篇论文等形式发表在《民国档案》《世纪》《档案春秋》《文史天地》等刊物，谨致以衷心的感谢。本书在撰写过程中，得到余浚、金富军、欧七斤、钱益民、韩宝志、喻世红、王东、丁兆君、王定芳、姚胜祥、李峰、崔丽娟、章洁、罗松、周永兴、张朝阳、林雨平、俞玮琦、何家庆等教授和同仁的慷慨襄助，允值佩谢！本书能够出版，得益于上海书店出版社的领导和本书编辑俞芝悦女士的辛勤付出，在此一并致谢！

本书写作过程中，始终得到王伯群长子王德辅先生的支持，他为笔者提供王伯群和保志宁保存的笔记、录音、书信、日记和照片等珍藏资料，特此感谢。

本书得到和君集团董事长、和君职业学院理事长王明夫博士拨冗作序，奥盛集团董事长、书画家汤亮博士为本书题签，谨此致以无限谢意！

《尊前谈笑：王伯群及其友朋》为华东师范大学文化传承创新示范项目成果，

是继《乱世清流：王伯群及其时代》《王伯群年谱》《王伯群教育生涯编年》《王伯群与大夏大学》《王伯群文集》和《海上名媛保志宁回忆录》之后，研究王伯群的又一部作品，这六部著作是笔者十余年学术研究的重要成果。王伯群作为近代史上的一位独特人物，特别值得研究，在进一步挖掘档案史料的基础上，笔者将继续为读者奉献新的研究成果。由于智识不逮，当有不少疏漏之处，敬请方家不吝指教！

汤 涛

甲辰仲夏于沪上吴兴路青云书斋

图书在版编目（CIP）数据

尊前谈笑：王伯群及其友朋 / 汤涛著. -- 上海：
上海书店出版社，2025.1. -- ISBN 978-7-5458-2409
-4

Ⅰ. K825.46

中国国家版本馆CIP数据核字第202413X5U2号

责任编辑　俞芝悦
封面设计　郾书径

尊前谈笑：王伯群及其友朋

汤　涛　著

出　　版　上海书店出版社
　　　　　　（201101　上海市闵行区号景路159弄C座）
发　　行　上海人民出版社发行中心
印　　刷　江阴市机关印刷服务有限公司
开　　本　710 × 1000　1/16
印　　张　16.25
字　　数　250,000
版　　次　2025年1月第1版
印　　次　2025年1月第1次印刷
ISBN 978-7-5458-2409-4/K.510
定　　价　78.00元